NCS
합격노트

수리능력

시대에듀

2026 최신판 시대에듀 NCS 수리능력 합격노트

Always **with you**

사람의 인연은 길에서 우연하게 만나거나 함께 살아가는 것만을 의미하지는 않습니다.
책을 펴내는 출판사와 그 책을 읽는 독자의 만남도 소중한 인연입니다.
시대에듀는 항상 독자의 마음을 헤아리기 위해 노력하고 있습니다. 늘 독자와 함께하겠습니다.

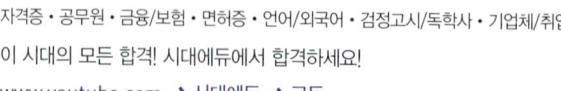

NCS 수리능력 핵심만 정복하기!

수리능력은 공기업 NCS 채용을 시행하는 대부분의 공기업에서 출제하는 영역이다. 사칙연산, 통계, 확률 등 기초연산과 기초통계에 대한 문제 유형이 다양하며, 특히 난이도가 높은 공기업의 시험에서는 도표분석 및 자료해석 유형의 문제가 많이 출제되고 있다. 따라서 제한된 시간 안에 여러 영역을 빠르고 정확하게 풀이해야 하는 시험의 성격을 고려할 때 수리능력의 유형에 대한 빠른 이해가 요구된다. 즉, 짧은 시간 안에 문제의 유형을 파악하여 어떤 유형의 문제이고, 어떤 공식을 사용하여 풀이해야 하는지, 또는 어느 자료를 이용하여 해답을 찾아야 하는지 그 능력을 키워야 한다는 것이다. 그러므로 취업준비생들은 수리능력의 정확한 출제 유형을 알고, 그에 맞는 공식을 적절하게 적용할 수 있도록 꾸준한 연습이 필요하다. 특히, 통계 문제에서는 사건 발생 여부만 잘 판단하여도 공식을 적용하기 수월해지기 때문에 의도를 잘 파악하는 것이 중요하다.

공기업 필기시험 합격을 위해 시대에듀에서는 기업별 NCS 시리즈 누적 판매량 1위의 출간 경험을 토대로 다음과 같은 특징을 가진 도서를 출간하였다.

도서의 특징

❶ **기출복원문제를 통한 출제 유형 확인!**
- 2025~2024년 주요 공기업 수리능력 기출문제를 복원하여 공기업별 출제 유형을 파악할 수 있도록 하였다.

❷ **수리능력 맞춤형 문제를 통한 실력 상승!**
- 이론점검을 수록하여 반드시 익혀야 할 핵심을 파악할 수 있도록 하였다.
- 기본문제−응용−적중문제 3단계에 걸친 유형점검을 수록하여 체계적으로 학습할 수 있도록 하였다.

❸ **최종점검 모의고사를 통한 완벽한 실전 대비!**
- 철저한 분석을 통해 실제 유형과 유사한 최종점검 모의고사를 수록하여 자신의 실력을 점검할 수 있도록 하였다.

❹ **다양한 콘텐츠로 최종 합격까지!**
- 온라인 모의고사 응시 쿠폰을 무료로 제공하여 필기시험에 대비할 수 있도록 하였다.
- 모바일 OMR 답안채점/성적분석 서비스를 제공하여 자동으로 점수를 채점하고 확인할 수 있도록 하였다.

끝으로 본 도서를 통해 공기업 채용을 준비하는 모든 수험생 여러분이 합격의 기쁨을 누리기를 진심으로 기원한다.

SDC(Sidae Data Center) 씀

응용수리능력의 공식은 반드시 암기하라!

응용수리능력은 지문은 짧지만, 풀이 과정은 긴 문제도 자주 볼 수 있다. 그렇기 때문에 응용수리능력의 공식을 반드시 암기하고 문제의 상황에 맞는 공식을 적절하게 적용하여 답을 도출해야 한다. 따라서 문제에서 묻는 것을 정확하게 파악하여 그에 맞는 공식을 적절하게 적용하는 꾸준한 연습과 공식을 암기하는 노력이 필요하다.

통계에서의 사건이 개별적으로 발생하는지, 동시에 발생하는지 구분하라!

통계에서는 사건이 개별적으로 발생했을 때, 경우의 수는 합의 법칙, 확률은 덧셈정리를 활용하여 계산한다. 그리고 사건이 동시에 발생했을 때, 경우의 수는 곱의 법칙, 확률은 곱셈정리를 활용하여 계산한다. 특히 기초통계능력에서 출제되는 문제 중 순열과 조합의 계산 방법이 필요한 문제도 다수이므로 순열(순서대로 나열)과 조합(순서에 상관없이 나열)의 차이점을 숙지하는 것 또한 중요하다. 통계 문제에서의 사건 발생 여부만 잘 판단하여도 계산과 공식을 적용하기에 수월하므로 문제의 의도를 잘 파악하는 것이 중요하다.

수추리능력은 평소 꾸준히 연습하라!

문자수열은 '제시된 문자를 대응하는 수로 변환 ➡ 수열의 규칙을 추론 ➡ 구한 결괏값(수)에 대응하는 문자로 다시 변환'의 단계를 거쳐 풀이한다. 이때, 가장 중요한 단계는 두 번째 단계라고 볼 수 있다. 도형수열은 빈칸으로 제시된 곳과 인접한 숫자들과의 관계를 통해 빈칸을 채운다는 수준을 넘어서지 않는다. 또한, 그 관계라는 것도 덧셈 혹은 곱셈으로만 이루어지는 것이 대부분이므로 단서만 찾아낼 수 있다면 그 어떤 유형보다도 쉽게 풀이가 가능하다. 수추리능력은 이른바 '수리적 센스'가 어느 정도 필요한 부분이므로 단기간에 정복하기 어렵다. 따라서 평소 다양한 문제들을 접해보면서 자신의 약점을 찾아 이를 보완하는 과정이 필요하다.

도표분석능력은 자료에서 즉시 확인할 수 있는 지문부터 확인하라!

대부분의 공사 · 공단 취업준비생들이 어려워하는 영역이 수리영역 중 도표분석, 즉 자료해석능력이다. 자료는 표 또는 그래프로 제시되고, 쉬운 지문은 증가 혹은 감소 추이, 간단한 사칙연산으로 풀이가 가능한 문제 등이 있고, 자료의 조사기간 동안 전년 대비 증가율 혹은 감소율이 가장 높은 기간을 찾는 문제들도 있다. 따라서 일단 증가 · 감소 추이와 같이 눈으로 확인이 가능한 지문을 먼저 확인한 후 복잡한 계산이 필요한 지문을 확인하는 방법으로 문제를 풀이한다면 시간을 조금이라도 아낄 수 있다. 특히 그래프와 같은 경우에는 그래프에 대한 특징을 알고 있다면 그래프의 길이 혹은 높낮이 등으로 대강의 수치가 빠르게 확인이 가능하므로 이에 대한 숙지도 필요하다. 또한 여러 가지 보기가 주어진 문제 역시 지문을 잘 확인하고 문제를 풀이한다면 불필요한 계산을 생략할 수 있으므로 항상 지문부터 확인하는 습관을 들이기를 바란다.

도표작성능력은 지문에 작성된 도표의 제목을 반드시 확인하라!

도표작성은 하나의 자료 또는 보고서와 같은 수치가 표현된 자료를 도표로 작성하는 형식으로 출제되는데, 대체로 표보다는 그래프를 작성하는 형태로 많이 출제된다. 지문을 살펴보면 각 지문에서 주어진 도표에도 소제목이 있는 경우가 대부분이다. 이때, 자료의 수치와 도표의 제목이 일치하지 않는 경우 함정이 존재하는 문제일 비중이 높으므로 도표의 제목을 반드시 확인하는 것이 중요하다. 또한 대부분 비율 계산으로 많이 출제되는데, 도표의 제목과는 다른 수치로 작성된 도표가 존재하는 경우가 있다. 그렇기 때문에 지문에서 작성된 도표의 소제목을 먼저 확인하는 연습을 하여 간단하지 않은 비율 계산을 두 번 하는 일이 없도록 해야 한다.

도서 200% 활용하기 STRUCTURES

1 기출복원문제로 출제경향 파악!

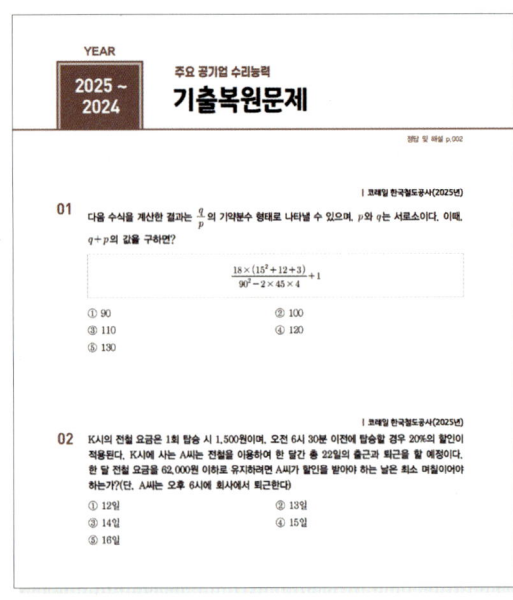

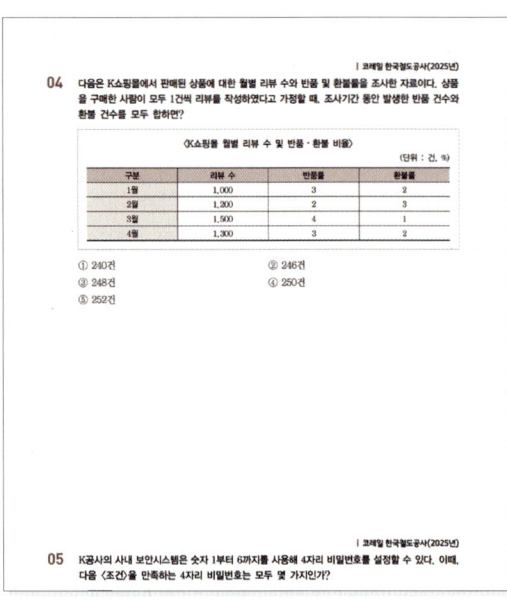

▶ 2025~2024년 주요 공기업 수리능력 기출문제를 복원하여 공기업별 출제 경향을 파악할 수 있도록 하였다.

2 이론점검 + 개념 CHECK로 핵심 파악!

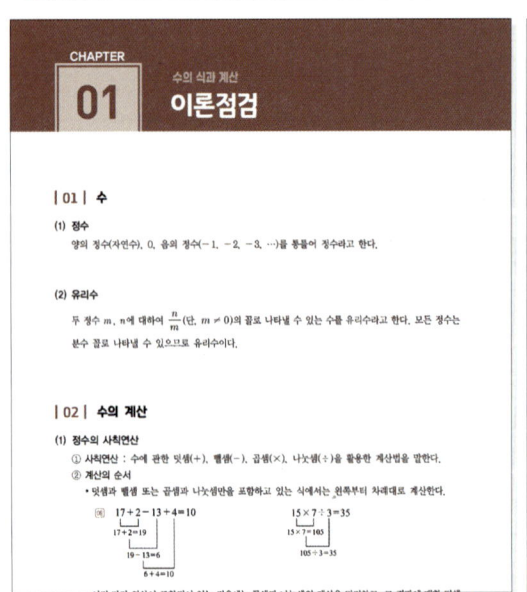

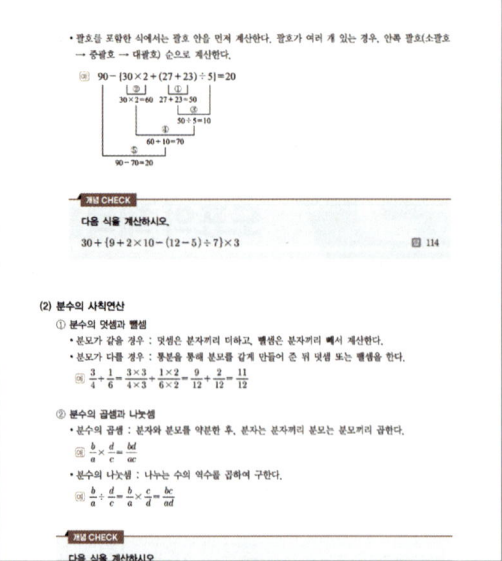

▶ 수리능력 이론을 수록하여 반드시 익혀야 할 내용을 확인할 수 있도록 하였다.
▶ 개념 CHECK를 통해 학습한 이론을 확실히 이해할 수 있도록 하였다.

③ 3단계 유형점검으로 체계적 학습!

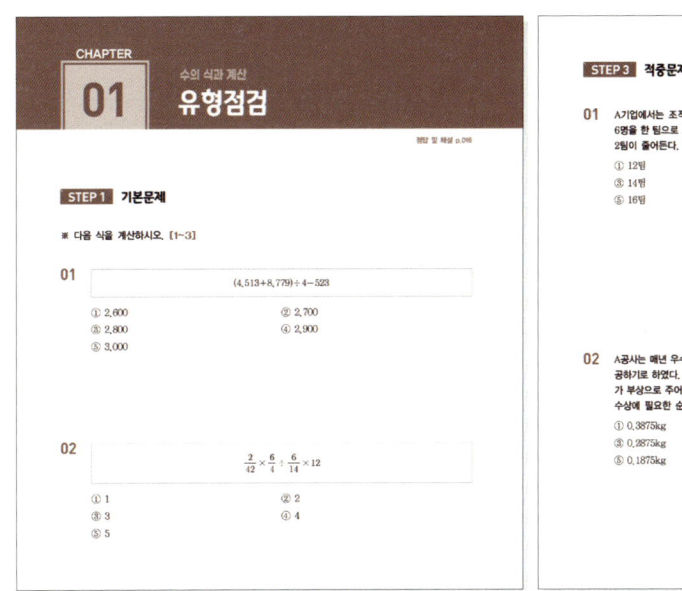

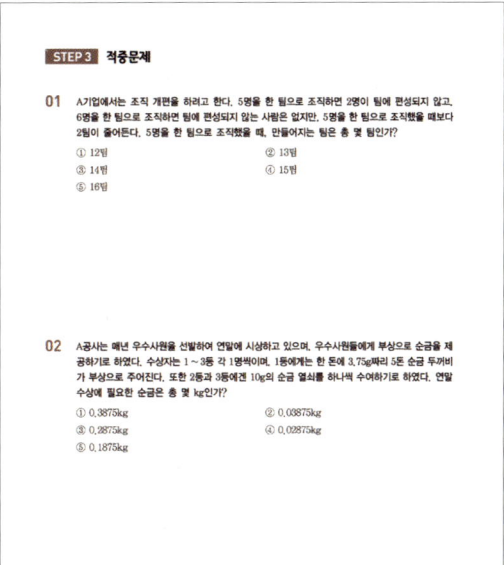

▶ 기본문제 – 응용문제 – 적중문제 3단계에 걸친 유형점검을 수록하여 체계적으로 학습할 수 있도록 하였다.

④ 최종점검 모의고사로 실전 연습!

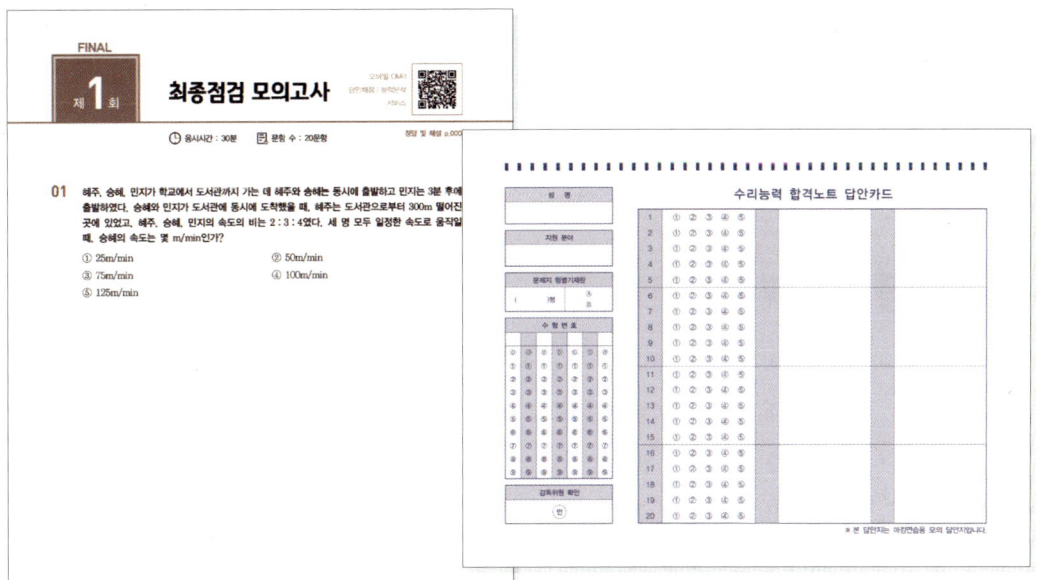

▶ 최종점검 모의고사를 수록하여 실제로 시험을 보는 것처럼 마무리 연습을 할 수 있도록 하였다.
▶ 모바일 OMR 답안채점/성적분석 서비스를 제공하여 자동으로 점수를 채점하고 확인할 수 있도록 하였다.

이 책의 차례 CONTENTS

2025 ~ 2024년
주요 공기업 수리능력
기출복원문제

주요 공기업 수리능력

기출복원문제

정답 및 해설 p.002

▮ 코레일 한국철도공사(2025년)

01 다음 수식을 계산한 결과는 $\frac{q}{p}$ 의 기약분수 형태로 나타낼 수 있으며, p와 q는 서로소이다. 이때, $q+p$의 값을 구하면?

$$\frac{18 \times (15^2 + 12 + 3)}{90^2 - 2 \times 45 \times 4} + 1$$

① 90 ② 100
③ 110 ④ 120
⑤ 130

▮ 코레일 한국철도공사(2025년)

02 K시의 전철 요금은 1회 탑승 시 1,500원이며, 오전 6시 30분 이전에 탑승할 경우 20%의 할인이 적용된다. K시에 사는 A씨는 전철을 이용하여 한 달간 총 22일의 출근과 퇴근을 할 예정이다. 한 달 전철 요금을 62,000원 이하로 유지하려면 A씨가 할인을 받아야 하는 날은 최소 며칠이어야 하는가?(단, A씨는 오후 6시에 회사에서 퇴근한다)

① 12일 ② 13일
③ 14일 ④ 15일
⑤ 16일

▮ 코레일 한국철도공사(2025년)

03 K역에서 일정 시간 동안 조사한 결과, 조사시간 내 전체 코레일 이용객 수는 60명이었다. 이 중 KTX 이용객이 36명, SRT 이용객이 42명이었고, 이용객 중 일부는 두 열차를 모두 이용하였다. 이때, SRT만 이용한 고객은 몇 명인가?

① 18명 ② 20명
③ 24명 ④ 30명
⑤ 36명

04 다음은 K쇼핑몰에서 판매된 상품에 대한 월별 리뷰 수와 반품 및 환불률을 조사한 자료이다. 상품을 구매한 사람이 모두 1건씩 리뷰를 작성하였다고 가정할 때, 조사기간 동안 발생한 반품 건수와 환불 건수를 모두 합하면?

〈K쇼핑몰 월별 리뷰 수 및 반품·환불 비율〉

(단위 : 건, %)

구분	리뷰 수	반품률	환불률
1월	1,000	3	2
2월	1,200	2	3
3월	1,500	4	1
4월	1,300	3	2

① 240건 ② 246건
③ 248건 ④ 250건
⑤ 252건

05 K공사의 사내 보안시스템은 숫자 1부터 6까지를 사용해 4자리 비밀번호를 설정할 수 있다. 이때, 다음 〈조건〉을 만족하는 4자리 비밀번호는 모두 몇 가지인가?

조건
• 각 자릿수에는 1부터 6까지의 숫자 중 하나가 들어간다.
• 같은 숫자는 최대 2번까지만 사용할 수 있다.
  예 1123, 2331, 4455 가능 / 1112, 2122, 4444 불가능

① 1,170가지 ② 1,196가지
③ 1,236가지 ④ 1,241가지
⑤ 1,296가지

06 다음은 서울시 전철 3개 주요 역사에서 시간대별 탑승 및 하차 인원수를 정리한 자료이다. 이에 대한 설명으로 옳은 것은?

〈서울시 전철 3개 주요 역사 시간대별 탑승 및 하차 인원수〉

(단위 : 명)

구분	역삼역		시청역		구로디지털단지역	
	탑승	하차	탑승	하차	탑승	하차
07:00 ~ 09:00 (출근시간)	1,150	350	620	870	2,300	400
12:00 ~ 14:00 (점심시간)	480	520	530	500	900	950
17:00 ~ 19:00 (퇴근시간)	390	1,250	420	1,480	280	2,150

① 역삼역은 모든 시간대에서 탑승 인원이 하차 인원보다 많다.
② 시청역은 점심시간대보다 퇴근시간대에 탑승 인원이 더 많다.
③ 역삼역은 전 시간대를 통틀어 탑승 인원보다 하차 인원이 많은 유일한 역이다.
④ 시청역은 출근시간대 대비 퇴근시간대 하차 인원의 증가 폭이 역삼역보다 크다.
⑤ 구로디지털단지역은 퇴근시간대 하차 인원이 출근시간대 하차 인원의 5배 이상이다.

07 K공사 직원 A ~ G 7명이 100m 달리기로 체력 테스트를 진행하였다. 직원들의 달리기 기록이 다음 〈조건〉과 같을 때, 가장 빠른 사람과 가장 느린 사람의 속력 차이의 절댓값은?(단, 속력은 소수점 둘째 자리까지 계산하고, 속력 단위는 m/s로 한다)

조건
• A는 100m를 13초에 완주했다.
• B는 A보다 0.5초 빠르다.
• C는 B보다 0.4초 느리다.
• D는 C보다 0.2초 빠르다.
• E는 D보다 0.3초 느리다.
• F는 E보다 0.1초 빠르다.
• G는 A보다 1.0초 느리다.

① 0.74m/s   ② 0.77m/s
③ 0.80m/s   ④ 0.83m/s
⑤ 0.86m/s

08 셔틀버스 A ~ C는 K역에서 출발하여 같은 노선을 운행한 뒤 K역으로 돌아온다. 셔틀버스 A ~ C의 운행시간이 각각 12분, 16분, 30분이고, 오전 10시에 동시에 출발하였다면, 모든 셔틀버스가 동시에 K역에 도착하는 시간은?(단, 정차 및 교통상황 등 운행시간 외에 다른 요소는 고려하지 않고, K역에 돌아온 셔틀버스는 즉시 기존 노선으로 다시 출발한다)

① 오전 11시
② 오후 12시
③ 오후 2시
④ 오후 3시
⑤ 오후 4시

09 다음은 연도별 노인 취업자 수 추이를 나타낸 자료이다. 이에 대한 설명으로 옳은 것은?

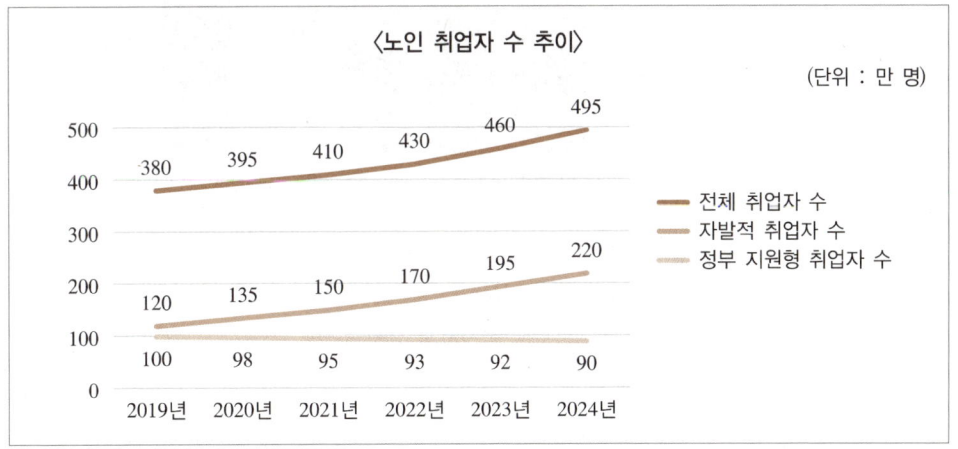

① 정부 지원형 취업자 수는 꾸준히 증가하고 있다.
② 노인 취업자의 증가는 전적으로 정부의 일자리 확대에 의한 것이다.
③ 전체 노인 취업자 수는 감소하고 있지만, 자발적 취업자는 증가하고 있다.
④ 자발적으로 취업하는 노인의 수는 정부 지원 취업자 수에 비해 점점 줄고 있다.
⑤ 자발적 취업자 수는 매년 증가하고 있으며, 이는 정부 지원 일자리 증가와는 별개의 흐름이다.

10 다음은 최근 5년간 산사태로 인한 피해면적과 해당 연도의 복구비용을 나타낸 자료이다. 이에 대한 설명으로 옳은 것은?

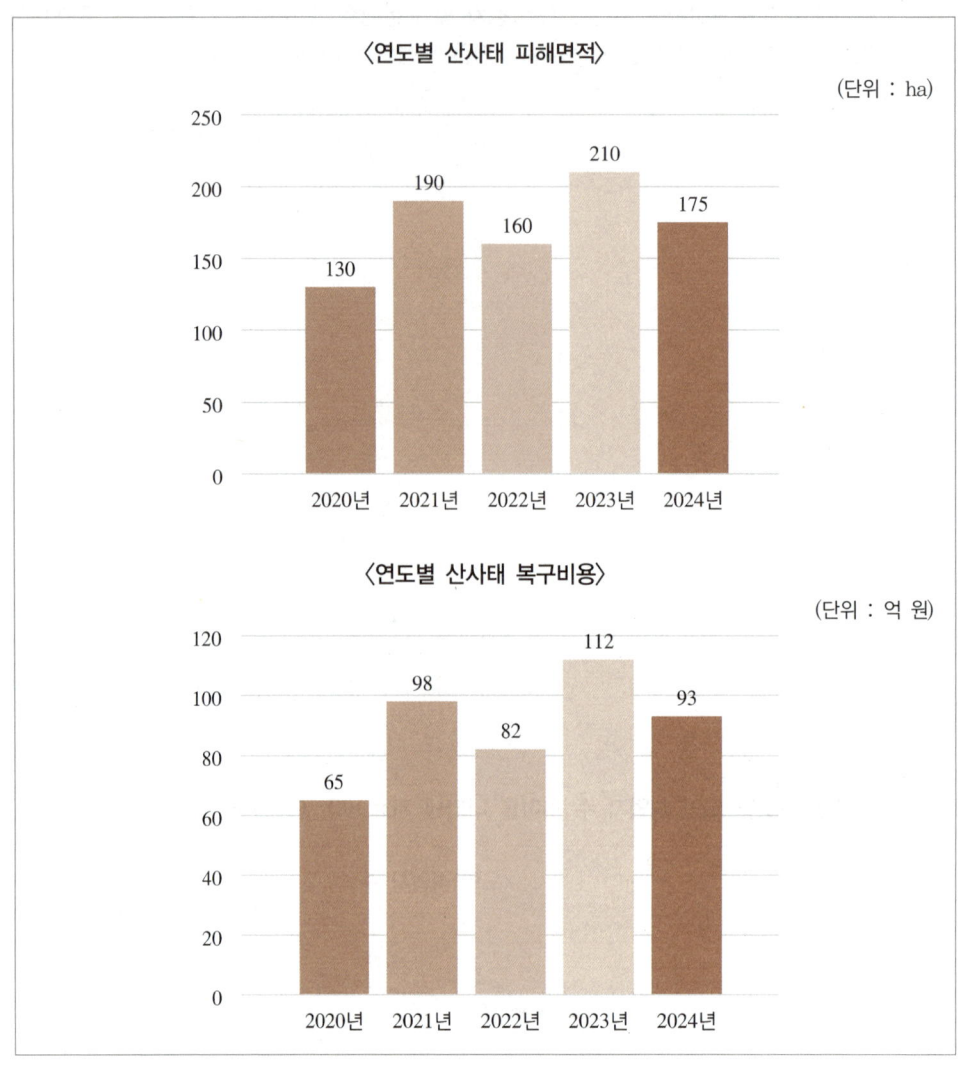

① 2022년은 피해면적 대비 복구비용이 가장 높았다.
② 복구비용은 2020년부터 매년 증가하였다.
③ 매년 피해면적 1ha당 복구비용은 일정하게 유지되었다.
④ 피해면적과 복구비용이 모두 가장 높았던 해는 2023년이다.
⑤ 2024년에는 피해면적이 줄었으나, 복구비용은 전년보다 늘었다.

11 다음은 K식당의 메뉴에 따른 판매가격과 재료비 및 고정비용에 대한 정보이다. 손익분기점을 넘기기 위해 필요한 판매량이 가장 많은 메뉴는?

〈K식당 메뉴의 판매가격 · 재료비 · 고정비용〉

(단위 : 원)

구분	판매가격	재료비	고정비용
제육볶음	10,000	2,000	2,800,000
오징어볶음	12,000	2,000	3,300,000
돈가스	9,000	1,500	2,600,000
라면	6,000	800	1,800,000
고등어구이	11,000	2,000	3,100,000

※ 판매가격과 재료비는 1인분당 비용임
※ 손익분기점을 넘기기 위해서는 순이익[(판매가격)−(재료비)]이 고정비용을 초과해야 함

① 제육볶음
② 오징어볶음
③ 돈가스
④ 라면
⑤ 고등어구이

12 K주임이 다음 〈조건〉에 따라 출장을 갈 때, K주임이 C지점에 도착한 시각과 A지점에서 C지점까지 이동할 때의 평균 속력이 바르게 연결된 것은?(단, 평균 속력에는 B지점에서의 업무 시간을 포함하지 않으며, 가속 · 정차 등 제시된 조건 이외의 사항은 고려하지 않는다)

조건
• K주임은 A지점에서 정오에 회사 차량을 이용하여 출장을 간다.
• K주임의 이동 경로는 A지점 → B지점 → C지점 순서이다.
• A지점에서 B지점까지 시속 100km로 이동하였다.
• B지점에서 C까지는 시속 80km로 이동하였다.
• A지점에서 C지점까지의 거리는 190km이다.
• A지점에서 B지점까지의 거리는 B지점에서 C지점까지의 거리보다 110km 길다.
• K사원은 B지점에 도착하여 1시간 동안 업무를 수행하였다.

	도착 시각	평균 속력
①	오후 2시	90km/h
②	오후 2시	92km/h
③	오후 2시	95km/h
④	오후 3시	90km/h
⑤	오후 3시	95km/h

※ 다음은 J국의 소송에 대한 통계이다. 이어지는 질문에 답하시오. [13~14]

〈연도별 J국 전체 소송 건수〉

(단위 : 건)

구분	민사소송	형사소송	기관소송	권한쟁의	헌법소원	합계
2019년	150,000	50,000	5,000	3,000	500	208,500
2020년	160,000	70,000	7,000	5,000	600	242,600
2021년	300,000	140,000	15,000	40,000	2,000	497,000
2022년	270,000	150,000	20,000	40,000	1,900	481,900
2023년	310,000	130,000	17,000	50,000	2,500	509,500
2024년	290,000	170,000	16,000	53,000	2,500	531,500
합계	1,480,000	710,000	80,000	191,000	10,000	2,471,000

※ J국에서 진행되는 소송은 민사소송, 형사소송, 기관소송, 권한쟁의, 헌법소원만 존재함
※ J국에서 소송은 개인과 기관만 제기할 수 있으며, 기관소송과 권한쟁의는 기관만 제기할 수 있음

〈연도별 J국 개인이 제기한 주요 소송 종류〉

(단위 : 건)

구분	민사소송			형사소송			헌법소원	합계
	부동산	사기	혼인	상해	사기	살인		
2019년	30,000	20,000	10,000	10,000	5,000	5,000	200	80,200
2020년	35,000	20,000	15,000	20,000	10,000	10,000	200	110,200
2021년	70,000	50,000	30,000	40,000	40,000	20,000	1,000	251,000
2022년	50,000	50,000	30,000	30,000	30,000	15,000	1,000	206,000
2023년	50,000	60,000	20,000	20,000	30,000	10,000	1,000	191,000
2024년	80,000	50,000	15,000	25,000	10,000	12,500	800	193,300
합계	315,000	250,000	120,000	145,000	125,000	72,500	4,200	1,031,700

〈연도별 J국 기관이 제기한 주요 소송 종류〉

(단위 : 건)

구분	민사소송		형사소송		헌법소원	합계
	부동산	사기	상해	사기		
2019년	20,000	10,000	20,000	10,000	300	60,300
2020년	15,000	10,000	15,000	10,000	400	50,400
2021년	50,000	40,000	20,000	5,000	( )	( )
2022년	40,000	30,000	10,000	5,000	( )	( )
2023년	30,000	30,000	5,000	10,000	1,500	76,500
2024년	30,000	20,000	20,000	10,000	1,700	81,700
합계	185,000	140,000	90,000	50,000	5,800	470,800

13 다음 중 제시된 자료를 토대로 잘못 설명한 사람을 〈보기〉에서 모두 고르면?

> **보기**
>
> 가영 : 2019년부터 2024년까지 기관에서만 제기하는 소송 건수의 합은 80,000건이야.
> 나리 : 2021년에 제기된 민사소송 중 개인이 제기한 민사소송의 비율은 50%야.
> 다솜 : 2019년부터 2024년까지 기관이 제기한 헌법소원은 매년 증가했어.
> 라주 : 2021년부터 2024년까지 개인이 제기한 소송은 매년 전년 대비 감소했어.

① 가영, 나리
② 가영, 나리, 다솜
③ 가영, 다솜, 라주
④ 나리, 다솜, 라주
⑤ 가영, 나리, 다솜, 라주

14 다음은 위 자료를 토대로 작성한 보고서이다. 옳지 않은 것은?

> 〈J국 개인 · 기관 소송 보고서〉
>
> ① J국의 전체 소송 건수는 2019년부터 2021년까지 그리고 2022년부터 2024년까지 증가하는 추세를 보이고 있으며, 특히 2021년의 경우 전년 대비 소송 제기 건수가 큰 폭으로 증가했는데 이는 전자 소송이 활성화되기 시작했기 때문으로 보인다.
> 민사소송과 형사소송에 있어 사기는 모두 주요 소송의 유형으로 집계되었는데, ② 사기소송 유형이 민사소송에서 차지하는 비율은 형사소송에서 차지하는 비율보다 크다. ③ 또한 기관에서만 제기하는 소송의 총합 건수는 매년 전년 대비 증가하였다. 이는 기관이 소송을 자제하던 분위기가 풀려가면서 발생한 것으로 보인다.
> 이와 함께 2023년부터 2024년까지 전체 소송의 건수는 감소하였다가 증가하는 추세를 보이고 있는데, ④ 이에 따라 기관에서 제기한 기관소송 및 권한쟁의 건수의 비율 역시 2023년부터 2024년까지 전년 대비 증가하였다. ⑤ 마지막으로 개인이 제기한 형사소송에서 상해 대비 살인의 비율은 매년 동일하다.

※ 다음은 K국의 지역별 및 5대 업종별 기업 현황이다. 이어지는 질문에 답하시오. [15~16]

〈K국의 조사 지역별 기업 현황〉

(단위 : 개소)

구분	대기업	중소기업	5인 미만		법인		기타	합계
					사단법인	재단법인		
수도권	5,000	10,000	200,000	60,000	50,000	( )	5,000	( )
강원권	500	2,000	10,000	1,000	500	( )	500	( )
충청권	2,000	3,000	30,000	2,500	( )	800	500	( )
호남권	3,000	5,000	30,000	3,000	( )	1,000	1,000	( )
영남권	3,000	5,000	20,000	2,500	1,500	( )	500	( )
전체	13,500	25,000	290,000	69,000	55,700	13,300	7,500	405,000

※ 조사 기업 종류는 대기업, 중소기업, 5인 미만, 법인, 기타만 존재함
※ 조사 지역은 수도권, 강원권, 충청권, 호남권, 영남권으로만 구성함

〈K국의 5대 업종별 기업 현황〉

(단위 : 개소)

구분	대기업	중소기업	5인 미만		법인		기타
					사단법인	재단법인	
IT업	6,000	5,000	30,000	3,000	2,000	1,000	500
건설업	2,000	5,000	70,000	4,000	3,000	1,000	300
운송업	1,000	9,000	100,000	7,000	5,000	2,000	200
마케팅업	1,000	1,000	30,000	7,000	5,000	2,000	500
제조업	1,000	2,000	5,000	8,000	5,000	3,000	500
합계	11,000	22,000	235,000	29,000	20,000	9,000	2,000

15 다음 중 위 자료에 대한 설명으로 옳지 않은 것은?

① 조사 지역별 법인 기업에서 사단법인이 차지하는 비율이 세 번째로 높은 지역은 영남권이다.

② 5대 업종의 대기업 중 IT업에 속하지 않는 기업의 수는 수도권 지역 기타 기업의 수와 같다.

③ 조사 지역에서 대기업이 20% 증가하고, 중소기업이 10% 감소한다면 전체 기업 수는 증가한다.

④ 조사 지역의 재단법인 중 강원권 재단법인이 차지하는 비율은 조사 지역의 대기업 중 강원권 대기업이 차지하는 비율보다 크다.

16 다음은 위 자료를 근거로 작성한 보고서이다. 이에 대한 내용으로 옳지 않은 것은?

〈기업 현황 보고서〉

① 조사 지역의 전체 기업 중 5인 미만인 기업은 70% 이상을 차지하고 있으며, 이는 중소기업 수의 10배 이상이다. 특히, 5인 미만인 기업은 수도권에 밀집되어 있는데 ② 조사 지역의 5인 미만 기업 중 수도권이 차지하는 비율 또한 60% 이상이다.

모든 지역에 걸쳐 대기업보단 중소기업이, 중소기업보단 5인 미만 기업의 수가 많았는데, 5인 미만 기업 수 대비 대기업의 수는 영남권이 가장 높았다. 5대 업종만을 분석했을 때 역시 대기업보단 중소기업이, 중소기업보단 5인 미만 기업이 많았으며, 사단법인이 재단법인보다 많았다. ③ 이에 따라 조사 지역의 전체 기업 중 5대 업종에 해당하지 않는 기업도 앞선 순서와 동일하였다. 또한 ④ 조사 지역의 전체 기업 중 운송업에 해당하는 기업의 비율은 5인 미만 기업이 중소기업보다 높았다.

※ 다음은 K국의 연도별 7대 주요 범죄 발생 현황과 교도소별 복역자 현황에 대한 자료이다. 이어지는 질문에 답하시오. **[17~18]**

〈K국의 연도별 7대 주요 범죄 발생 현황〉

(단위 : 건)

구분	살인	사기	폭행	강도	절도	성범죄	방화
1989년	500	2,000	5,000	4,000	25,000	3,000	500
1990년	600	2,500	7,000	8,000	20,000	2,500	600
1991년	700	3,000	10,000	5,000	23,000	2,000	800
1992년	800	2,000	15,000	8,000	18,000	2,500	700
1993년	900	3,000	10,000	10,000	20,000	3,000	1,000
1994년	1,000	2,000	20,000	10,000	27,000	5,000	900
1995년	1,100	3,500	17,000	9,000	34,000	2,000	1,100

※ 현 시점은 2025년임

〈K국 교도소의 잔여 형량별 복역자 수〉

(단위 : 명)

구분	A교도소	B교도소	C교도소	D교도소	E교도소	F교도소
1년 미만	3,000	4,000	5,000	6,000	7,000	8,000
1년 이상 3년 미만	1,500	1,000	2,000	3,000	2,000	2,500
3년 이상 5년 미만	400	400	500	600	800	1,000
5년 이상 10년 미만	350	250	250	300	400	50
10년 이상 20년 미만	30	35	40	60	55	35
20년 이상	20	15	10	40	45	15
합계	5,300	5,700	7,800	10,000	10,300	11,600

※ K국의 교도소는 A~F 6개 존재함

17 다음 중 위 자료에 대한 설명으로 옳지 않은 것은?

① 살인이 가장 많이 발생한 해에는 절도 역시 가장 많이 발생하였다.

② 모든 교도소에서 잔여 형량이 많을수록 복역자 수는 감소한다.

③ 범죄가 가장 많이 발생한 해는 폭행도 가장 많이 발생하였다.

④ 잔여 형량이 1년 미만인 경우가 가장 많은 교도소는 전체 복역자 수가 가장 많다.

18 다음 중 위 자료를 계산하여 해석한 내용으로 옳지 않은 것은?

① 1990년부터 1995년까지 전년 대비 살인 사건 발생 변화율은 매년 감소한다.

② K국 전체 교도소 복역자 수 중 D교도소 복역자 수의 비율은 20% 이하이다.

③ 1993년부터 1995년까지 7대 주요 발생 범죄 중 절도가 차지하는 비율은 45% 이하이다.

④ 교도소별 잔여 형량이 1년 미만인 복역자 수 대비 3년 이상 5년 미만인 복역자 수의 비율은 F교도소기 가장 높다.

19 K고등학교의 운동장은 윗변이 20m, 밑변이 50m, 높이가 20m인 등변 사다리꼴 형태이다. 운동장의 가장자리에 2m 마다 의자를 놓고 학생을 앉힐 때, 의자에 앉을 수 있는 학생의 수로 옳은 것은?

① 59명   ② 60명

③ 61명   ④ 62명

20 다음 중 제시된 자료를 그래프로 바르게 변환한 것은?

〈K-water 한강유역 대수력 발전소 연간 발전량〉

(단위 : GWh)

구분	2019년	2020년	2021년	2022년	2023년	2024년
소양강댐	347	551	314	600	430	490
충주댐	484	769	574	680	706	759

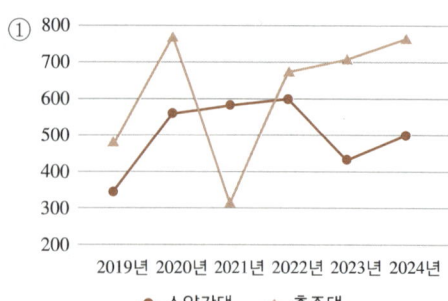

21 다음 식을 계산하여 나온 수의 백의 자리, 십의 자리, 일의 자리를 순서대로 바르게 나열한 것은?

$$865 \times 865 + 865 \times 270 + 135 \times 138 - 405$$

① 0, 0, 0   ② 0, 2, 0

③ 2, 5, 0   ④ 5, 5, 0

⑤ 8, 8, 0

22 길이가 200m인 A열차가 어떤 터널을 60km/h의 속력으로 통과하였다. 잠시 후 길이가 300m인 B열차가 같은 터널을 90km/h의 속력으로 통과하였다. A열차와 B열차가 이 터널을 완전히 통과할 때 걸린 시간의 비가 10 : 7일 때, 이 터널의 길이는?

① 1,200m   ② 1,500m

③ 1,800m   ④ 2,100m

⑤ 2,400m

| 코레일 한국철도공사(2024년)

23

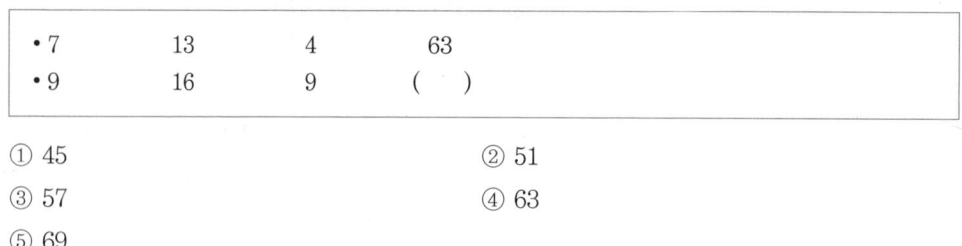

- 7   13   4   63
- 9   16   9   ( )

① 45   ② 51
③ 57   ④ 63
⑤ 69

| 코레일 한국철도공사(2024년)

24

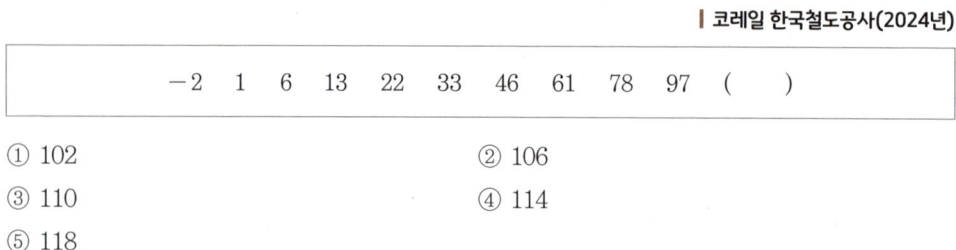

−2   1   6   13   22   33   46   61   78   97   ( )

① 102   ② 106
③ 110   ④ 114
⑤ 118

| 코레일 한국철도공사(2024년)

25 K중학교 2학년 A ~ F 6개의 학급이 체육대회에서 줄다리기 경기를 다음과 같은 토너먼트로 진행하려고 한다. 이때, A반과 B반이 모두 2번의 경기를 거쳐 결승에서 만나게 되는 경우의 수는?

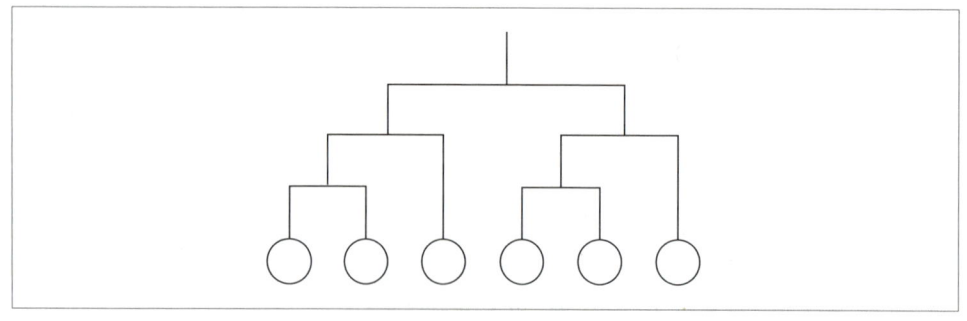

① 6가지   ② 24가지
③ 120가지   ④ 180가지
⑤ 720가지

26 다음은 연령대별로 도시와 농촌에서의 여가생활 만족도 평가 점수를 조사한 자료이다. 〈조건〉에 따라 빈칸 ㄱ ~ ㄹ에 들어갈 수를 순서대로 바르게 연결한 것은?

〈연령대별 도시·농촌 여가생활 만족도 평가〉

(단위 : 점)

구분	10대 미만	10대	20대	30대	40대	50대	60대	70대 이상
도시	1.6	ㄱ	3.5	ㄴ	3.9	3.8	3.3	1.7
농촌	1.3	1.8	2.2	2.1	2.1	ㄷ	2.1	ㄹ

※ 매우 만족 : 5점, 만족 : 4점, 보통 : 3점, 불만 : 2점, 매우 불만 : 1점

조건
- 도시에서 여가생활 만족도는 모든 연령대에서 같은 연령대의 농촌보다 높았다.
- 도시에서 10대의 여가생활 만족도는 농촌에서 10대의 2배보다 높았다.
- 도시에서 여가생활 만족도가 가장 높은 연령대는 40대였다.
- 농촌에서 여가생활 만족도가 가장 높은 연령대는 50대지만, 3점을 넘기지 못했다.

	ㄱ	ㄴ	ㄷ	ㄹ
①	3.8	3.3	2.8	3.5
②	3.5	3.3	3.2	3.5
③	3.8	3.3	2.8	1.5
④	3.5	4.0	3.2	1.5
⑤	3.8	4.0	2.8	1.5

27 가격이 500,000원일 때 10,000개가 판매되는 K제품이 있다. 이 제품의 가격을 10,000원 인상할 때마다 판매량은 160개 감소하고, 10,000원 인하할 때마다 판매량은 160개 증가한다. 이때, 총 판매금액이 최대가 되는 제품의 가격은?(단, 가격은 10,000원 단위로만 인상 또는 인하할 수 있다)

① 520,000원
② 540,000원
③ 560,000원
④ 580,000원
⑤ 600,000원

28 다음은 전자제품 판매업체 3사를 다섯 가지 항목으로 나누어 평가한 자료이다. 이를 토대로 3사의 항목별 비교 및 균형을 쉽게 파악할 수 있도록 나타낸 그래프로 옳은 것은?

〈전자제품 판매업체 3사 평가표〉

(단위 : 점)

구분	디자인	가격	광고 노출도	브랜드 선호도	성능
A사	4.1	4.0	2.5	2.1	4.6
B사	4.5	1.5	4.9	4.0	2.0
C사	2.5	4.5	0.6	1.5	4.0

①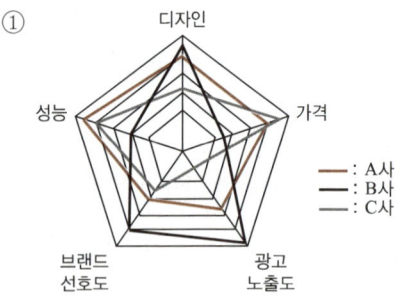

②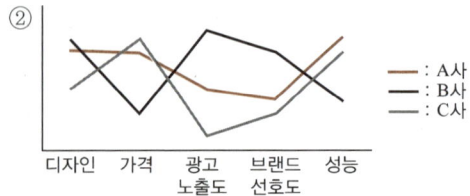

③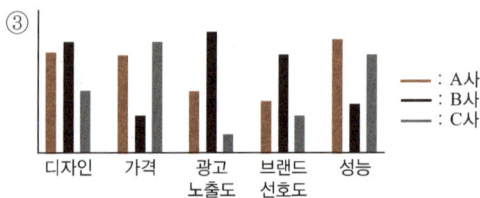

④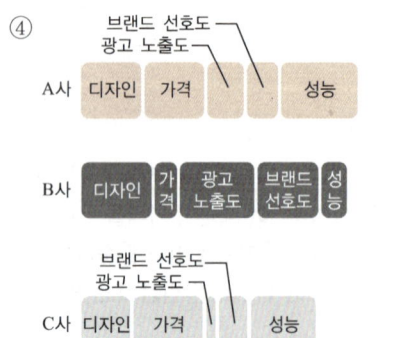

⑤

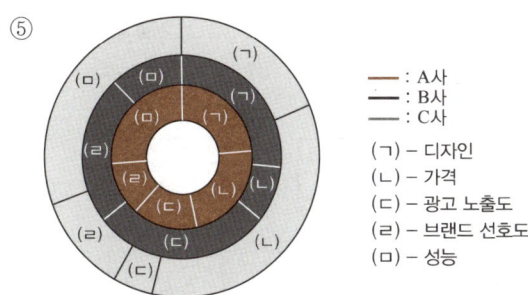

— : A사
— : B사
— : C사

(ㄱ) – 디자인
(ㄴ) – 가격
(ㄷ) – 광고 노출도
(ㄹ) – 브랜드 선호도
(ㅁ) – 성능

29 다음은 2023년 K톨게이트를 통과한 차량에 대한 자료이다. 이에 대한 설명으로 옳지 않은 것은?

〈2023년 K톨게이트 통과 차량〉

(단위 : 천 대)

구분	승용차			승합차			대형차		
	영업용	비영업용	합계	영업용	비영업용	합계	영업용	비영업용	합계
1월	152	3,655	3,807	244	2,881	3,125	95	574	669
2월	174	3,381	3,555	222	2,486	2,708	101	657	758
3월	154	3,909	4,063	229	2,744	2,973	139	837	976
4월	165	3,852	4,017	265	3,043	3,308	113	705	818
5월	135	4,093	4,228	211	2,459	2,670	113	709	822
6월	142	3,911	4,053	231	2,662	2,893	107	731	838
7월	164	3,744	3,908	237	2,721	2,958	117	745	862
8월	218	3,975	4,193	256	2,867	3,123	115	741	856
9월	140	4,105	4,245	257	2,913	3,170	106	703	809
10월	135	3,842	3,977	261	2,812	3,073	107	695	802
11월	170	3,783	3,953	227	2,766	2,993	117	761	878
12월	147	3,730	3,877	243	2,797	3,040	114	697	811

① 전체 승용차 수와 전체 승합차 수의 합이 가장 많은 달은 9월이고, 가장 적은 달은 2월이다.
② 4월을 제외하고 K톨게이트를 통과한 비영업용 승합차 수는 월별 300만 대 미만이었다.
③ 전체 대형차 수 중 영업용 대형차 수의 비율은 모든 달에서 10% 이상이다.
④ 영업용 승합차 수는 모든 달에서 영업용 대형차 수의 2배 이상이다.
⑤ 승용차가 가장 많이 통과한 달의 전체 승용차 수에 대한 영업용 승용차 수의 비율은 3% 이상이다.

30 일정한 규칙에 따라 수를 나열할 때, 실수 $a+b$의 값은?

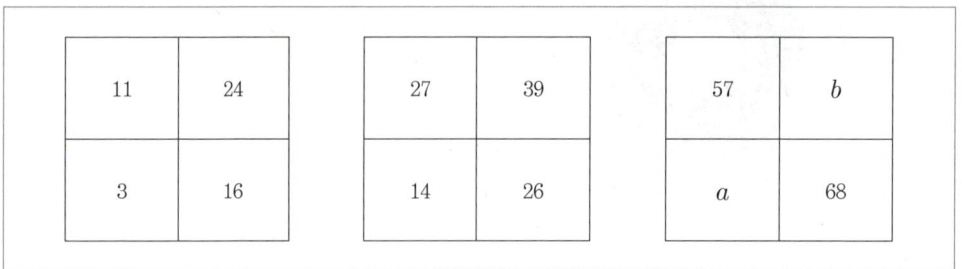

① 103
② 114
③ 125
④ 136
⑤ 147

31 같은 양의 농도를 모르는 두 소금물 A와 B를 섞어 농도 8%의 소금물 300g을 만들었다. 여기에 A와 농도가 같은 소금물 150g 더 넣었더니 농도 9%의 소금물이 되었다. 소금물 A와 B의 농도는?

	소금물 A	소금물 B
①	11%	5%
②	11%	6%
③	12%	6%
④	12%	7%
⑤	13%	7%

32 A지점에서 1km 떨어진 곳을 $a$km/h의 속력으로 갔다가 $(a+2)$km/h의 속력으로 되돌아올 때 걸린 시간은 25분이다. 같은 거리를 $(a+4)$km/h의 속력으로 갔다가 $(a+8)$km/h의 속력으로 되돌아올 때 걸린 시간은?

① 12분
② 12분 30초
③ 13분
④ 13분 30초
⑤ 14분

33 어떤 연산자 ◉에 대하여 $(a ◉ b) = 3a + 5b + ab$로 정의한다. 이때, 다음 방정식의 두 실근의 제곱의 합은?

$$(x ◉ x) + (6 ◉ x) = (8 ◉ x)$$

① 48   ② 42

③ 36   ④ 30

⑤ 24

34 S편의점을 운영하는 P씨는 개인사정으로 이번 주 토요일 하루만 오전 10시부터 오후 8시까지 직원들을 대타로 고용할 예정이다. 직원 A ~ D의 시급과 근무 가능 시간이 다음과 같을 때, 가장 적은 인건비는 얼마인가?

〈S편의점 직원 시급 및 근무 가능 시간〉

(단위 : 원)

구분	시급	근무 가능 시간
직원 A	10,000	오후 12:00 ~ 오후 5:00
직원 B	10,500	오전 10:00 ~ 오후 3:00
직원 C	10,500	오후 12:00 ~ 오후 6:00
직원 D	11,000	오후 12:00 ~ 오후 8:00

※ 추가 수당으로 시급의 1.5배를 지급함
※ 직원 1명당 근무시간은 최소 2시간 이상이어야 함

① 153,750원   ② 155,250원

③ 156,000원   ④ 157,500원

⑤ 159,000원

※ 다음과 같은 규칙에 따라 주사위 게임을 진행하고자 한다. 이어지는 질문에 답하시오. **[35~37]**

- 처음 수 A=10이다.
- 주사위를 던져 나온 주사위 눈이 홀수이면 A에서 나온 수로 나누고, 짝수이면 A에 나온 수를 곱한다.
- 다음 주사위를 던져 나온 주사위 눈을 앞서 나온 수에 같은 규칙으로 적용한다.

예 주사위를 2회 던져 나온 수가 4, 5일 때, A는 $10 \times 4 \div 5 = 8$이다.

┃ 서울교통공사 9호선(2024년)

35 규칙에 따라 주사위를 3회 던졌을 때, 값이 두 번째로 큰 수와 두 번째로 작은 수의 곱은?(단, 소수점 첫째 자리에서 반올림한다)

① 160   ② 168

③ 176   ④ 184

⑤ 192

┃ 서울교통공사 9호선(2024년)

36 규칙에 따라 주사위를 3회 던졌을 때, 값이 40이 될 확률은?

① $\dfrac{1}{216}$ ② $\dfrac{1}{36}$

③ $\dfrac{1}{24}$ ④ $\dfrac{1}{18}$

⑤ $\dfrac{1}{12}$

┃ 서울교통공사 9호선(2024년)

37 주사위를 1회 던졌을 때의 기댓값은?

① 17   ② $\dfrac{203}{9}$

③ $\dfrac{253}{9}$ ④ $\dfrac{101}{3}$

⑤ $\dfrac{353}{9}$

38 다음은 2019 ~ 2023년 건강보험료 부과 금액 및 1인당 건강보험 급여비에 대한 자료이다. 이에 대한 설명으로 옳지 않은 것은?

〈건강보험료 부과 금액 및 1인당 건강보험 급여비〉

구분	2019년	2020년	2021년	2022년	2023년
건강보험료 부과 금액 (십억 원)	59,130	63,120	69,480	76,775	82,840
1인당 건강보험 급여비(원)	1,300,000	1,400,000	1,550,000	1,700,000	1,900,000

① 건강보험료 부과 금액과 1인당 건강보험 급여비는 모두 매년 증가하였다.

② 2020 ~ 2023년 동안 전년 대비 1인당 건강보험 급여비가 가장 크게 증가한 해는 2023년이다.

③ 2020 ~ 2023년 동안 전년 대비 건강보험료 부과 금액의 증가율은 항상 10% 미만이었다.

④ 2019년 대비 2023년의 1인당 건강보험 급여비는 40% 이상 증가하였다.

39 다음과 같이 일정한 규칙으로 수를 나열할 때 빈칸에 들어갈 수는?

• 6	13	8	8	144
• 7	11	7	4	122
• 8	9	6	2	100
• 9	7	5	1	( )

① 75   ② 79

③ 83   ④ 87

40 두 주사위 A, B를 던져 나온 수를 각각 a, b라고 할 때, $a \neq b$일 확률은?

① $\dfrac{2}{3}$ ② $\dfrac{13}{18}$

③ $\dfrac{7}{9}$ ④ $\dfrac{5}{6}$

MEMO

PART 1

기초연산 · 통계능력

| 01 | 수

(1) 정수

양의 정수(자연수), 0, 음의 정수(-1, -2, -3, …)를 통틀어 정수라고 한다.

(2) 유리수

두 정수 m, n에 대하여 $\dfrac{n}{m}$(단, $m \neq 0$)의 꼴로 나타낼 수 있는 수를 유리수라고 한다. 모든 정수는 분수 꼴로 나타낼 수 있으므로 유리수이다.

| 02 | 수의 계산

(1) 정수의 사칙연산

① 사칙연산 : 수에 관한 덧셈($+$), 뺄셈($-$), 곱셈($\times$), 나눗셈($\div$)을 활용한 계산법을 말한다.

② 계산의 순서

• 덧셈과 뺄셈 또는 곱셈과 나눗셈만을 포함하고 있는 식에서는 왼쪽부터 차례대로 계산한다.

예
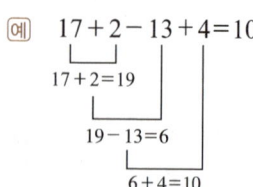

$$17 + 2 - 13 + 4 = 10$$

$17 + 2 = 19$
$19 - 13 = 6$
$6 + 4 = 10$

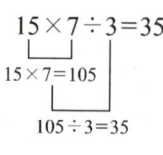

$$15 \times 7 \div 3 = 35$$

$15 \times 7 = 105$
$105 \div 3 = 35$

• 여러 가지 연산이 포함되어 있는 경우에는 곱셈과 나눗셈의 계산을 먼저하고, 그 결과에 대한 덧셈과 뺄셈의 계산을 왼쪽부터 차례대로 한다.

예
$$60 - 11 + 13 \times 2 = 75$$

② ①
$60 - 11 = 49$ $13 \times 2 = 26$
③
$49 + 26 = 75$

- 괄호를 포함한 식에서는 괄호 안을 먼저 계산한다. 괄호가 여러 개 있는 경우, 안쪽 괄호(소괄호 → 중괄호 → 대괄호) 순으로 계산한다.

$$\text{[예]} \quad 90 - \{30 \times 2 + (27 + 23) \div 5\} = 20$$

$$30 \times 2 = 60 \quad 27 + 23 = 50$$
$$50 \div 5 = 10$$
$$60 + 10 = 70$$
$$90 - 70 = 20$$

개념 CHECK

다음 식을 계산하시오.

$$30 + \{9 + 2 \times 10 - (12 - 5) \div 7\} \times 3$$

답 114

---

(2) 분수의 사칙연산

① 분수의 덧셈과 뺄셈
- 분모가 같을 경우 : 덧셈은 분자끼리 더하고, 뺄셈은 분자끼리 빼서 계산한다.
- 분모가 다를 경우 : 통분을 통해 분모를 같게 만들어 준 뒤 덧셈 또는 뺄셈을 한다.

$$\text{[예]} \quad \frac{3}{4} + \frac{1}{6} = \frac{3 \times 3}{4 \times 3} + \frac{1 \times 2}{6 \times 2} = \frac{9}{12} + \frac{2}{12} = \frac{11}{12}$$

② 분수의 곱셈과 나눗셈
- 분수의 곱셈 : 분자와 분모를 약분한 후, 분자는 분자끼리 분모는 분모끼리 곱한다.

$$\text{[예]} \quad \frac{b}{a} \times \frac{d}{c} = \frac{bd}{ac}$$

- 분수의 나눗셈 : 나누는 수의 역수를 곱하여 구한다.

$$\text{[예]} \quad \frac{b}{a} \div \frac{d}{c} = \frac{b}{a} \times \frac{c}{d} = \frac{bc}{ad}$$

개념 CHECK

다음 식을 계산하시오.

$$\frac{2}{3} + \frac{1}{3} \times \frac{6}{5} - \frac{1}{5}$$

답 $\dfrac{13}{15}$

(3) 분수의 대소비교 : 분모나 분자를 통분하여 비교한다.

　① 분모를 통분해서 비교할 경우 : 분자가 클수록 큰 분수이다.

　　예 $\left(\dfrac{17}{5}, \dfrac{7}{2}\right) \Rightarrow \left(\dfrac{34}{10}, \dfrac{35}{10}\right) \Rightarrow \dfrac{17}{5} < \dfrac{7}{2}$

　② 분자를 통분해서 비교할 경우 : 분모가 작을수록 큰 분수이다.

　　예 $\left(\dfrac{2}{7}, \dfrac{3}{11}\right) \Rightarrow \left(\dfrac{6}{21}, \dfrac{6}{22}\right) \Rightarrow \dfrac{2}{7} > \dfrac{3}{11}$

(4) 특수한 형태의 연산

　'$a \triangle b = ab + a - b$'와 같이 덧셈, 뺄셈, 곱셈, 나눗셈을 이용하여 특정 문제에서 사용할 수 있는 새로운 연산을 정의할 수 있다. 이때 '$a \triangle b$'를 'a 연산 b'로 읽으며, 연산의 정의대로 계산하면 된다.

　예 $a \odot b = 2a + b - ab$ 라 할 때, $2 \odot 1$을 구하면 $2 \odot 1 = 2 \times 2 + 1 - 2 \times 1 = 4 + 1 - 2 = 3$이다.

> **개념 CHECK**
>
> $a \bigstar b = 3a - 2b + 1$일 때, $8 \bigstar 5$를 구하시오.
>
> 답 15

| 03 | 단위의 환산

(1) 길이 · 넓이 · 부피

　① 길이 : $1\text{cm} = 10\text{mm}$, $1\text{m} = 100\text{cm}$, $1\text{km} = 1{,}000\text{m}$

　② 넓이 : $1\text{cm}^2 = 100\text{mm}^2$, $1\text{m}^2 = 10{,}000\text{cm}^2$, $1\text{km}^2 = 1{,}000{,}000\text{m}^2$

　③ 부피 : $1\text{cm}^3 = 1{,}000\text{mm}^3$, $1\text{m}^3 = 1{,}000{,}000\text{cm}^3$, $1\text{km}^3 = 1{,}000{,}000{,}000\text{m}^3$

(2) 들이와 무게

　① 들이 : $1\text{mL} = 1\text{cm}^3$, $1\text{dL} = 100\text{mL} = 100\text{cm}^3$, $1\text{L} = 10\text{dL} = 1{,}000\text{cm}^3$

　② 무게 : $1{,}000\text{mg} = 1\text{g}$, $1{,}000\text{g} = 1\text{kg}$, $1{,}000\text{kg} = 1\text{t}$

(3) 시간 : 1분 = 60초, 1시간 = 60분 = 3,600초

> **개념 CHECK**
>
> 2시간 36분은 몇 초인지 구하시오.
>
> 답 9,360초

| 04 | 소인수분해

(1) 소수(Prime Number)

자연수 중에서 약수의 개수가 2개인 수, 즉 1보다 큰 자연수 중에서 1과 자기 자신만을 약수로 가지는 수를 소수라고 한다.

예 2, 3, 5, 7, …

(2) 합성수(Composite Number)

자연수 중에서 약수의 개수가 3 이상인 수, 즉 1보다 큰 자연수 중에서 소수가 아닌 수를 합성수라고 한다. 단, 1은 소수도 합성수도 아니다.

예 4, 6, 8, 9, …

(3) 소인수분해

① 소인수 : 소수인 인수를 말한다.

② 소인수분해 : 자연수를 소수의 곱으로 나타낸 것을 소인수분해라고 한다. 일반적으로 소인수분해를 한 결과는 작은 소인수부터 나타내며, 같은 소인수의 곱은 거듭제곱 꼴로 나타낸다.

③ 소인수분해의 두 가지 방법

• 소수가 나올 때까지 두 수로 나누는 방법

예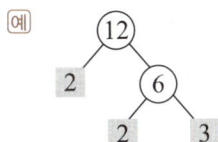

$$12 = 2 \times 2 \times 3 = 2^2 \times 3$$

• 나눗셈을 이용하는 방법

예 $2)\overline{12}$
　　$2)\overline{6}$
　　　　3

$$12 = 2 \times 2 \times 3 = 2^2 \times 3$$

개념 CHECK

36을 소인수분해 하시오.

답 $36 = 2^2 \times 3^2$

| 05 | 최대공약수와 최소공배수

(1) 공약수와 최대공약수

① **약수** : 어떤 수를 나누어떨어지게 하는 수이다.

② **공약수** : 두 개 이상의 자연수의 공통인 약수이다.

③ **서로소** : 공약수가 1밖에 없는 두 자연수이다.

④ **최대공약수** : 공약수 중에서 가장 큰 수이다.

- **최대공약수의 특징** : 두 개 이상의 자연수의 공약수는 그 수들의 최대공약수의 약수이다.

   예 두 자연수 a, b의 최대공약수가 20일 때, a와 b의 공약수는 20의 약수인 1, 2, 4, 5, 10, 20이다.

- **최대공약수를 구하는 방법**

   - 소인수분해를 이용하는 방법 : 각 수를 소인수분해한 뒤 공통인 소인수 중 지수가 작거나 같은 것을 택하여 곱한다.

   - 나눗셈을 이용하는 방법 : 각 수를 공통인 소인수로 나누어 이 소인수들을 모두 곱한다.

   예 12와 18의 최대공약수를 구할 때

   - **소인수분해를 이용하는 방법**

      $12 = 2^2 \times 3$

      $18 = 2 \times 3^2$

      ⇨ 12와 18의 최대공약수 : $2 \times 3 = 6$

   - **나눗셈을 이용하는 방법**

      $$\begin{array}{r} 2\,)\underline{12\quad 18} \\ 3\,)\underline{6\quad\ 9} \\ 2\quad\ 3 \end{array}$$

      ⇨ 12와 18의 최대공약수 : $2 \times 3 = 6$

개념 CHECK

48과 72의 최대공약수를 구하시오.   답 24

(2) 공배수와 최소공배수

① 배수 : 어떤 수를 1배, 2배, 3배, … 한 수이다.

② 공배수 : 두 개 이상의 자연수의 공통인 배수이다.

③ 최소공배수 : 공배수 중에서 가장 작은 수이다.

    • 최소공배수의 특징 : 두 개 이상의 자연수의 공배수는 그 수들의 최소공배수의 배수이다.

    예 두 자연수 a, b의 최소공배수가 8일 때, a와 b의 공배수는 8의 배수인 8, 16, 24, 32, …이다.

    • 최소공배수를 구하는 방법

     – 소인수분해를 이용하는 방법 : 각 수를 소인수분해한 뒤 공통인 소인수 중 지수가 크거나 같은 것을 택하여 곱한다.

     – 나눗셈을 이용하는 방법 : 각 수를 공통인 소인수로 나누어 이 소인수와 나머지를 모두 곱한다.

    예 12와 18의 최소공배수를 구할 때

      • 소인수분해를 이용하는 방법

$$12 = 2^2 \times 3$$
$$18 = 2 \times 3^2$$

    ⇨ 12와 18의 최소공배수 : $2^2 \times 3^2 = 36$

      • 나눗셈을 이용하는 방법

$$
\begin{array}{r|rr}
2 & 12 & 18 \\
3 & 6 & 9 \\
\hline
 & 2 & 3
\end{array}
$$

    ⇨ 12와 18의 최소공배수 : $2 \times 3 \times 2 \times 3 = 36$

개념 CHECK

27과 45의 최소공배수를 구하시오.　　　　　　　　　　　　　　　답 135

STEP 1   기본문제

※ 다음 식을 계산하시오. [1~3]

01

$$(4,513+8,779) \div 4 - 523$$

① 2,600   ② 2,700
③ 2,800   ④ 2,900
⑤ 3,000

02

$$\frac{2}{42} \times \frac{6}{4} \div \frac{6}{14} \times 12$$

① 1   ② 2
③ 3   ④ 4
⑤ 5

03

$$\sqrt{18} + \sqrt{24} + \sqrt{72} + \sqrt{96}$$

① $5\sqrt{2} + 4\sqrt{6}$ ② $6\sqrt{2} + 6\sqrt{6}$
③ $6\sqrt{2} + 9\sqrt{6}$ ④ $9\sqrt{2} + 6\sqrt{6}$
⑤ $9\sqrt{2} + 9\sqrt{6}$

04 1,000 이하의 자연수 중 18과 42로 나누어떨어지는 자연수의 개수는 모두 몇 개인가?

① 4개 　　　　　　　　　　　② 5개

③ 6개 　　　　　　　　　　　④ 7개

⑤ 8개

05 기온이 10℃일 때 소리의 속력은 337m/s이고, 35℃일 때 소리의 속력은 352m/s이다. 소리의 속력이 364m/s일 때 기온은?(단, 온도에 따른 소리의 속력 변화는 일정하다)

① 40℃ 　　　　　　　　　　② 45℃

③ 50℃ 　　　　　　　　　　④ 55℃

⑤ 60℃

06 어떤 마을에서 A장터는 25일마다, B장터는 30일마다 열리는데 1월 18일에 두 장터가 같이 열렸다. 1월 18일이 목요일이라면, 다음 두 장터가 같이 열리는 날은 무슨 요일이겠는가?

① 일요일 　　　　　　　　　② 월요일

③ 화요일 　　　　　　　　　④ 수요일

⑤ 목요일

07 A시에서는 정육각형 모양의 길에 나무를 심어 산책로를 조성하려고 한다. 정육각형의 각 꼭짓점에 반드시 나무를 심고, 길을 따라 8m 간격으로 나무를 심을 때 총 750그루의 나무가 필요하다면, 산책로의 길이는 몇 km인가?(단, 나무의 너비는 고려하지 않는다)

① 0.6km 　　　　　　　　　② 0.696km

③ 6km 　　　　　　　　　　④ 6.96km

⑤ 60km

01 어느 가정의 1월과 6월의 전기요금 비율이 5 : 2이다. 1월의 전기요금에서 6만 원을 뺐을 때 그 비율이 3 : 2라면, 1월의 전기요금은 얼마인가?

① 9만 원   ② 10만 원

③ 12만 원   ④ 15만 원

⑤ 18만 원

02 다음은 농구 경기에서 갑 ~ 정 4개 팀의 월별 득점에 대한 자료이다. 빈칸에 들어갈 수치로 옳은 것은?(단, 각 수치는 매월 일정한 규칙으로 변화한다)

〈월별 득점 현황〉

(단위 : 점)

구분	1월	2월	3월	4월	5월	6월	7월	8월	9월	10월
갑	1,024	1,266	1,156	1,245	1,410	1,545	1,205	1,365	1,875	2,012
을	1,352	1,702	2,000	1,655	1,320	1,307	1,232	1,786	1,745	2,100
병	1,078	1,423		1,298	1,188	1,241	1,357	1,693	2,041	1,988
정	1,298	1,545	1,658	1,602	1,542	1,611	1,080	1,458	1,579	2,124

① 1,358   ② 1,397

③ 1,450   ④ 1,498

⑤ 1,522

03 어느 마트에서는 아이스크림을 1개당 a원에 들여오는데 20%의 이익을 붙여 판매한다. 개점 3주년을 맞아 아이스크림 1개당 500원을 할인하여 팔기로 했다. 이때 아이스크림 1개당 700원의 이익이 생긴다면, 아이스크림 1개당 원가는 얼마인가?

① 5,000원　　　　　　　　　　　　② 5,250원

③ 5,500원　　　　　　　　　　　　④ 6,000원

⑤ 6,250원

04 A사는 필기·면접시험을 통해 2026년 상반기 신입사원을 채용했다. 〈조건〉이 다음과 같을 때, 필기시험에 합격한 사람은 몇 명인가?

> **조건**
> • 필기시험에 합격한 응시자는 면접시험을 볼 수 있다.
> • 면접시험 응시자는 필기시험 응시자의 70%이다.
> • 필기시험 합격자는 필기시험 응시자의 80%이다.
> • 면접시험 불합격자는 면접시험 응시자의 60%이다.
> • 면접시험 합격자 중 남녀 성비는 3 : 4이다.
> • 면접시험에서 여성 합격자는 72명이다.

① 280명　　　　　　　　　　　　② 300명

③ 320명　　　　　　　　　　　　④ 340명

⑤ 360명

05 A사에서는 추석을 맞이해 직원들에게 선물을 보내려고 한다. 선물은 다음과 같이 비슷한 가격대의 상품으로 준비하였으며, 전 직원을 대상으로 투표를 실시하였다. 가장 많은 표를 받은 상품 하나를 선정하여 선물을 보낸다면, 총 얼마의 비용이 들겠는가?

(단위 : 원, 표)

상품내역		투표결과					
상품명	가격	총무부	기획부	영업부	생산부	관리부	연구소
한우Set	80,000	2	1	5	13	1	1
영광굴비	78,000	0	3	3	15	3	0
장뇌삼	85,000	1	0	1	21	2	2
화장품	75,000	2	1	6	14	5	1
전복	70,000	0	1	7	19	1	4

※ 투표에 대해 무응답 및 중복 응답은 없음

① 7,500,000원   ② 8,550,000원
③ 8,800,000원   ④ 9,100,000원
⑤ 9,450,000원

06 P사원은 엘리베이터를 이용하여 A4용지가 들어있는 박스를 사무실로 옮기고 있다. 엘리베이터의 적재 용량은 305kg이며, 엘리베이터에는 이미 몸무게가 60kg인 Y사원이 80kg의 사무용품을 싣고 타 있는 상태이다. 몸무게가 50kg인 P사원은 한 박스당 10kg인 A4용지를 최대 몇 박스까지 가지고 엘리베이터에 탈 수 있는가?

① 9박스   ② 10박스
③ 11박스   ④ 12박스
⑤ 13박스

07 A공사에서는 올해 정규직으로 전환된 신입사원들에게 명함을 배부하였다. 명함은 1인당 국문 130장, 영문 70장씩 지급되었다. 국문 명함 중 50장은 고급종이로 제작되었고, 나머지는 모두 일반종이로 제작되었다. 명함을 만드는 데 들어간 총비용이 808,000원이라면, 신입사원은 총 몇 명인가?

〈제작비용〉

- 국문 명함 : 50장당 10,000원 / 10장 단위 추가 시 2,500원
- 영문 명함 : 50장당 15,000원 / 10장 단위 추가 시 3,500원

※ 고급종이로 만들 경우 정가의 10% 가격이 추가됨

---

① 14명　　　　　　　　　　　② 16명
③ 18명　　　　　　　　　　　④ 20명
⑤ 22명

08 A씨는 지인의 추천으로 K기업 주식에 100만 원을 투자하였다. 주식가격이 첫째 날에는 10% 상승하고, 둘째 날에는 20% 상승하였다. 그러나 셋째 날에는 10% 하락하고 넷째 날에는 20%나 하락하였다. A씨는 큰 손실을 염려하여 주식을 모두 매도하였다. 다음 중 A씨의 주식투자 결과에 대한 설명으로 옳은 것은?(단, 주식거래수수료 등 기타비용은 고려하지 않는다)

① A씨가 둘째 날에 주식을 매도하였으면 원금 대비 30%의 수익률을 달성하였을 것이다.
② 셋째 날까지 주식은 원금 대비 16%의 수익률을 유지하고 있었다.
③ A씨는 수익도 손실도 없이 원금 1백만 원을 회수하였다.
④ A씨는 최종적으로 49,600원만큼 손실을 입었다.
⑤ A씨는 다행히 56,000원만큼 이익을 보았다.

01 A기업에서는 조직 개편을 하려고 한다. 5명을 한 팀으로 조직하면 2명이 팀에 편성되지 않고, 6명을 한 팀으로 조직하면 팀에 편성되지 않는 사람은 없지만, 5명을 한 팀으로 조직했을 때보다 2팀이 줄어든다. 5명을 한 팀으로 조직했을 때, 만들어지는 팀은 총 몇 팀인가?

① 12팀   ② 13팀

③ 14팀   ④ 15팀

⑤ 16팀

02 A공사는 매년 우수사원을 선발하여 연말에 시상하고 있으며, 우수사원들에게 부상으로 순금을 제공하기로 하였다. 수상자는 1 ~ 3등 각 1명씩이며, 1등에게는 한 돈에 3.75g짜리 5돈 순금 두꺼비가 부상으로 주어진다. 또한 2등과 3등에겐 10g의 순금 열쇠를 하나씩 수여하기로 하였다. 연말 수상에 필요한 순금은 총 몇 kg인가?

① 0.3875kg   ② 0.03875kg

③ 0.2875kg   ④ 0.02875kg

⑤ 0.1875kg

03 어느 학교의 모든 학생이 n대의 버스에 나누어 타면 한 대에 45명씩 타야 하고, $(n+2)$대의 버스에 나누어 타면 한 대에 40명씩 타야 한다. 이 학교의 학생 수는 몇 명인가?(단, 빈자리가 있는 버스는 없다)

① 600명   ② 640명

③ 680명   ④ 720명

⑤ 760명

04 어떤 인터넷 서점에서는 배송료가 2,000원이고, 회원이면 배송료의 30%를 할인해 준다고 한다. 연회원 가입비가 5,000원이라면 1년에 적어도 몇 회 이상 이용해야 회원이 되는 것이 더 유리한가?

① 10회   ② 9회

③ 8회   ④ 7회

⑤ 6회

05 가로가 56cm이고 가로, 세로의 비율이 4 : 3인 타일을 붙여서 정사각형 모양의 타일을 만들었다. 이 정사각형 타일의 한 변의 길이는 몇 cm인가?

① 120cm   ② 136cm

③ 152cm   ④ 168cm

⑤ 184cm

06 A공단에서는 '어린이 환경체험' 행사에 참가한 어린이들에게 색종이와 스티커를 나누어 준 뒤 만들기 시간을 진행하려고 한다. 색종이 222장과 스티커 292장을 똑같이 나누어 주려고 했더니 색종이는 2장이 남고, 스티커는 8장이 부족했다. 참가한 어린이는 최대 몇 명인가?

① 10명   ② 20명

③ 30명   ④ 40명

⑤ 50명

07 다음은 A시의 어느 한 주간 최고기온과 최저기온을 나타낸 표이다. 일교차가 가장 큰 요일은?

(단위 : ℃)

구분	월	화	수	목	금	토	일
최고기온	10.7	12.3	11.4	6.6	10.4	12.7	10.1
최저기온	−1.8	−1.3	2.0	−1.1	−3.1	0.1	−1.5

① 월요일
② 화요일
③ 금요일
④ 토요일
⑤ 일요일

08 육상선수 갑 ~ 병이 운동장을 각각 8분에 4바퀴, 9분에 3바퀴, 4분에 1바퀴를 돈다. 3명이 4시 30분에 같은 출발점에서 같은 방향으로 동시에 출발하였다면, 출발점에서 다시 만나는 시각은 언제인가?

① 4시 39분
② 4시 40분
③ 4시 41분
④ 4시 42분
⑤ 4시 43분

09 현재 동생은 통장에 10,000원이 있고 형은 0원이 있다. 형은 한 달에 2,000원씩을 저금하고, 동생은 1,500원을 저금한다고 할 때, 몇 개월 후에 형의 통장 잔액이 동생보다 많아지는가?

① 21개월
② 26개월
③ 31개월
④ 32개월
⑤ 33개월

10 인천 광역 버스 1300번, 790번, 1301번의 배차시간은 차례대로 30분, 60분, 80분이다. 이 3대의 버스가 같은 정류장에서 오전 7시에 첫차로 같이 출발한다고 할 때, 이 정류장에서 두 번째로 같이 출발하는 시각은 언제인가?

① 오전 9시 30분
② 오전 10시
③ 오전 11시
④ 오전 11시 30분
⑤ 오전 11시 40분

11 다음은 A ~ D시의 인구, 도로연장 및 인구 1,000명당 자동차 대수를 나타낸 표이다. D시의 도로 1km당 자동차 대수는?(단, 계산은 일의 자리에서 반올림한다)

(단위 : 만 명, km, 대)

구분	인구	도로연장	1,000명당 자동차 대수
A시	108	198	205
B시	75	148	130
C시	53	315	410
D시	40	103	350

① 1,039대　　　　　　　　② 1,163대

③ 1,294대　　　　　　　　④ 1,360대

⑤ 1,414대

12 A씨는 인터넷이 가능한 휴대폰을 구입하기 위해 매장에 방문하였다. 통화품질, 데이터 이용편의성, 디자인 등의 조건은 동일하기 때문에 결정 계수가 가장 낮은 제품을 구매하려고 한다. 다음 중 A씨가 선택할 휴대폰은 무엇인가?

〈휴대폰 모델별 구분〉

(단위 : 원)

구분	통신 종류	할부 개월	단말기 가격	월 납부요금
A모델	LTE	24	300,000	34,000
B모델	LTE	24	350,000	38,000
C모델	3G	36	250,000	25,000
D모델	3G	36	200,000	23,000
E모델	무(無)데이터	24	150,000	15,000

〈휴대폰 모델 결정 계수〉

결정 계수 : (할부 개월)×10,000+(단말기 가격)×0.5+(월 납부요금)×0.5

① A모델　　　　　　　　② B모델

③ C모델　　　　　　　　④ D모델

⑤ E모델

13 김대리는 장거리 출장을 가기 전 주유를 하려고 하며, 주유를 할 때 세차도 함께 할 예정이다. A, B주유소의 주유 가격 및 세차 가격이 다음과 같을 때, A주유소에서 얼마만큼 주유하는 것이 B주유소보다 저렴한가?

구분	주유 가격	세차 가격
A주유소	1,550원/L	3천 원(5만 원 이상 주유 시 무료)
B주유소	1,500원/L	3천 원(7만 원 이상 주유 시 무료)

① 32L 이상 45L 이하 ② 32L 이상 46L 이하
③ 33L 이상 45L 이하 ④ 33L 이상 46L 이하
⑤ 33L 이상 47L 이하

14 다음 주어진 자료를 보고 하루 동안 고용할 수 있는 최대 인원은?

총예산	본예산	500,000원
	예비비	100,000원
고용비	1인당 수당	50,000원
	산재보험료	(수당)×0.504%
	고용보험료	(수당)×1.3%

① 10명 ② 11명
③ 12명 ④ 13명
⑤ 14명

15 다음은 세계 음악시장의 규모에 대한 자료이다. 〈조건〉에 근거하여 2026년 음악시장의 예상 규모가 바르게 연결된 것은?(단, 소수점 첫째 자리에서 반올림한다)

〈세계 음악시장 규모〉

(단위 : 백만 달러)

구분		2021년	2022년	2023년	2024년	2025년
공연음악	후원	5,930	6,008	6,097	6,197	6,305
	티켓 판매	20,240	20,688	21,165	21,703	22,324
	소계	26,170	26,696	27,262	27,900	28,629
음반	디지털	8,719	9,432	10,180	10,905	11,544
	다운로드	5,743	5,986	6,258	6,520	6,755
	스트리밍	1,530	2,148	2,692	3,174	3,557
	모바일	1,447	1,298	1,230	1,212	1,233
	오프라인 음반	12,716	11,287	10,171	9,270	8,551
	소계	30,155	30,151	30,531	31,081	31,640
합계		56,325	56,847	57,793	58,981	60,269

조건

• 2026년 후원금은 2025년보다 1억 1천 8백만 달러, 티켓 판매는 2025년보다 7억 4천만 달러가 증가할 것으로 예상된다.
• 스트리밍 시장은 빠르게 성장하는 추세로, 2026년 스트리밍 시장 규모는 2021년 스트리밍 시장 규모의 2.5배가 될 것으로 예상된다.
• 오프라인 음반 시장은 점점 감소하는 추세로, 2026년 오프라인 음반 시장의 규모는 2025년 대비 6%의 감소율을 보일 것으로 예상된다.

	공연음악	스트리밍	오프라인 음반
①	29,487백만 달러	3,711백만 달러	8,038백만 달러
②	29,487백만 달러	3,825백만 달러	8,038백만 달러
③	29,487백만 달러	3,825백만 달러	7,998백만 달러
④	29,685백만 달러	4,371백만 달러	7,998백만 달러
⑤	29,685백만 달러	3,825백만 달러	8,038백만 달러

16 출장 준비를 하는 김과장은 출장지의 숙박수단을 선택하기 위해 선택지수를 사용하였다. 숙박수단별 날짜와 요금을 바탕으로 선택지수를 계산하였을 때, 비용이 가장 적은 곳은 어디인가?(단, 선택지수는 2,500,000 이상이어야 한다)

〈숙박수단별 날짜와 요금〉

(단위 : 일, 원)

구분	숙박수단	숙박일	요금/일
A	고급호텔	4	200,000
B	관광호텔	4	80,000
C	일반모텔	3	50,000
D	민박	4	40,000

※ (선택지수)=(숙박일)×(1,000,000×0.7)+(요금/일)×0.8

① A
② B
③ C
④ D
⑤ 모두 같음

17 원형 산책로에서 A는 8분에 2바퀴를 돌고, B는 6분에 1바퀴를 돈다. 두 사람이 3시 정각에 같은 방향으로 동시에 출발하였다면, 출발점에서 4번째로 만나는 시각은 언제인가?

① 3시 12분
② 3시 24분
③ 3시 36분
④ 3시 48분
⑤ 4시

18 어떤 일을 A가 혼자 하면 15일, B가 혼자 하면 10일, C가 혼자 하면 30일이 걸린다. 이때, A ~ C 3명이 함께 일하면 총 며칠이 걸리겠는가?

① 5일
② 6일
③ 7일
④ 8일
⑤ 9일

19 K사원은 평소에 지하철을 이용하여 출퇴근한다. 하지만 프로젝트를 맡게 되면 출퇴근 시간이 일정하지 않아서 프로젝트 기간에는 자동차를 이용한다. 이번 달에는 프로젝트가 없었지만, 다음 달에는 5일간 프로젝트 업무를 진행할 예정이다. 지하철을 이용하여 출퇴근하면 3,000원이 들고, 자동차를 이용할 경우 기름값이 1일 5,000원, 톨게이트 이용료가 1회 2,000원이 든다. K사원이 이번 달에 사용한 교통비와 다음 달에 사용할 교통비의 차액은 얼마인가?(단, 한 달에 20일을 출근하며, 톨게이트는 출퇴근 시 각각 1번씩 지난다)

① 2만 원   ② 3만 원
③ 5만 원   ④ 6만 원
⑤ 9만 원

20 K건설회사는 G신도시 아파트 분양을 위해 다음 주에 모델하우스를 오픈한다. 아파트 입주자 모집을 성황리에 마무리 짓기 위해 방문하는 고객에게 소정의 사은품을 나눠줄 예정이다. K건설회사에 근무 중인 A사원은 오픈행사 시 고객 1인당 1개의 쇼핑백을 나눠줄 수 있도록 준비 중이다. 각 쇼핑백에는 갑티슈 1개, 위생장갑 1팩, 롤팩 3개, 물티슈 2개, 머그컵 1개가 들어가야 한다. 각 물품을 다음과 같이 보유하고 있다면 최대 몇 명의 고객에게 사은품을 줄 수 있는가?(단, 사은품 구성 물품과 수량은 1개라도 부족해서는 안 된다)

> 갑티슈 200개, 위생장갑 250팩, 롤팩 600개, 물티슈 400개, 머그컵 150개
> (S건설회사 로고가 찍힌 쇼핑백은 사은품 구성 Set만큼 주문할 예정임)

① 150명   ② 200명
③ 250명   ④ 300명
⑤ 350명

21 A통신사 대리점에서 근무하는 귀하는 판매율을 높이기 위해 핸드폰을 구매한 고객에게 사은품을 나누어 주는 이벤트를 실시하고자 한다. 본사로부터 할당받은 예산은 총 5백만 원이며, 예산 내에서 고객 1명당 2개 상품을 증정하고자 한다. 고객 만족도 대비 비용이 낮은 순으로 상품을 확보하였을 때, 최대 몇 명의 고객에게 사은품을 증정할 수 있겠는가?

(단위 : 원, 개, 점)

구분	개당 구매비용	확보 가능한 최대 물량	상품에 대한 고객 만족도
차량용 방향제	7,000	300	5
식용유 세트	10,000	80	4
유리용기 세트	6,000	200	6
8GB USB	5,000	180	4
머그컵 세트	10,000	80	5
육아 관련 도서	8,800	120	4
핸드폰 충전기	7,500	150	3

① 360명
② 370명
③ 380명
④ 390명
⑤ 400명

22 약사인 K씨는 개인약국을 개업하기 위해 부동산을 통하여 시세를 알아보았다. 리모델링이 필요할 경우 100평당 5백만 원의 추가 비용이 들며, 개업 후 한 달 동안 입점해 있는 병원 1곳당 초기 입점 비용의 3%의 이윤이 기대된다. A ~ E 5개의 상가의 입점조건이 다음과 같을 때, 어느 곳에 입점하는 것이 가장 이득이겠는가?(단, 최종 비용은 초기 입점 비용과 한 달 간의 이윤을 고려하여 결정한다)

〈상가별 입점조건〉

구분	매매가	중개 수수료율	평수	리모델링 필요 여부	입점 병원 수
A상가	9억 2천만 원	0.6%	200평	×	2곳
B상가	8억 8천만 원	0.7%	200평	○	3곳
C상가	9억 원	0.5%	180평	×	1곳
D상가	9억 5천만 원	0.6%	210평	×	1곳
E상가	8억 7천만 원	0.7%	150평	○	2곳

※ 초기 입점 비용 : (매매가)+(중개수수료)+(리모델링 비용)

① A상가　　　　　　　　　② B상가
③ C상가　　　　　　　　　④ D상가
⑤ E상가

| 01 | 방정식

(1) 등식과 방정식

① 등식 : 등호(=)를 사용하여 두 수나 두 식이 같음을 나타낸 식이다.

② 등식의 성질

> $a = b$일 때
>
> • $b = a$ (좌변과 우변을 바꾸어도 성립)
>
> • $a + c = b + c$ (양변에 같은 수를 더해도 성립)
>
> • $a - c = b - c$ (양변에 같은 수를 빼도 성립)
>
> • $a \times c = b \times c$ (양변에 같은 수를 곱해도 성립)
>
> • $\dfrac{a}{c} = \dfrac{b}{c}$ $(c \neq 0)$ (양변에 0이 아닌 같은 수로 나누어도 성립)

③ 방정식 : x의 값에 따라 참이 되기도 하고 거짓이 되기도 하는 등식을 말한다.

(2) 일차방정식

① 일차방정식의 정의 : 방정식의 우변의 항을 모두 좌변으로 이항하여 '(일차식)=0'의 모양으로 정리할 수 있는 방정식을 말한다.

② 일차방정식의 풀이

예 $2x - \dfrac{4}{7} = \dfrac{2}{7}(5x + 4)$

ⅰ) 계수가 분수나 소수이면 정수로 고친다.	양변에 7을 곱하면 $14x - 4 = 2(5x + 4)$
ⅱ) 괄호가 있으면 괄호를 풀고 정리한다.	$14x - 4 = 10x + 8$
ⅲ) x를 포함한 항은 좌변으로, 상수항은 우변으로 이항한다.	$14x - 10x = 8 + 4$
ⅳ) 양변을 정리하여 $ax = b$ $(a \neq 0)$의 꼴로 고친다.	$4x = 12$
ⅴ) x의 계수로 양변을 나눈다.	$x = \dfrac{12}{4} = 3$

(3) 연립일차방정식

① **연립일차방정식의 정의** : 동일한 미지수들로 이루어진 여러 개의 일차방정식을 하나로 묶어 놓은 방정식을 말한다.

② **연립일차방정식의 해** : 각 일차방정식을 동시에 만족하는 해이다.

③ **연립일차방정식의 풀이 방법**

  • **가감법** : 소거하고자 하는 미지수의 계수의 절댓값이 같도록 고친 다음, 두 방정식을 더하거나 빼는 방법이다.

  $$\boxed{예} \begin{cases} 2x+3y=8 \cdots ㉠ \\ x+4y=14 \cdots ㉡ \end{cases} \Rightarrow \quad \begin{cases} 2x+3y=8 \cdots ㉠ \\ 2x+8y=28 \cdots ㉢ \end{cases}$$
  $$㉡×2 \rightarrow ㉢$$

  • **대입법** : 일차방정식 중 하나를 하나의 미지수에 관하여 정리한 후, 다른 방정식에 대입하여 해를 구하는 방법이다.

  $$\boxed{예} \begin{cases} x=y+4 \\ 3x+2y=13 \end{cases} \Rightarrow \quad 3(y+4)+2y=13$$

개념 CHECK

다음 방정식의 해를 구하시오.

(1) $-3(2x-2)=-4x+2$ [답] $x=2$

(2) $\dfrac{x}{6}+2=\dfrac{1}{2}+\dfrac{x}{3}$ [답] $x=9$

(3) $\begin{cases} 3x+y=-1 \\ x-y=5 \end{cases}$ [답] $x=1,\ y=-4$

(4) $\begin{cases} x-5y=-3 \\ 2x+y=5 \end{cases}$ [답] $x=2,\ y=1$

| 02 | 부등식

(1) 부등식

① 부등식 : 수 또는 식의 대소 관계를 부등호 $<$, $>$, $\leq$, $\geq$를 사용하여 나타낸 식이다.

② 부등식의 성질

> $a < b$일 때
> - 부등식의 양변에 같은 수를 더하거나 양변에서 같은 수를 빼도 부등호의 방향은 변하지 않음
>   → $a+c < b+c$, $a-c < b-c$
> - 부등식의 양변에 같은 양수를 곱하거나 양변을 같은 양수로 나누어도 부등호의 방향은 변하지 않음
>   → $ac < bc$, $\dfrac{a}{c} < \dfrac{b}{c}$ (단, $c > 0$)
> - 부등식의 양변에 같은 음수를 곱하거나 양변을 같은 음수로 나누면 부등호의 방향은 변함
>   → $ac > bc$, $\dfrac{a}{c} > \dfrac{b}{c}$ (단, $c < 0$)

(2) 연립부등식

① 연립부등식의 정의 : 두 개 이상의 부등식을 하나로 묶어 놓은 것이다.

② 연립부등식의 해 : 연립부등식에서 각 일차부등식을 동시에 만족시키는 미지수의 값을 말한다.

③ 연립부등식의 풀이 방법

- 각각의 부등식을 풀어서 수직선을 이용해 공통인 부분을 구한다.

  예 $\begin{cases} 6x < 7x+4 & \cdots ㉠ \\ 3x+1 \leq 2x+3 & \cdots ㉡ \end{cases}$ 에서

  부등식 ㉠을 풀면 $x > -4$, 부등식 ㉡을 풀면 $x \leq 2$

  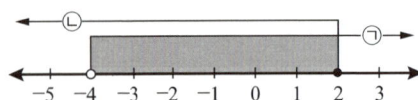

  따라서 구하는 해는 $-4 < x \leq 2$이다.

- $A < B < C$ 꼴의 연립부등식의 경우 $\begin{cases} A < B \\ B < C \end{cases}$ 꼴로 변형하여 푼다.

개념 CHECK

다음 부등식을 만족하는 해의 범위를 구하시오.

(1) $3x + 4 \leq 5x - 2$ 　　　　　　　　　　　　　　　　　　 답 $x \geq 3$

(2) $\begin{cases} x + 2 \geq 2x \\ 3(2-x) \leq x + 10 \end{cases}$ 　　　　　　　　　　　　　 답 $-1 \leq x \leq 2$

| 03 | 방정식과 부등식의 활용

(1) 방정식과 부등식을 활용하여 문제를 푸는 순서

① 문제의 뜻을 파악하여 구하려는 것을 미지수로 놓는다.

② 문제에 나타난 조건을 찾아 방정식 또는 부등식을 세운다.

③ 방정식 또는 부등식을 푼다.

④ 구한 해가 문제의 뜻에 맞는지 확인한다.

예 어떤 정수의 3배에서 1을 빼면 그 정수보다 7이 더 커질 때 어떤 정수를 구하면?

ⅰ) 구하려고 하는 것을 미지수로 놓는다.	어떤 정수 : x
ⅱ) 문제의 조건을 찾아 방정식을 세운다.	$3x - 1 = x + 7$ (어떤 정수의 3배)$-1=$(어떤 정수)$+7$
ⅲ) 방정식을 푼다.	$3x - 1 = x + 7$ $2x = 8$ $x = 4$
ⅳ) 구한 해가 문제의 뜻에 맞는지 확인한다.	$3 \times 4 - 1 = 4 + 7 = 11$

(2) 방정식과 부등식의 활용 유형

① 거리 · 속력 · 시간

거리를 s, 속력을 v, 시간을 t라 할 때,

$$s = vt \,,\ v = \frac{s}{t} \,,\ t = \frac{s}{v}$$

> **개념 CHECK**
>
> 그린이는 둘레가 1.5km인 운동장을 시속 3km로 걸었다. 운동장을 한 바퀴 도는 데 걸린 시간을 구하시오.
>
> 답 30분

② 일(수도관)

전체 작업량(물을 가득 채우는 양)을 1로 놓고, 단위 시간 동안 한 일의 양(물을 넣거나 빼는 양)을 기준으로 식을 세워 해결한다.

예 어떤 일을 A사원이 하면 3일이 걸릴 때, A사원이 하루에 할 수 있는 일의 양은 $\frac{1}{3}$이다.

> **개념 CHECK**
>
> 어떤 일을 완성하는 데 A는 12일, B는 8일이 걸린다고 한다. B가 이 일을 6일 동안 일한 후 나머지를 A가 완성하였다. A가 일한 기간을 구하시오.
>
> 답 3일

③ 농도

- $(\text{소금물의 농도})=\dfrac{(\text{소금의 양})}{(\text{소금물의 양})}\times 100$

- $(\text{소금의 양})=\dfrac{(\text{소금물의 농도})}{100}\times(\text{소금물의 양})$

④ 나이

문제에서 제시된 나이가 현재인지, 과거인지를 확인한 후, 구해야 하는 특정 인물의 나이나 시점(몇 년 후)을 미지수로 두고 식을 세워 해결한다.

예 형의 나이는 동생보다 3살이 더 많다. 형과 동생의 나이를 합하면 31살일 때 동생의 현재 나이는?

⇒ 동생의 나이 : x, 형의 나이 : $x+3$

$x+(x+3)=31$ ∴ $x=14$

⑤ 증가 · 감소

- x가 a%만큼 증가 : $\left(1+\dfrac{a}{100}\right)x$

- x가 b%만큼 감소 : $\left(1-\dfrac{b}{100}\right)x$

예 올해 K사의 사원 수는 작년에 비하여 5% 증가하여 210명이 되었다. 작년 K사의 사원수는?

⇒ $\left(1+\dfrac{5}{100}\right)x=210$ ∴ $x=200$

⑥ 금액

- $(\text{정가})=(\text{원가})+(\text{이익})$

- $(\text{이익})=(\text{판매가격})-(\text{원가})$

- a원에서 b%만큼 할인한 가격 : $a\times\left(1-\dfrac{b}{100}\right)$

어떤 물건의 원가에 얼마의 이익을 붙여 정가를 정하였다가 정가의 20%를 할인하여 팔았더니 원가의 16%의 이익이 발생하였다. 이때 이익은 원가의 몇 %인지 구하시오. **답** 45%

⑦ 날짜·요일

· 1일=24시간=1,440(=24×60)분=86,400(=1,440×60)초
· 월별 일수

31일	30일	28일 or 29일
1월, 3월, 5월, 7월, 8월, 10월, 12월	4월, 6월, 9월, 11월	2월

· 날짜, 요일 관련 문제는 대부분 나눗셈의 나머지를 이용한다.

[예] 8월 19일이 월요일이라면, 30일 후는 무슨 요일인가?
⇒ 일주일은 7일이므로 30÷7=4 … 2, 따라서 월요일에서 이틀 후인 수요일이다.

⑧ 시계

· 시침이 1시간 동안 이동하는 각도

$$\Rightarrow \frac{(\text{시침이 한 바퀴 돌 때의 각도})}{(\text{시침이 한 바퀴 돌 때의 시간})} = \frac{360°}{12} = 30°$$

· 시침이 1분 동안 이동하는 각도

$$\Rightarrow \frac{(\text{시침이 1시간 동안 이동하는 각도})}{[1\text{시간}(60\text{분})]} = \frac{30°}{60} = 0.5°$$

· 분침이 1분 동안 이동하는 각도

$$\Rightarrow \frac{(\text{분침이 한 바퀴 돌 때의 각도})}{(\text{분침이 한 바퀴 돌 때의 시간})} = \frac{360°}{60} = 6°$$

지호는 오전에 자격증 시험을 보고 집으로 돌아와 시계를 확인했더니 정확히 1시 20분이었다. 이때 분침과 시침은 얼마의 각도를 이루고 있는지 구하시오(단, 90°보다 작은 각도를 구하시오). **답** 80°

⑨ 수에 대한 문제

· 연속하는 수에 대한 문제
  – 연속하는 두 정수 : x, $x+1$ 또는 x, $x-1$
  – 연속하는 세 자연수 : $x-1$, x, $x+1$ 또는 x, $x+1$, $x+2$
  – 연속하는 두 짝수(홀수) : x, $x+2$ 또는 $x-2$, x
  – 연속하는 세 짝수(홀수) : $x-2$, x, $x+2$ 또는 x, $x+2$, $x+4$
· 자릿수에 대한 문제
  – 십의 자릿수가 a, 일의 자릿수가 b인 두 자리 자연수 : $10a+b$
  – 백의 자릿수가 a, 십의 자릿수가 b, 일의 자릿수가 c인 세 자리 자연수 : $100a+10b+c$

정답 및 해설 p.022

STEP 1 **기본문제**

01 연경이와 효진이와 은이가 동시에 회사를 출발하여 식당까지 걸었다. 은이는 시속 3km로 걷고, 연경이는 시속 4km로 걷는다. 연경이가 은이보다 식당에 10분 일찍 도착하였고, 효진이도 은이보다 5분 일찍 식당에 도착했다. 효진이의 속력은?

① $\dfrac{7}{2}$ km/h

② $\dfrac{10}{3}$ km/h

③ $\dfrac{13}{4}$ km/h

④ $\dfrac{18}{5}$ km/h

⑤ $\dfrac{24}{7}$ km/h

02 영채는 배를 타고 길이가 30km인 강을 배를 타고 이동하고자 한다. 강을 거슬러 올라가는 데 걸린 시간이 5시간이고 강물의 흐르는 방향과 같은 방향으로 내려가는 데 걸린 시간이 3시간일 때, 흐르지 않는 물에서의 배의 속력은 몇 km/h인가?(단, 배와 강물의 속력은 일정하다)

① 4km/h

② 6km/h

③ 8km/h

④ 10km/h

⑤ 12km/h

03 미주는 집에서 백화점에 가기 위해 시속 8km의 속력으로 집에서 출발했다. 미주가 집에서 출발한 지 12분 후에 지갑을 두고 간 것을 발견한 동생이 시속 20km의 속력으로 미주를 만나러 출발했다. 미주와 동생은 몇 분 후에 만나게 되는가?(단, 미주와 동생은 쉬지 않고 일정한 속력으로 움직인다)

① 11분

② 14분

③ 17분

④ 20분

⑤ 23분

04 집에서 1.5km 떨어진 학원을 가는데 15분 안에 도착해야 한다. 처음에는 분속 40m로 걷다가 지각하지 않기 위해 남은 거리는 분속 160m로 달렸다. 이때, 걸어간 거리는 몇 m인가?

① 280m   ② 290m

③ 300m   ④ 310m

⑤ 320m

05 농도 8%의 소금물 200g에서 한 컵의 소금물을 퍼내고 퍼낸 양만큼 물을 부었다. 그리고 다시 농도 2%의 소금물을 더 넣었더니 농도 3%의 소금물 320g이 되었다고 할 때, 퍼낸 소금물의 양은?

① 100g   ② 110g

③ 120g   ④ 130g

⑤ 140g

06 농도 12%의 소금물과 농도 5%의 소금물을 섞어서 농도 10%의 소금물 300g을 만들려고 한다. 필요한 농도 5%의 소금물의 양을 구하면?

① $\dfrac{550}{7}$ g   ② $\dfrac{600}{7}$ g

③ $\dfrac{650}{7}$ g   ④ 100g

⑤ $\dfrac{750}{7}$ g

07 직원 중에서 전체 사원의 $\dfrac{1}{3}$ 은 여자 사원이고, 그중 $\dfrac{1}{4}$ 은 미혼이라고 한다. 그 회사의 미혼 여성이 총 56명이라고 할 때, 전체 사원수는 몇 명인가?

① 543명   ② 567명

③ 621명   ④ 672명

⑤ 705명

08 S사는 신입사원 연수를 위해 숙소를 배정하려고 한다. 한 숙소에 4명씩 자면 8명이 남고, 5명씩 자면 방이 5개가 남으며, 마지막 숙소에는 4명이 자게 된다. 이때 숙소의 수를 a개, 전체 신입사원 수를 b명이라고 한다면 $b-a$는?

① 105　　　　　　　　　　　　② 110

③ 115　　　　　　　　　　　　④ 120

⑤ 125

09 주어진 시간 동안 A가 정리할 수 있는 운동장의 넓이는 B의 1.5배이다. A와 B가 100m^2 넓이의 운동장을 5시간 만에 모두 정리하였다면, A가 1시간 동안 정리할 수 있는 면적은 얼마인가?

① 8m^2　　　　　　　　　　② 12m^2

③ 15m^2　　　　　　　　　　④ 18m^2

⑤ 20m^2

10 A가 혼자 하면 6시간, B가 혼자 하면 8시간이 걸리는 일이 있다. 이 일을 B가 혼자 1시간 동안 한 후 나머지는 A와 같이 일하여 끝냈을 때, A와 B가 함께 일한 시간은?

① 2시간　　　　　　　　　　　② 2.5시간

③ 3시간　　　　　　　　　　　④ 3.5시간

⑤ 4시간

11 은경이는 호스로 750mL인 물통에 물을 채우려고 한다. 호스에서 1분에 2.5mL의 물이 나올 때, 은경이가 물통을 가득 채울 때까지 걸리는 시간은 몇 분인가?

① 150분　　　　　　　　　　　② 200분

③ 250분　　　　　　　　　　　④ 300분

⑤ 350분

12 30명 중에서 불합격자가 10명인 시험의 최저 합격 점수는 30명의 평균보다 5점이 낮고, 합격자의 평균보다는 30점이 낮았다. 또한 불합격자의 평균의 2배보다는 2점이 낮았다고 할 때, 최저 합격 점수는 몇 점인가?

① 90점
② 92점
③ 94점
④ 96점
⑤ 98점

13 철수와 아버지의 나이 차이는 25세이다. 3년 후에 아버지의 나이가 철수 나이의 2배가 된다고 할 때, 현재 철수의 나이는 몇 세인가?

① 20세
② 22세
③ 24세
④ 26세
⑤ 28세

14 A매장에서는 직원 6명이 마감 청소를 하는 데 5시간이 걸린다. 만약 리모델링 작업을 진행하기 위해 3시간 만에 마감 청소를 끝낼 수 있도록 단기 직원을 추가로 고용하려고 한다면, 몇 명의 단기 직원이 추가로 필요한가?(단, 모든 직원의 능률은 동일하다)

① 2명
② 3명
③ 4명
④ 5명
⑤ 6명

15 작년 A공단의 재직자 수는 재작년에 비해 10% 증가하였고, 올해 역시 작년에 비해 55명의 신입사원이 입사하여 작년보다 10% 증가하였다고 할 때, 재작년 A공단의 재직자 수는?

① 400명
② 455명
③ 500명
④ 555명
⑤ 600명

16 원가에 20%의 이익을 붙여 정가를 정하고 1,000원을 할인하여 팔았더니 1,000원의 이익이 생겼다고 할 때, 원가는 얼마인가?

① 9,000원　　　　　　　　　② 10,000원

③ 11,000원　　　　　　　　　④ 12,000원

⑤ 13,000원

17 원가가 5,000원인 물건의 가격을 25% 올려 판매하였으나 팔리지 않아 다시 10%를 인하하여 팔았다. 물건 4개를 팔았다고 할 때, 이익은 얼마인가?

① 2,000원　　　　　　　　　② 2,500원

③ 3,000원　　　　　　　　　④ 3,500원

⑤ 4,000원

18 십의 자릿수가 8인 두 자리의 자연수가 있다. 이 자연수의 십의 자릿수와 일의 자릿수를 바꾼 수가 처음 수보다 27만큼 더 작다고 할 때, 처음 수는?

① 81　　　　　　　　　　　② 83

③ 85　　　　　　　　　　　④ 87

⑤ 89

01 정사각형의 색종이를 가로 · 세로로 번갈아 가면서 반으로 접은 후 다시 펼쳤을 때, 정사각형이 64개가 나오려면 몇 번을 접어야 하는가?

① 5번   ② 6번

③ 7번   ④ 8번

⑤ 9번

02 다음은 올해 A시 5개 구 주민의 돼지고기 소비량에 대한 자료이다. 〈조건〉을 참고할 때, 변동계수가 3번째로 큰 구는 어디인가?

〈5개 구 주민의 돼지고기 소비량 통계〉

(단위 : kg)

구분	평균(1인당 소비량)	표준편차
A구	( )	5.0
B구	( )	4.0
C구	30.0	6.0
D구	12.0	4.0
E구	( )	8.0

※ (변동계수)$=\dfrac{(표준편차)}{(평균)} \times 100$

조건

- A구의 1인당 소비량과 B구의 1인당 소비량을 합하면 C구의 1인당 소비량과 동일하다.
- A구의 1인당 소비량과 D구의 1인당 소비량을 합하면 E구 1인당 소비량의 2배와 동일하다.
- E구의 1인당 소비량은 B구의 1인당 소비량보다 6.0kg 더 많다.

① A구   ② B구

③ C구   ④ D구

⑤ E구

03 다음은 국가별 이산화탄소 배출량에 대한 자료이다. 〈조건〉에 따라 ㉠ ~ ㉣에 해당하는 국가명이 바르게 연결된 것은?

〈국가별 이산화탄소 배출량〉

(단위 : 백만 CO_2톤)

구분	1995년	2005년	2015년	2020년	2024년
일본	1,041	1,141	1,112	1,230	1,189
미국	4,803	5,642	5,347	5,103	5,176
㉠	232	432	551	572	568
㉡	171	312	498	535	556
㉢	151	235	419	471	507
독일	940	812	759	764	723
인도	530	890	1,594	1,853	2,020
㉣	420	516	526	550	555
중국	2,076	3,086	7,707	8,980	9,087
러시아	2,163	1,474	1,529	1,535	1,468

조건

• 한국과 캐나다는 제시된 5개 연도의 이산화탄소 배출량 순위에서 8위를 두 번씩 했다.
• 사우디아라비아의 2020년 대비 2024년의 이산화탄소 배출량 증가율은 5% 이상이다.
• 이란과 한국의 이산화탄소 배출량의 합은 2015년부터 이란과 캐나다의 이산화탄소 배출량의 합보다 많아진다.

	㉠	㉡	㉢	㉣
①	캐나다	이란	사우디 아라비아	한국
②	한국	사우디 아라비아	이란	캐나다
③	한국	이란	캐나다	사우디 아라비아
④	이란	한국	사우디 아라비아	캐나다
⑤	한국	이란	사우디 아라비아	캐나다

04 K기업의 연구소에서는 신소재 물질을 개발하고 있다. 최근 새롭게 연구하고 있는 4가지 물질의 농도 측정을 위해 A ~ D연구기관에 검사를 의뢰하였다. 측정결과가 다음과 같을 때, 이를 이해한 내용으로 옳지 않은 것은?

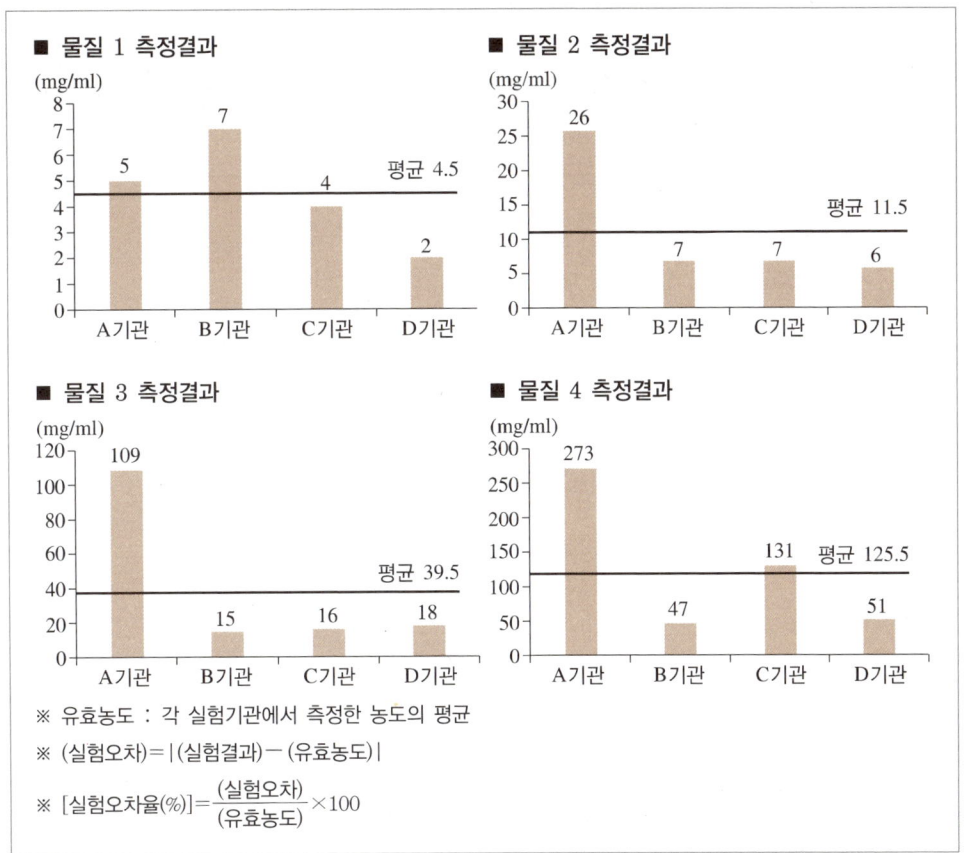

※ 유효농도 : 각 실험기관에서 측정한 농도의 평균

※ (실험오차)=|(실험결과)−(유효농도)|

$$※\ [실험오차율(\%)] = \frac{(실험오차)}{(유효농도)} \times 100$$

① 물질 1에 대한 B기관과 D기관의 실험오차율은 동일하다.

② 물질 3에 대한 실험오차율은 A기관이 가장 크다.

③ 물질 1에 대한 B기관의 실험오차율은 물질 2에 대한 A기관의 실험오차율보다 작다.

④ 물질 2에 대한 A기관의 실험오차율은 물질 2에 대한 나머지 기관의 실험오차율의 합보다 작다.

⑤ A기관의 실험 결과를 제외하면, 4개 물질의 유효농도 값은 A기관의 결괏값을 제외하기 전보다 작아진다.

05 다음은 전년 동월 대비 특허 심사건수 증감 및 등록률 증감 추이에 대한 자료이다. 이에 대한 〈보기〉의 설명 중 옳지 않은 것을 모두 고르면?

〈특허 심사건수 증감 및 등록률 증감 추이(전년 동월 대비)〉

(단위 : 건, %)

구분	2025년 1월	2025년 2월	2025년 3월	2025년 4월	2025년 5월	2025년 6월
심사건수 증감	125	100	130	145	190	325
등록률 증감	1.3	−1.2	−0.5	1.6	3.3	4.2

보기

ㄱ. 2025년 3월에 전년 동월 대비 등록률이 가장 많이 낮아졌다.
ㄴ. 2025년 6월의 심사건수는 325건이다.
ㄷ. 2025년 5월의 등록률은 3.3%이다.
ㄹ. 2024년 1월 심사건수가 100건이라면, 2025년 1월 심사건수는 225건이다.

① ㄱ

② ㄱ, ㄴ

③ ㄱ, ㄹ

④ ㄱ, ㄴ, ㄷ

⑤ ㄱ, ㄴ, ㄹ

01 회사에서 달력을 주문하려고 한다. A업체와 B업체를 고려하고 있다고 할 때, 달력을 적어도 몇 권 이상 주문해야 A업체에서 주문하는 것이 B업체에서 주문하는 것보다 유리해지는가?

(단위 : 원)

구분	권당 가격	배송
A업체	1,650	3,000
B업체	1,800	무료

① 19권　　　　　　　　　　② 20권
③ 21권　　　　　　　　　　④ 22권
⑤ 23권

02 토취장에서 공사장으로 흙을 운반하고 있다. 한 번에 8t을 운반할 수 있는 트럭과 한 번에 12t을 운반할 수 있는 트럭이 있는데 8t 트럭은 왕복 2시간이 걸리고 12t 트럭은 왕복 3시간이 걸린다. 두 트럭으로 총 1,000t의 흙을 운반할 때 걸리는 시간은?

① 75시간　　　　　　　　　② 100시간
③ 125시간　　　　　　　　　④ 150시간
⑤ 175시간

03 A는 자전거를 타고 100m/min의 속도로 가고, B는 뛰어서 60m/min의 속도로 간다. A가 B보다 200m 앞에 있을 때, 시간이 얼마나 지나야 서로 만나게 되는가?

① 1분　　　　　　　　　　② 2분
③ 3분　　　　　　　　　　④ 4분
⑤ 5분

04 사고난 차를 견인하기 위해 A와 B, 두 견인업체에서 견인차를 보내려고 한다. 사고지점은 B업체보다 A업체와 40km 더 가깝고, A업체의 견인차가 시속 63km의 일정한 속력으로 달리면 40분만에 사고지점에 도착한다. B업체에서 보낸 견인차가 A업체의 견인차보다 늦게 도착하지 않으려면 B업체의 견인차가 내야 하는 최소 속력은 몇 km/h인가?

① 119km/h   ② 120km/h

③ 121km/h   ④ 122km/h

⑤ 123km/h

05 집에서 약수터까지 가는 데 형은 $\frac{1}{2}$ m/s의 속도로 걸어서 10분 걸리고, 동생은 15분이 걸린다. 두 사람이 동시에 집에서 출발하여 약수터를 다녀올 때, 형이 집에 도착했다면 동생은 집에서 몇 m 떨어진 곳에 있는가?(단, 약수터에서 머문 시간은 생각하지 않는다)

① 150m   ② 200m

③ 250m   ④ 300m

⑤ 350m

06 길이가 258m인 터널을 완전히 통과하는 데 18초가 걸리는 A열차가 있다. 이 열차가 길이가 144m인 터널을 완전히 건너는 데 걸리는 시간이 16초인 B열차와 서로 마주보는 방향으로 달려 완전히 지나는 데 걸린 시간이 9초였다. B열차의 길이가 80m라면 A열차의 길이는 얼마인가?

① 320m   ② 330m

③ 340m   ④ 350m

⑤ 360m

07 대부도 연수원은 회사에서 128km 떨어진 거리에 있다. 버스를 타고 중간에 있는 휴게소까지는 시속 40km로 이동하였고, 휴게소부터 대부도 연수원까지는 시속 60km로 이동하여 3시간 만에 도착하였다면, 회사에서 휴게소까지의 거리는 얼마인가?(단, 휴게소에서 머문 시간은 포함하지 않는다)

① 24km
② 48km
③ 72km
④ 104km
⑤ 110km

08 농도가 7%인 소금물이 있다. 이 소금물을 얼마간 증발시킨 후, 농도가 3%인 소금물을 줄어든 양만큼 넣었더니, 농도가 9%가 되었다. 증발한 물의 양이 60g이라면, 소금물이 증발한 후 농도 3%의 소금물을 넣기 전 소금물의 농도는 얼마인가?

① 15%
② 17%
③ 19%
④ 21%
⑤ 23%

09 농도 5%의 설탕물 600g을 1분 동안 가열하면 10g의 물이 증발한다. 이 설탕물을 10분 동안 가열한 후, 다시 설탕물 200g을 넣었더니 농도 10%의 설탕물 700g이 되었다. 이때 더 넣은 설탕물 200g의 농도는 얼마인가?(단, 용액의 농도와 관계없이 가열하는 시간과 증발하는 물의 양은 비례한다)

① 5%
② 10%
③ 15%
④ 20%
⑤ 25%

10 농도가 30%인 설탕물을 창가에 두고 물 50g을 증발시켜 농도가 35%인 설탕물을 만들었다. 여기에 설탕을 더 넣어 40%의 설탕물을 만든다면 몇 g의 설탕을 넣어야 하는가?

① 20g   ② 25g

③ 30g   ④ 35g

⑤ 40g

11 농도를 알 수 없는 설탕물 500g에 농도 3%의 설탕물 200g을 온전히 섞었더니 섞은 설탕물의 농도는 7%가 되었다. 처음 500g의 설탕물에 녹아있던 설탕은 몇 g인가?

① 40g   ② 41g

③ 42g   ④ 43g

⑤ 44g

12 농도가 0.5%인 세제용액 2kg에 세제를 4스푼 넣었더니, 농도가 0.9%인 세제용액이 됐다. 물 3kg에 세제를 몇 스푼 넣으면 농도가 0.9%인 세제용액이 되겠는가?

① 12스푼   ② 12.5스푼

③ 13스푼   ④ 13.5스푼

⑤ 14스푼

13 K사는 정기승진시험을 통해 승진대상자를 선정한다. 시험과목은 총 5과목이고 평균 90점 이상이어야 승진대상자가 된다고 한다. 정기승진시험에 응시한 A사원은 4과목에서 각각 92점, 85점, 87점, 89점을 받았다. A사원이 승진대상자가 되기 위해서 마지막 과목에서 받아야 할 최소 점수는?

① 93점 ② 94점
③ 95점 ④ 96점
⑤ 97점

14 프로농구 결승전에서 A, B 두 팀이 시합을 했다. 2쿼터까지 A팀은 B팀보다 7점을 더 얻었고, 3쿼터와 4쿼터에 A팀은 B팀이 얻은 점수의 $\dfrac{3}{5}$을 얻어 75 : 78로 B팀이 이겼다. A팀이 3쿼터, 4쿼터에 얻은 점수는 몇 점인가?

① 15점 ② 20점
③ 25점 ④ 30점
⑤ 35점

15 외국인 A씨의 현재 잔고는 5달러이고, 매일 2달러를 저금한다. 한국인 B씨와 C씨의 현재 잔고는 각각 y, $2y$달러이고 매일 5달러, 3달러씩 저금을 하고 있다. 2일 후 B씨와 C씨의 자산의 차액은 A씨의 2일 후 자산과 동일하다고 할 때, B씨의 자산이 C씨의 자산보다 같거나 많게 되는 날은 오늘로부터 며칠 후인가?(단, 기간은 소수점 첫째 자리에서 반올림한다)

① 7일 후 ② 8일 후
③ 9일 후 ④ 10일 후
⑤ 11일 후

16 수현이의 부모님은 미국에 거주 중이고, 동생은 일본에서 유학 중이다. 미국과 일본에 국제전화를 걸면 분당 통화요금이 각각 40원, 60원이다. 이번 달에 수현이가 부모님과 동생에게 전화를 건 시간을 합하면 1시간이고, 부모님과 통화하는 데 들어간 요금이 동생과 통화하는 데 들어간 요금의 2배일 때, 수현이가 내야 하는 국제전화 요금 총액은 얼마인가?

① 2,400원   ② 2,500원
③ 2,600원   ④ 2,700원
⑤ 2,800원

17 A씨는 중고상품 판매사이트에서 가전제품을 원가의 4할만큼 이익을 붙인 금액으로 팔려고 했으나 팔리지 않아 이 금액에서 10,000원을 할인하여 팔았더니 원가 대비 1할을 손해 보았다. A씨가 중고상품 판매사이트에 처음 올린 금액은 얼마인가?

① 26,000원   ② 27,000원
③ 28,000원   ④ 29,000원
⑤ 30,000원

18 A공사는 6개의 과로 구성이 되어있다. 2025년 하반기에 사업 영역 확장을 위해 임원과 사원을 발탁하여 7번째 과를 구성하려고 한다. 사원 1명을 발탁하면 업무 효율이 3point 증가하고, 비용이 4point 소요된다. 임원 1명을 발탁하면 업무 효율이 4point 증가하고, 비용이 7point 소요된다. 비용은 100point 이하로 소요하면서 업무 효율은 60point를 달성하려고 할 때, 임원과 사원 수를 합한 최솟값은 얼마인가?(단, 사원과 임원은 각각 한 명 이상 발탁한다)

① 14   ② 15
③ 16   ④ 17
⑤ 18

19 S출판사는 A와 B 두 인턴에게 업무를 맡기려 한다. 같은 양의 일을 처리하는 데 A인턴은 2시간, B인턴은 8시간이 걸린다고 할 때, 둘이 함께 이 일을 하였을 때 걸리는 시간은 얼마인가?

① 1시간 30분   ② 1시간 32분
③ 1시간 34분   ④ 1시간 36분
⑤ 1시간 38분

20 철수는 매일 1,000원씩, 영희는 800원씩 저금하기로 했다. 며칠 후 정산을 해보니 철수의 저금액이 영희의 2배가 되어 있었다. 영희가 철수보다 3일 후에 저금하기 시작했다면, 정산은 며칠 후에 한 것인가?

① 7일 후   ② 8일 후
③ 9일 후   ④ 10일 후
⑤ 11일 후

21 방식이 다른 두 종류의 프린터 A, B가 있다. 두 프린터를 동시에 사용하여 100장을 프린트한다고 할 때, A프린터 3대와 B프린터 2대를 사용하면 4분이 걸리고, A프린터 4대와 B프린터 1대를 사용하면 5분이 걸린다. A프린터 2대와 B프린터 3대를 동시에 사용할 때, 100장을 프린트하는 데 걸리는 시간은 얼마인가?(단, 프린터마다 1장을 프린트하는 시간은 일정하다)

① 4분 20초   ② 4분
③ 3분 20초   ④ 3분
⑤ 2분 30초

22 수민이가 혼자 하면 8시간, 현정이가 혼자 하면 5시간 걸리는 일이 있다. 저녁 6시부터 야근을 시작하여 수민이와 현정이가 함께 일하다가, 중간에 현정이가 퇴근하고 수민이 혼자 나머지 일을 끝낸 후 시계를 봤더니 10시 48분이었다. 현정이가 퇴근한 시각은 언제인가?

① 7시   ② 7시 30분
③ 8시   ④ 8시 30분
⑤ 9시

23 운송 업체인 A, B 두 회사의 택배 물량 중 식료품이 차지하는 비율은 각각 5%와 12%이다. 두 회사의 전체 택배 물량의 합은 162,000박스이고 이 중 식료품은 12,720박스일 때, B회사의 식료품 물량은 얼마인가?

① 7,520박스 ② 7,920박스
③ 8,320박스 ④ 8,720박스
⑤ 9,120박스

24 현재 A ~ D는 각각 7천 원, 2천 원, 5천 원, 9천 원을 보유하고 있으며, 이 돈과 함께 매일 각각 100원, 500원, 400원, 200원씩 저축을 하려고 한다. B와 C가 모은 총금액이 A와 D가 모은 총금액 이상이 되는 날은 며칠 후인가?

① 12일 후 ② 13일 후
③ 14일 후 ④ 15일 후
⑤ 16일 후

25 A통신사의 기본료는 24,000원, 1분당 통화료는 70원, 무료통화는 250분이고, B통신사의 기본료는 32,000원, 1분당 통화료는 50원, 무료통화는 350분이다. 통화량이 몇 분 초과일 때 B통신사를 이용하는 것이 A통신사를 이용하는 것보다 이득인가?

① 200분 ② 250분
③ 300분 ④ 350분
⑤ 400분

26 12세인 철민이는 2살 위인 누나와 여동생이 있다. 아버지의 나이는 철민이, 누나, 여동생 나이의 합의 2배이다. 아버지와 철민이의 나이 차이가 여동생 나이의 10배와 같다고 할 때, 여동생의 나이는 몇 세인가?

① 5세 ② 6세
③ 8세 ④ 9세
⑤ 10세

27 10대인 아들과 어머니 나이의 비율은 1 : 3이다. 이때 아들과 어머니 나이의 합이 62보다 작다면 아들의 최대 나이는 몇 세인가?

① 14세   ② 15세

③ 16세   ④ 17세

⑤ 18세

28 일의 자릿수가 십의 자릿수보다 5만큼 큰 두 자리의 자연수가 있다. 십의 자릿수와 일의 자릿수를 바꾸었더니, 처음 수의 2배보다 18만큼 더 커졌다. 처음 수는 얼마인가?

① 16   ② 27

③ 38   ④ 49

⑤ 51

29 연속하는 네 홀수의 합이 448일 때, 첫 번째 수는?

① 107   ② 109

③ 111   ④ 113

⑤ 115

30 어떤 수 x에 6을 곱해야 할 것을 잘못하여, 6으로 나누고 12를 뺐더니 9가 되었다. 바르게 계산한 값은 얼마인가?

① 730   ② 740

③ 745   ④ 748

⑤ 756

다음은 권장 소비자 가격과 판매 가격 차이를 조사한 자료 중 일부이다. 〈조건〉을 적용할 때 할인가 판매 시 괴리율이 가장 높은 품목은 무엇인가?(단, 괴리율은 소수점 둘째 자리에서 버림한다)

〈권장 소비자 가격과 판매 가격 차이〉

(단위 : 원, %)

구분	판매 가격		권장 소비자 가격과의 괴리율	
	정상가	할인가	권장 소비자 가격	정상가 판매 시 괴리율
세탁기	600,000	580,000	640,000	6.2
무선전화기	175,000	170,000	181,000	3.3
오디오세트	470,000	448,000	493,000	4.6
골프채	750,000	720,000	786,000	4.5
운동복	195,000	180,000	212,500	8.2

조건

- [권장 소비자 가격과의 괴리율(%)]$=\dfrac{[(\text{권장 소비자 가격})-(\text{판매 가격})]}{(\text{권장 소비자 가격})}\times100$
- 정상가 : 할인 판매를 하지 않는 상품의 판매 가격
- 할인가 : 할인 판매를 하는 상품의 판매 가격

① 세탁기
② 무선전화기
③ 오디오세트
④ 골프채
⑤ 운동복

32 다음은 진명이가 A소금물과 A설탕물을 만들 때와 B소금물과 B설탕물을 만들 때 필요한 용질의 양과 용액의 농도를 나타낸 자료이다. 이에 대한 〈보기〉의 설명 중 옳은 것을 모두 고르면?

(단위 : g, %)

용액 이름	용액 종류	용질의 양	농도
A	소금물	80	40
	설탕물	30	25
B	소금물	80	10
	설탕물	40	20

보기

ㄱ. A설탕물을 만들 때 들어가는 물의 양과 B설탕물을 만들 때 들어가는 물의 양은 동일하다.
ㄴ. A소금물을 만들 때 들어가는 물의 양보다 A설탕물을 만들 때 들어가는 물의 양이 더 적다.
ㄷ. A소금물이 B소금물이 되기 위해서는 물을 추가로 600mL 넣어 주어야 한다.
ㄹ. 용액을 만들 때 들어가는 물의 양이 가장 적은 용액은 A소금물이다.

① ㄱ, ㄴ   ② ㄱ, ㄷ
③ ㄴ, ㄷ   ④ ㄴ, ㄹ
⑤ ㄷ, ㄹ

33 다음은 K국제공항의 연도별 세관물품 신고 수에 대한 자료이다. 〈조건〉을 바탕으로 A ~ D에 들어 갈 물품을 바르게 연결한 것은?

〈연도별 세관물품 신고 수〉

(단위 : 만 건)

구분	2020년	2021년	2022년	2023년	2024년
A	3,547	4,225	4,388	5,026	5,109
B	2,548	3,233	3,216	3,410	3,568
C	3,753	4,036	4,037	4,522	4,875
D	1,756	2,013	2,002	2,135	2,647

조건

㉠ 가전류와 주류의 2021 ~ 2023년까지 전년 대비 세관물품 신고 수는 증가와 감소가 반복되었다.
㉡ 2024년도 담배류 세관물품 신고 수의 전년 대비 증가량은 두 번째로 많다.
㉢ 2021 ~ 2024년 동안 매년 세관물품 신고 수가 가장 많은 것은 잡화류이다.
㉣ 2023년도 세관물품 신고 수의 전년 대비 증가율이 세 번째로 높은 것은 주류이다.

	A	B	C	D
①	잡화류	담배류	가전류	주류
②	담배류	주류	가전류	가전류
③	잡화류	가전류	담배류	주류
④	가전류	담배류	잡화류	주류
⑤	잡화류	담배류	주류	가전류

34 다음은 2024년 갑국 A~E지방법원 배심원 출석 현황에 대한 자료이다. 이에 대한 〈보기〉의 설명 중 옳은 것을 모두 고르면?

〈2024년 갑국 A~E지방법원 배심원 출석 현황〉

(단위 : 명)

구분	소환인원	송달불능자	출석취소 통지자	출석의무자	출석자
A지방법원	1,880	533	573	( )	411
B지방법원	1,740	495	508	( )	453
C지방법원	716	160	213	343	189
D지방법원	191	38	65	88	57
E지방법원	420	126	120	174	115

※ (출석의무자 수)=(소환인원)−(송달불능자 수)−(출석취소통지자 수)

※ [출석률(%)]$=\dfrac{\text{(출석자 수)}}{\text{(소환인원)}}\times100$

※ [실질출석률(%)]$=\dfrac{\text{(출석자 수)}}{\text{(출석의무자 수)}}\times100$

보기

ㄱ. 출석의무자 수는 B지방법원이 A지방법원보다 많다.
ㄴ. 실질출석률은 E지방법원이 C지방법원보다 낮다.
ㄷ. D지방법원의 출석률은 25% 이상이다.
ㄹ. A~E지방법원 전체 소환인원에서 A지방법원의 소환인원이 차지하는 비율은 35% 이상이다.

① ㄱ, ㄴ ② ㄱ, ㄷ
③ ㄴ, ㄷ ④ ㄴ, ㄹ
⑤ ㄷ, ㄹ

35 다음은 2025년 A ~ E기업의 기본생산능력과 초과생산량 및 1 ~ 3월 생산이력에 대한 자료이다. 〈조건〉에 근거하여 기본생산능력이 가장 큰 기업과 세 번째로 큰 기업이 바르게 연결된 것은?

〈2025년 1 ~ 3월 생산이력〉

(단위 : 개)

구분	1월	2월	3월
생산 참여기업	B, C기업	B, D기업	C, E기업
손실비	0.0	0.5	0.0
총생산량	23,000	17,000	22,000

※ (해당월 총생산량)=(해당월 '생산 참여기업의 월 생산량'의 합)×[1−(손실비)]

조건

• 각 기업의 기본생산능력(개/월)은 변하지 않는다.
• A기업의 기본생산능력은 15,000개/월이고 C기업과 E기업의 기본생산능력은 동일하다.
• B, C, D기업의 경우 2025년 1 ~ 3월 동안 초과생산량이 발생하지 않았다.
• E기업의 경우 2025년 3월에 기본생산능력에 해당하는 생산량 이외에 기본생산능력의 20%에 해당하는 초과생산량이 발생하였다.
• (생산 참여기업의 월 생산량)=(기본생산능력에 해당하는 월 생산량)+(월 초과생산량)

	가장 큰 기업	세 번째로 큰 기업
①	A기업	B기업
②	A기업	D기업
③	B기업	D기업
④	D기업	A기업
⑤	D기업	B기업

36 다음은 A ~ E묘목의 건강성을 평가하기 위한 자료이다. 평가방법에 따라 묘목의 건강성 평가점수를 계산할 때, 평가점수가 두 번째로 높은 묘목과 가장 낮은 묘목을 바르게 연결한 것은?

〈묘목의 활착률과 병해충 감염여부〉

구분	A묘목	B묘목	C묘목	D묘목	E묘목
활착률	0.7	0.7	0.7	0.9	0.8
병해충 감염여부	감염	비감염	비감염	감염	비감염

〈묘목의 줄기길이와 뿌리길이〉

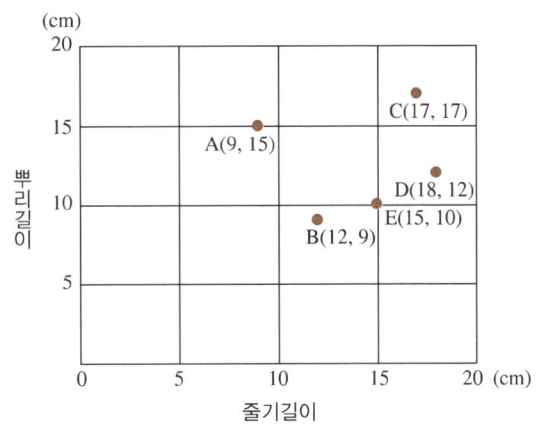

※ (,) 안의 수치는 각각 해당 묘목의 줄기길이, 뿌리길이를 의미함

〈평가방법〉

- (묘목의 건강성 평가점수)

$$=[(활착률)\times 30]+\left[\frac{(뿌리길이)}{(줄기길이)}\times 30\right]+[(병해충 감염여부)\times 40]$$

- '병해충 감염여부'는 '감염'이면 0, '비감염'이면 1을 부여함

	두 번째로 높은 묘목	가장 낮은 묘목
①	B묘목	A묘목
②	C묘목	A묘목
③	C묘목	D묘목
④	E묘목	A묘목
⑤	E묘목	D묘목

37 다음은 어느 해 주식 거래일 8일 동안 A사의 일별 주가와 산식을 활용한 5일 이동평균을 나타낸 자료이다. 이에 대한 〈보기〉의 설명 중 옳은 것을 모두 고르면?

〈주식 거래일 8일 동안 A사의 일별 주가 추이〉

(단위 : 원)

거래일	일별 주가	5일 이동평균
1	7,550	–
2	7,590	–
3	7,620	–
4	7,720	–
5	7,780	7,652
6	7,820	7,706
7	7,830	( )
8	( )	7,790

〈산식〉

$$(5일\ 이동평균)=\frac{(해당거래일\ 포함\ 최근\ 거래일\ 5일\ 동안의\ 일별\ 주가의\ 합)}{5}$$

예 $(6거래일의\ 5일\ 이동평균)=\dfrac{7{,}590+7{,}620+7{,}720+7{,}780+7{,}820}{5}=7{,}706$

보기

ㄱ. 일별 주가는 거래일마다 상승하였다.
ㄴ. 5거래일 이후 5일 이동평균은 거래일마다 상승하였다.
ㄷ. 2거래일 이후 일별 주가가 직전 거래일 대비 가장 많이 상승한 날은 4거래일이다.
ㄹ. 5거래일 이후 해당거래일의 일별 주가와 5일 이동평균 간의 차이는 거래일마다 감소하였다.

① ㄱ, ㄴ ② ㄴ, ㄷ
③ ㄷ, ㄹ ④ ㄱ, ㄴ, ㄷ
⑤ ㄴ, ㄷ, ㄹ

38 다음은 A기업의 사채발행차금 상각 과정에 대한 자료이다. 이에 대한 설명으로 옳지 않은 것은?

〈사채발행차금 상각 과정〉

(단위 : 백만 원)

구분	연도	1차년도	2차년도	3차년도	4차년도
	이자비용(A)[=(전년도 E)×0.1]	–	900	( )	( )
	액면이자(B)	–	600	600	600
사채발행차금	상각액(C)[=(당해년도 A)−(당해년도 B)]	–	300	( )	( )
	미상각잔액(D)[=(전년도 D)−(당해년도 C)]	3,000	2,700	( )	( )
	사채장부가액(E)[=(전년도 E)+(당해년도 C)]	9,000	9,300	( )	9,993

※ 1차년도의 미상각잔액(3,000백만 원)과 사채장부가액(9,000백만 원)은 주어진 값임

① 3차년도의 사채장부가액은 96억 원 이하이다.

② 3차년도, 4차년도의 상각액은 전년도 대비 매년 증가한다.

③ 3차년도, 4차년도의 이자비용은 전년도 대비 매년 증가한다.

④ 3차년도, 4차년도의 미상각잔액은 전년도 대비 매년 감소한다.

⑤ 4차년도 사채장부가액의 3차년도 대비 증가액은 4차년도의 상각액과 일치한다.

03

이론점검

| 01 | 경우의 수

(1) **사건** : 같은 조건 아래 어떤 실험이나 관찰에 의하여 일어나는 결과를 말한다.

　예) 주사위를 던졌을 때 짝수의 눈이 나온다. 동전을 던졌을 때 앞면이 나온다.

(2) **경우의 수** : 어떤 사건이 일어나는 가짓수를 말한다.

　예) 동전 1개를 던졌을 때 일어날 수 있는 모든 경우의 수 : 앞면, 뒷면 2가지

> **개념 CHECK**
>
> 1부터 15까지의 자연수가 적힌 15장의 카드가 있다. 이 중에서 임의로 한 장을 뽑을 때, 3의 배수가
> 나오는 경우의 수를 구하시오.
> 　　　　　　　　　　　　　　　　　　　　　　　　　　　　　　　　　 답 5가지

| 02 | 합의 법칙과 곱의 법칙

(1) **합의 법칙** : 두 사건 A와 B가 동시에 일어나지 않을 때, 사건 A가 일어나는 경우의 수를 m, 사건 B가 일어나는 경우의 수를 n이라 하면, 사건 A 또는 B가 일어나는 경우의 수는 $m+n$이다.

(2) **곱의 법칙** : 두 사건 A, B에 대하여 사건 A가 일어나는 경우의 수가 m이고, 그 각각의 경우에 대하여 사건 B가 일어나는 경우의 수가 n이면, 사건 A와 사건 B가 동시에, 잇달아 일어나는 경우의 수는 $m \times n$이다.

> **개념 CHECK**
>
> (1) 두 개의 주사위 A, B를 동시에 던졌을 때 눈의 수의 합이 4 또는 6이 되는 경우의 수를 구하시오.
> 　　　　　　　　　　　　　　　　　　　　　　　　　　　　　　　　　 답 8가지
>
> (2) 인지의 집에서 도서관까지 가는 길은 3가지, 도서관에서 학교까지 가는 길은 2가지가 있다. 인지
> 가 도서관을 거쳐 학교까지 가는 모든 방법의 수를 구하시오.
> 　　　　　　　　　　　　　　　　　　　　　　　　　　　　　　　　　 답 6가지

| 03 | 순열과 조합

(1) 순열(Permutation)

① 순열의 정의 : 서로 다른 n개에서 중복되지 않게 $r(n \geq r)$개를 택하여 일렬로 배열하는 것을 순열이라 하고, 순열의 수는 기호 $_n\mathrm{P}_r$로 나타낸다.

② 순열의 수

- $_n\mathrm{P}_n = n(n-1)(n-2) \cdots 3 \times 2 \times 1 = n!$

  ⇒ '$n!$'은 'n 팩토리얼(Factorial)' 또는 'n의 계승'으로 읽으며 1부터 n까지 연속한 자연수의 곱을 의미한다.

- $_n\mathrm{P}_r = n(n-1)(n-2) \cdots (n-r+1)$ (단, $1 \leq r \leq n$)

- $_n\mathrm{P}_r = \dfrac{n!}{(n-r)!}$

- $0! = 1$, $_n\mathrm{P}_0 = 1$

③ 여러 가지 순열

- 같은 것을 포함한 경우의 순열

  n개 중에서 같은 것이 각각 p개, q개, ⋯, r개씩 있을 때, n개를 일렬로 배열하는 순열의 수는

$$\frac{n!}{p!\, q! \cdots r!}$$

- 원순열

  서로 다른 n개를 원형으로 배열하는 순열의 수는

$$\frac{n!}{n} = (n-1)! \ (\because \text{같은 순열이 } n\text{개 발생})$$

개념 CHECK

(1) 6명 중 4명을 뽑아 일렬로 배열하는 경우의 수를 구하시오. **답** 360가지

(2) 5명의 사람이 원형의 탁자에 앉는 경우의 수를 구하시오. **답** 24가지

(2) 조합(Combination)

　① 조합의 정의 : 서로 다른 n개에서 순서를 생각하지 않고 r개를 택하는 것을 n개에서 r개를 택하는 조합이라 하고, 조합의 수는 기호 $_n\mathrm{C}_r$로 나타낸다.

　② 조합의 수

$$\bullet \ _n\mathrm{C}_r = \frac{_n\mathrm{P}_r}{r!} = \frac{n!}{r!\,(n-r)!}$$

$$\bullet \ _n\mathrm{C}_r = {}_n\mathrm{C}_{n-r}$$

$$\bullet \ _n\mathrm{C}_0 = 1, \ _n\mathrm{C}_n = 1$$

개념 CHECK

A ~ G 7명 중 대표 2명을 뽑는 경우의 수를 구하시오.

답 21가지

| 04 | 확률

(1) 확률의 의미와 성질

　① 확률의 의미 : 어떤 시행에서 일어날 수 있는 모든 경우의 수가 n이고, 각각의 경우가 일어날 가능성이 모두 같을 때, 사건 A가 일어나는 경우의 수가 a이면 사건 A가 일어날 확률 $\mathrm{P}(A)$는

$$\mathrm{P}(A) = \frac{a}{n} = \frac{(\text{사건 } A \text{가 일어나는 경우의 수})}{(\text{모든 경우의 수})}$$

　② 확률의 성질

　　• 임의의 사건 A가 일어날 확률을 $\mathrm{P}(A)$라 하면 $0 \leq \mathrm{P}(A) \leq 1$

　　• 반드시 일어나는 사건 S에 대하여 $\mathrm{P}(S) = 1$

　　• 절대로 일어날 수 없는 사건 $\varnothing$에 대하여 $\mathrm{P}(\varnothing) = 0$

개념 CHECK

서로 다른 주사위 A, B를 동시에 던졌을 때 같은 수의 눈이 나올 확률을 구하시오.

답 $\dfrac{1}{6}$

(2) 확률의 덧셈과 곱셈

사건 A가 일어날 확률을 p, 사건 B가 일어날 확률을 q라 하면,

① 사건 A와 사건 B가 동시에 일어나지 않을 때

　⇒ (사건 A 또는 사건 B가 일어날 확률)$= p + q$

② 두 사건 A와 B가 서로 영향을 끼치지 않을 때

　⇒ (사건 A와 사건 B가 동시에 일어날 확률)$= p \times q$

> **개념 CHECK**
>
> 타율이 2할 5푼인 야구 선수가 두 번의 타석에서 모두 안타를 칠 확률을 구하시오.
>
> 답 $\dfrac{1}{16}$

(3) 여사건의 확률

① 여사건 : 사건 A에 대하여 A가 일어나지 않는 사건을 여사건이라 하고 기호 A^C로 나타낸다.

② 여사건의 확률 : $\mathrm{P}(A^C) = 1 - \mathrm{P}(A)$

> **개념 CHECK**
>
> 볼링장에서 영빈이가 스트라이크를 할 확률이 $\dfrac{5}{6}$, 예지가 스트라이크를 할 확률이 $\dfrac{3}{5}$이다. 두
>
> 사람 중 적어도 한 사람이 스크라이크를 할 확률을 구하시오.　　답 $\dfrac{14}{15}$

(4) 조건부 확률

어떤 두 사건 A, B에 대하여 사건 A가 일어났다고 가정할 때 사건 B가 일어날 확률을, 사건 A가 일어났을 때 사건 B의 조건부확률이라 한다.

$$\mathrm{P}(B \mid A) = \frac{\mathrm{P}(A \cap B)}{\mathrm{P}(A)}$$

정답 및 해설 p.033

STEP 1 기본문제

01 영업부 5명의 직원이 지방으로 1박 2일 출장을 갔다. 이때 1, 2, 3인실 방에 배정되는 경우의 수는 몇 가지인가?(단, 각 방은 하나씩 있으며 1인실이 꼭 채워질 필요는 없다)

① 50가지
② 60가지
③ 70가지
④ 80가지
⑤ 90가지

02 고등학생 8명이 래프팅을 하러 여행을 떠났다. 보트는 3명, 5명 두 팀으로 나눠 타기로 했다. 이때 8명 중 반장, 부반장은 서로 다른 팀이 된다고 할 때, 가능한 경우의 수는 몇 가지인가?(단, 반장과 부반장은 각각 1명이다)

① 15가지
② 18가지
③ 30가지
④ 32가지
⑤ 40가지

03 남자 5명과 여자 3명 중에서 4명의 대표를 선출할 때, 적어도 1명의 여자가 포함되도록 선출하는 경우의 수는 몇 가지인가?

① 55가지
② 60가지
③ 65가지
④ 70가지
⑤ 75가지

04 고등학생 10명을 대상으로 가장 좋아하는 색을 조사하니 빨간색, 노란색, 하늘색이 차지하는 비율이 2 : 5 : 3이었다. 이 중 학생 2명을 임의로 선택할 때, 좋아하는 색이 다를 확률은 얼마인가?

① $\dfrac{31}{45}$ ② $\dfrac{32}{45}$

③ $\dfrac{34}{45}$ ④ $\dfrac{11}{15}$

⑤ $\dfrac{13}{15}$

PART 1

PART 2

PART 3

PART 4

05 동전을 5번 던질 때, 적어도 한 번은 앞면이 나올 확률은 얼마인가?

① $\dfrac{23}{32}$ ② $\dfrac{25}{32}$

③ $\dfrac{27}{32}$ ④ $\dfrac{29}{32}$

⑤ $\dfrac{31}{32}$

06 흰 공 3개, 검은 공 2개가 들어있는 상자에서 1개의 공을 꺼냈을 때, 흰 공이면 동전을 3번, 검은 공이면 동전을 4번 던진다고 한다. 이때 동전의 앞면이 3번 나올 확률은 얼마인가?

① $\dfrac{3}{20}$ ② $\dfrac{7}{40}$

③ $\dfrac{1}{5}$ ④ $\dfrac{9}{40}$

⑤ $\dfrac{1}{4}$

01 빨강, 파랑, 노랑, 검정의 4가지 색을 다음 ㄱ, ㄴ, ㄷ, ㄹ에 칠하려고 한다. 같은 색을 여러 번 사용해도 상관없으나, 같은 색을 이웃하여 칠하면 안 된다고 할 때, 색칠하는 전체 경우의 수는?

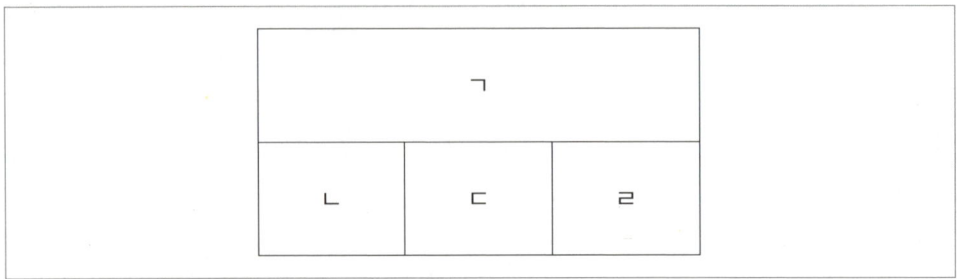

① 24가지   ② 48가지

③ 64가지   ④ 72가지

⑤ 84가지

02 매일의 날씨 자료를 수집 및 분석한 결과, 전날의 날씨를 기준으로 그다음 날의 날씨가 변할 확률은 다음과 같았다. 만약 내일 날씨가 화창하다면, 사흘 뒤에 비가 올 확률은 얼마인가?

(단위 : %)

전날 날씨	다음 날 날씨	확률
화창	화창	25
화창	비	30
비	화창	40
비	비	15

※ 날씨는 '화창'과 '비'로만 구분하여 분석함

① 12%   ② 13%

③ 14%   ④ 15%

⑤ 16%

03 다음은 세대 간 직업이동성 비율에 대한 자료이다. 이에 대한 〈보기〉의 설명 중 옳은 것을 모두 고르면?

〈세대 간 직업이동성 비율〉

(단위 : %)

부모의 직업 \ 자녀의 직업	A	B	C
A	45	48	7
B	5	70	25
C	1	50	49

※ 전체 부모 세대의 직업은 A가 10%, B가 40%, C가 50%이고, 조사한 부모당 자녀 수는 한 명임

보기

ㄱ. 자녀의 직업이 C일 확률은 $\dfrac{81}{100}$ 이다.

ㄴ. 자녀의 직업이 B인 경우에 부모의 직업이 C일 확률은 구할 수 없다.

ㄷ. 부모와 자녀의 직업이 모두 A일 확률은 $0.1 \times \dfrac{45}{100}$ 이다.

ㄹ. 자녀의 직업이 A일 확률은 부모의 직업이 A일 확률보다 낮다.

① ㄱ, ㄷ ② ㄱ, ㄹ
③ ㄴ, ㄷ ④ ㄴ, ㄹ
⑤ ㄷ, ㄹ

01 냉장고 88대와 창고 10개가 있다. 한 창고에 냉장고를 9대까지 보관 가능하다고 할 때, 냉장고를 창고에 보관할 수 있는 경우의 수는 몇 가지인가?

① 40가지   ② 45가지
③ 50가지   ④ 55가지
⑤ 60가지

02 사과, 포도, 귤, 망고 4종류의 과일 중에서 3종류의 과일을 선택하는 경우의 수는 몇 가지인가?

① 4가지   ② 6가지
③ 8가지   ④ 12가지
⑤ 16가지

03 한 초등학교에서 1 ～ 6학년까지 학년별 대표가 나와서 다음과 같은 〈조건〉으로 나란히 줄을 서고자 할 때, 가능한 경우의 수는 몇 가지인가?

> **조건**
> • 1학년 대표 다음에는 2학년 대표가 설 수 없다.
> • 2학년 대표 다음에는 3학년 대표가 설 수 없다.

① 432가지   ② 487가지
③ 495가지   ④ 504가지
⑤ 522가지

04 S공사의 해외사업부, 온라인 영업부, 영업지원부에서 각각 2명, 2명, 3명이 대표로 회의에 참석하기로 하였다. 자리배치는 원탁 테이블에 같은 부서 사람이 옆자리에 앉는다고 할 때, 7명이 앉을 수 있는 경우의 수는 몇 가지인가?

① 48가지   ② 42가지
③ 36가지   ④ 30가지
⑤ 24가지

05 50명의 남학생 중에서 24명, 30명의 여학생 중에서 16명이 뮤지컬을 좋아한다고 한다. 전체 80명의 학생 중에서 임의로 선택한 한 명이 뮤지컬을 좋아하지 않는 학생이었을 때, 그 학생이 여학생일 확률은 얼마인가?

① $\dfrac{3}{20}$　　　　　　　② $\dfrac{1}{4}$

③ $\dfrac{3}{10}$　　　　　　　④ $\dfrac{7}{20}$

⑤ $\dfrac{2}{5}$

06 주사위를 3번 던졌을 때, 처음에 나온 수가 2번째 던진 수와 3번째 던진 수의 곱이 될 확률은 얼마인가?

① $\dfrac{1}{100}$　　　　　　　② $\dfrac{7}{108}$

③ $\dfrac{4}{9}$　　　　　　　④ $\dfrac{11}{216}$

⑤ $\dfrac{7}{36}$

07 3글자가 적힌 카드 7장, 1글자가 적힌 카드 5장이 있다. 이 중에서 3장의 카드를 고를 때 3장 모두 3글자가 적힌 카드일 확률은 얼마인가?

① $\dfrac{7}{44}$　　　　　　　② $\dfrac{7}{110}$

③ $\dfrac{7}{55}$　　　　　　　④ $\dfrac{1}{4}$

⑤ $\dfrac{1}{10}$

08 숫자 0, 1, 2, 3, 4가 적힌 5장의 카드에서 2장을 뽑아 두 자리 정수를 만들 때 그 수가 짝수일 확률은 얼마인가?

① $\dfrac{3}{8}$　　　　　　　② $\dfrac{1}{2}$

③ $\dfrac{5}{8}$　　　　　　　④ $\dfrac{3}{4}$

⑤ $\dfrac{7}{8}$

09 주머니 속에 빨간 구슬, 흰 구슬이 섞여 15개 들어 있다. 이 주머니에서 2개를 꺼내보고 다시 넣는 일을 여러 번 반복하였더니, 5회에 1번 꼴로 2개 모두 빨간 구슬이었다. 이 주머니에서 구슬을 하나 뽑을 때 빨간 구슬일 확률은 얼마인가?

① $\dfrac{1}{15}$　　　　　　　　　　② $\dfrac{4}{15}$

③ $\dfrac{7}{15}$　　　　　　　　　　④ $\dfrac{11}{15}$

⑤ $\dfrac{13}{15}$

10 A계열사와 B계열사의 제품 생산량의 비율은 3 : 7이고, 각각의 불량률은 2%, 3%이다. 신제품 생산을 위해서 선정한 부품이 불량품일 때, 그 불량품이 B계열사의 불량품일 확률은 얼마인가?

① $\dfrac{13}{21}$　　　　　　　　　　② $\dfrac{7}{8}$

③ $\dfrac{7}{9}$　　　　　　　　　　④ $\dfrac{13}{15}$

⑤ $\dfrac{15}{17}$

11 취업 박람회 행사에 참가한 300명의 국내·외 기업 지원자 중 남성 지원자와 여성 지원자의 수는 다음과 같다. 이 행사에 참가한 국내·외 기업 지원자 중에서 임의로 선택한 1명이 여성 지원자일 때, 이 지원자가 국외 기업 지원자일 확률은 얼마인가?

(단위 : 명)

구분	남성	여성
국내 기업 지원자	70	90
국외 기업 지원자	80	60

① $\dfrac{2}{5}$　　　　　　　　　　② $\dfrac{1}{2}$

③ $\dfrac{3}{5}$　　　　　　　　　　④ $\dfrac{7}{10}$

⑤ $\dfrac{4}{5}$

12 A지역의 사람들 중 폐렴 보균자일 확률은 20%이고, 항생제 내성이 있을 확률은 75%이다. 이 지역에서 항생제 내성이 있는 사람들 중 폐렴 보균자인 사람의 확률은?(단, 두 사건은 독립사건이다)

① 20%
② 25%
③ 30%
④ 35%
⑤ 40%

13 A기업에서는 사회나눔사업의 일환으로 마케팅부에서 5팀, 총무부에서 2팀을 구성해 어느 요양시설에서 7팀 모두가 하루에 한 팀씩 7일 동안 봉사활동을 하려고 한다. 7팀의 봉사 활동 순서를 임의로 정할 때, 첫 번째 날 또는 일곱 번째 날에 총무부 소속 팀이 봉사활동을 하게 될 확률은?

① $\dfrac{5}{21}$
② $\dfrac{1}{3}$
③ $\dfrac{3}{7}$
④ $\dfrac{11}{21}$
⑤ $\dfrac{13}{21}$

14 귤 상자 2개에 각각 귤이 들어있다고 한다. 한 상자당 귤이 안 익었을 확률이 10%, 썩었을 확률이 15%이고 나머지는 잘 익은 귤이다. 2명이 각각 다른 상자에서 귤을 꺼낼 때 1명은 잘 익은 귤을 꺼내고, 다른 1명은 썩거나 안 익은 귤을 꺼낼 확률은 얼마인가?

① 31.5%
② 33.5%
③ 35.5%
④ 37.5%
⑤ 39.5%

15 A사원이 처리해야 할 업무는 발송업무, 비용정산업무를 포함해 모두 7가지이다. 이 중에서 발송업무, 비용정산업무를 포함한 5가지의 업무를 오늘 처리하려고 하는데 상사의 지시로 발송업무를 비용정산업무보다 먼저 처리해야 한다. 오늘 처리할 업무를 선택하고, 선택한 업무의 처리 순서를 정하는 경우의 수는 몇 가지인가?

① 600가지   ② 720가지
③ 840가지   ④ 960가지
⑤ 1080가지

16 A공사에서 하계 체육대회를 한다고 한다. 〈조건〉과 같이 팀을 구성한다고 할 때, 가능한 경우의 수는 몇 가지인가?

> **조건**
> • 신입사원은 여자 4명, 남자 6명이다.
> • 신입사원 중 무작위로 5명을 뽑아 경기에 출전시킨다.

① 198가지   ② 210가지
③ 252가지   ④ 296가지
⑤ 314가지

17 K공사는 1개의 본사와 6개의 가 ~ 바지사로 이루어져 있다. 본사로부터 각 지사까지의 거리는 다음과 같으며 이번 공채에서 선발된 신입사원 A ~ F를 각각의 지사로 발령할 때, A사원보다 C사원이 본사로부터 거리가 먼 지사에 배치되도록 하는 경우의 수는 몇 가지인가?

(단위 : km)

지사	가	나	다	라	마	바
거리	60	80	60	60	120	150

① 216가지   ② 240가지
③ 264가지   ④ 288가지
⑤ 312가지

18 e-스포츠 게임 리그에 참가 중인 S팀과 P팀이 다음 〈조건〉에 따라 경기를 한다. 이에 대한 〈보기〉의 설명 중 옳은 것을 모두 고르면?

〈조건〉

- 게임은 일대일 대결로 총 3라운드로 진행되며, 1명의 선수는 1개의 라운드에만 출전할 수 있다.
- 신생팀인 P팀은 선수층이 얇은 관계로 1라운드에 임선수를, 2라운드에 홍선수를, 3라운드에 이선수를 출전시킨다.
- S팀은 라운드별로 이길 수 있는 확률이 0.6 이상이 되도록 7명의 A ~ G선수 중 3명을 선발한다.
- 7명의 A ~ G선수가 임선수, 홍선수, 이선수에 대하여 이길 수 있는 확률은 다음과 같다.

〈확률표〉

S팀 \ P팀	임선수	홍선수	이선수
A선수	0.42	0.67	0.31
B선수	0.35	0.82	0.49
C선수	0.81	0.72	0.15
D선수	0.13	0.19	0.76
E선수	0.66	0.51	0.59
F선수	0.54	0.28	0.99
G선수	0.59	0.11	0.64

보기

ㄱ. 1라운드 때 임선수와 경기 할 S팀의 선수를 C선수로 정한다면, S팀이 선발할 수 있는 출전 선수의 조합은 6가지이다.

ㄴ. 2라운드 때 홍선수와 경기할 S팀의 선수를 A선수로 정한다면, S팀이 선발할 수 있는 출전 선수의 조합은 3가지이다.

ㄷ. S팀이 선발할 수 있는 출전 선수 조합은 총 15가지이다.

① ㄱ
② ㄴ
③ ㄱ, ㄴ
④ ㄱ, ㄷ
⑤ ㄴ, ㄷ

19 S시에서는 지역 문화재 방문객 유치를 위해 A~C 세 문화재에 방문한 사람들에게 쿠폰이 담긴 봉투를 나누어 주고 있다. 이에 대한 〈조건〉과 문화재별 쿠폰 수에 따른 봉투의 수, 쿠폰개수별 교환 상품이 다음과 같을 때, 옳은 것을 〈보기〉에서 모두 고르면?

〈조건〉

• 각 봉투에는 쿠폰이 1장, 2장 또는 3장이 들어있다.
• 문화재 관람을 마친 방문객에게만 쿠폰이 들어있는 봉투를 배부할 수 있다.
• 한 방문객이 쿠폰봉투 하나를 뽑아 가면 그 즉시 같은 수의 쿠폰이 들어있는 봉투 하나를 채워 넣는다.

〈문화재별 쿠폰 수에 따른 봉투의 수〉

구분	A문화재	B문화재	C문화재
1장	20	30	40
2장	10	20	30
3장	10	10	20
합계	40	60	90

〈쿠폰개수별 교환 상품〉

구분	3장	4장	5장	6장	7장	8장	9장
상품	책갈피	볼펜	수첩	손수건	텀블러	USB	온누리 상품권

보기

ㄱ. 세 곳의 문화재를 모두 둘러본 P씨가 받은 쿠폰 수가 4장이라면, B문화재에서 받은 쿠폰이 2장일 확률은 $\frac{23}{108}$ 이다.

ㄴ. K씨가 세 곳의 문화재를 모두 둘러본 뒤, USB를 받을 확률은 $\frac{5}{108}$ 이다.

ㄷ. 세 곳의 문화재 중 두 곳을 방문하여 쿠폰을 받은 H씨가 손수건을 받았다면, B문화재와 C문화재만 방문했을 확률은 25% 이상이다.

① ㄱ
② ㄴ
③ ㄷ
④ ㄱ, ㄴ
⑤ ㄱ, ㄷ

20 A공사에 근무하는 인사팀 직원 8명은 다음과 같은 8인승 자동차를 타고 워크숍을 간다. 〈조건〉과 같이 좌석을 배치하려고 할 때, 직원 모두 자동차에 탑승하는 방법은 몇 가지인가?

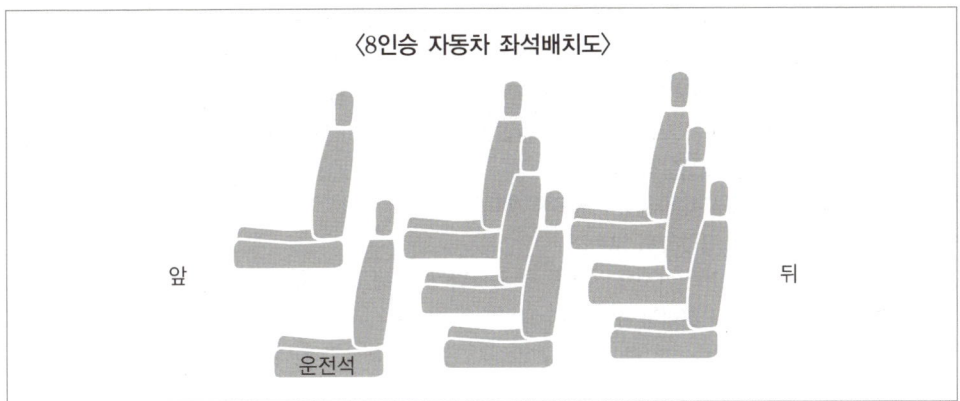

〈8인승 자동차 좌석배치도〉

앞   뒤

운전석

조건

• 좌석은 앞줄에 2개, 가운데 줄과 뒷줄에 각각 3개씩 있다.
• 운전석에는 인사팀 직원 중 운전면허 소지자인 K대리와 L주임만 앉을 수 있다.
• 전날 야근한 H과장과 P부장은 뒷줄에 앉아 자면서 가기로 했다.
• J사원은 가운데 줄에 앉아 워크숍 장소의 현지 담당자와 연락하면서 가야 한다.

① 96가지   ② 192가지
③ 288가지   ④ 576가지
⑤ 864가지

21 A외식업체는 김밥 프랜차이즈점을 론칭하려고 한다. 메뉴 선정 및 가격책정 기준에 대한 다음 자료를 참고했을 때, 메뉴를 선정할 수 있는 방법은 모두 몇 가지인가?

〈메뉴 선정 및 가격책정 기준〉

- 기본 재료만 이용해 만든 김밥의 경우 정가는 2,000원이다.
- 기본 재료에 추가 재료를 선택해 김밥을 만들 경우, 기본김밥의 가격에 각 재료의 정가를 추가한 것을 판매가격으로 책정한다.
- 김밥의 정가는 4,500원이 되도록 한다.
- 재료의 양은 고려하지 않는다.
- 추가 재료로 여러 가지를 선택할 수 있으나, 육류와 튀김류는 함께 선택하지 않는다(예 소고기와 돈가스는 함께 선택할 수 없다).
- 육류와 튀김류를 선택할 경우, 그 안에서 한 가지 재료만 선택 가능하다(예 소고기와 숯불고기는 함께 선택할 수 없다).

〈기본 재료〉

김, 밥, 계란, 시금치, 단무지, 맛살

〈추가 재료〉

(단위 : 원)

구분		정가
치즈류	체다치즈	500
	크림치즈	1,000
육류	햄	500
	소고기	1,000
	숯불고기	1,500
	제육볶음	1,500
튀김류	돈가스	1,000
	새우튀김	1,500
기타류	참치	500
	견과류	500

① 16가지
② 18가지
③ 20가지
④ 22가지
⑤ 24가지

PART 2

수추리능력

| 01 | 등차수열과 등비수열

(1) **등차수열** : 첫째항부터 차례로 일정한 수를 더하여 얻어지는 수열이다.

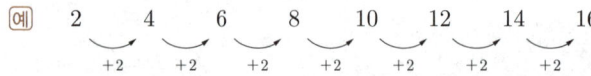

(2) **등비수열** : 첫째항부터 차례로 일정한 수를 곱하여 얻어지는 수열이다.

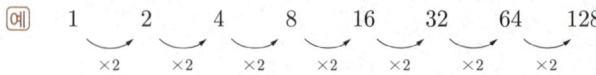

| 02 | 여러 가지 수열

(1) **계차수열**

① 계차(階差, Difference) : 이웃하는 두 항 사이의 차를 말한다.

② 계차수열 : 계차가 일정한 규칙을 가지는 수열을 말한다.

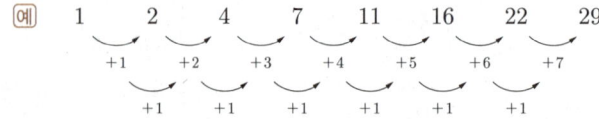

(2) **건너뛰기수열** : 두 개 이상의 수열이 일정한 간격을 두고 번갈아 가며 나타나는 수열이다.

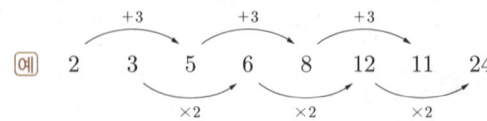

(3) **교대수열** : $+$, $-$, $\times$, $\div$의 규칙이 번갈아 가면서 규칙성을 가지는 수열이다.

[예]
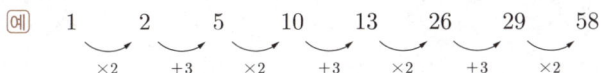

1　　2　　5　　10　　13　　26　　29　　58
　　×2　+3　×2　+3　×2　+3　×2

(4) **피보나치수열** : 앞의 두 항의 합이 다음 항을 이루는 수열이다.

[예]

$$1 \quad 1 \quad \underset{1+1}{2} \quad \underset{1+2}{3} \quad \underset{2+3}{5} \quad \underset{3+5}{8} \quad \underset{5+8}{13} \quad \underset{8+13}{21}$$

(5) **분수수열** : 분수의 분자와 분모가 규칙을 가지는 수열이다.

[예]
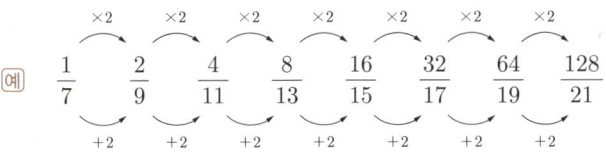

$$\overset{\times2}{\frac{1}{7}} \quad \overset{\times2}{\frac{2}{9}} \quad \overset{\times2}{\frac{4}{11}} \quad \overset{\times2}{\frac{8}{13}} \quad \overset{\times2}{\frac{16}{15}} \quad \overset{\times2}{\frac{32}{17}} \quad \overset{\times2}{\frac{64}{19}} \quad \frac{128}{21}$$

+2　+2　+2　+2　+2　+2　+2

(6) **군수열(그룹수열)** : 일정한 규칙성으로 몇 항씩 군(그룹)으로 분할하여 나열한 수열이다.

[예]

$$\underset{1\times3=3}{1 \quad 3 \quad 3} \qquad \underset{2\times4=8}{2 \quad 4 \quad 8} \qquad \underset{5\times6=30}{5 \quad 6 \quad 30}$$

| 03 | 특수한 규칙의 수열

(1) 앞의 항에 일정하게 변화된 수를 곱하거나 나누어 진행하는 수열

[예]
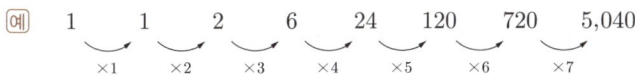

1　　1　　2　　6　　24　　120　　720　　5,040
　×1　×2　×3　×4　×5　×6　×7

(2) 등차수열과 등비수열이 결합하여 나타나는 수열

[예]

$$\underset{1\times2}{2} \quad \underset{2\times4}{8} \quad \underset{3\times8}{24} \quad \underset{4\times16}{64} \quad \underset{5\times32}{160} \quad \underset{6\times64}{384}$$

(3) $a_{n+1} = p\,a_n + q\,(p, q$는 수 또는 식) 꼴의 수열

[예]

1　　2　　5　　14　　41　　122　　365　　1,094
　×3-1　×3-1　×3-1　×3-1　×3-1　×3-1　×3-1

정답 및 해설 p.042

STEP 1 **기본문제**

※ 일정한 규칙으로 수를 나열할 때, 빈칸에 들어갈 알맞은 수를 고르시오. **[1~7]**

01

| 4 | 8 | 1 | 2 | −5 | −10 | −17 | ( ) |

① 27   ② −27
③ 33   ④ −34
⑤ 36

02

| 1 | 2 | 8 | ( ) | 148 | 765 | 4,626 |

① 12   ② 16
③ 24   ④ 27
⑤ 33

03

| 1 | 4 | 13 | 40 | 121 | ( ) | 1,093 |

① 348   ② 352
③ 356   ④ 360
⑤ 364

04

3	12	6	24	12	48	( )	96		

① 24　　　　　　　　　　　② 26
③ 28　　　　　　　　　　　④ 30
⑤ 32

05

4	6	10	18	( )	66

① 31　　　　　　　　　　　② 32
③ 33　　　　　　　　　　　④ 34
⑤ 35

06

1	3	11	43	171	( )

① 232　　　　　　　　　　② 459
③ 683　　　　　　　　　　④ 855
⑤ 923

07

2	3	7	16	32	57	( )

① 90　　　　　　　　　　　② 93
③ 96　　　　　　　　　　　④ 99
⑤ 102

※ 일정한 규칙으로 수를 나열할 때, 빈칸에 들어갈 알맞은 수를 고르시오. **[1~7]**

01

| −296 | 152 | −72 | 40 | −16 | ( ) | −2 |

① 4   ② 7
③ 8   ④ 12
⑤ 14

02

| 1 | 2 | 3 | 5 | 8 | 13 | ( ) |

① 15   ② 17
③ 19   ④ 21
⑤ 23

03

| 0 | 3 | 5 | 10 | 17 | 29 | 48 | ( ) |

① 55   ② 60
③ 71   ④ 79
⑤ 86

04

| 92 | 103 | 107 | 115 | ( ) | 127 |

① 110 ② 112
③ 118 ④ 122
⑤ 126

05

| 23 | 21 | 25 | 19 | 27 | ( ) | 29 |

① 13 ② 17
③ 24 ④ 31
⑤ 33

06

| 27 | 15 | 13.5 | 30 | ( ) | 60 |

① 6.45 ② 6.75
③ 6.95 ④ 45
⑤ 50

07

| −5 | 5 | 9 | −9 | −1 | ( ) | 13 |

① 1 ② 2
③ −1 ④ −2
⑤ −3

※ 일정한 규칙으로 수를 나열할 때, 빈칸에 들어갈 알맞은 수를 고르시오. **[1~28]**

01

2　5　14　41　122　（　）

① 364　　　　　　　　　　② 365

③ 366　　　　　　　　　　④ 367

⑤ 368

02

51　50　42　59　13　88　72　（　）

① 27　　　　　　　　　　② 29

③ 31　　　　　　　　　　④ 33

⑤ 35

03

4　6　9　14　21　32　（　）

① 41　　　　　　　　　　② 45

③ 49　　　　　　　　　　④ 52

⑤ 57

04

| | 3 | 8 | 28 | ( ) | 428 | 1,708 | |

① 102 ② 104
③ 106 ④ 108
⑤ 110

05

| | 3 | 10 | 24 | ( ) | 73 | 108 | |

① 45 ② 50
③ 55 ④ 60
⑤ 65

06

| | 4 | 36 | 9 | $\frac{1}{4}$ | $\frac{1}{36}$ | $\frac{1}{9}$ | ( ) | |

① 36 ② 9
③ 4 ④ $\frac{1}{9}$
⑤ $\frac{1}{36}$

07

| | 12.3 | 15 | 7.5 | 10.2 | ( ) | 7.8 | 3.9 | |

① 4.2 ② 5.1
③ 6.3 ④ 7.2
⑤ 8.1

08

$$64 \quad 16 \quad 12 \quad 3 \quad \frac{11}{2} \quad (\quad) \quad \frac{75}{16}$$

① $\dfrac{5}{4}$ ② $\dfrac{11}{4}$

③ $\dfrac{7}{8}$ ④ $\dfrac{11}{8}$

⑤ $\dfrac{17}{8}$

09

$$0.8 \quad 2.0 \quad 1.0 \quad 2.2 \quad 1.1 \quad (\quad) \quad 1.15$$

① 2.0 ② 2.3

③ 2.6 ④ 2.9

⑤ 3.1

10

$$1 \quad 3 \quad 7 \quad 15 \quad 31 \quad (\quad) \quad 127$$

① 42 ② 48

③ 56 ④ 63

⑤ 75

11

3	15	7	35	27	( )	

① 54   ② 81

③ 108   ④ 135

⑤ 168

12

1   3   4   ( )   10   19   19   27

① 11   ② 12

③ 13   ④ 14

⑤ 15

13

−2   2   −6   6   −18   ( )   −54   14

① 10   ② 12

③ 14   ④ 16

⑤ 18

14

2   4   4   2   3   ( )   9   3   5   10   25   5

① 3   ② 4

③ 5   ④ 6

⑤ 7

15

	−4	20	( )	−205	−409	2,045	4,091	

① 40

② 41

③ 42

④ 43

⑤ 44

16

5	3	4	−2	( )	−28

① 12

② −14

③ 17

④ −20

⑤ 22

17

10	49	33	47	102	45	( )

① 306

② 307

③ 308

④ 309

⑤ 310

18

4	−1	8	16	−256	( )

① 8,192

② −8,192

③ 4,096

④ −4,096

⑤ 2,048

19

$$-7 \quad 3 \quad 2 \quad (\quad) \quad -4 \quad -13 \quad 27 \quad 5 \quad -16$$

① 2　　　　　　　　　　　② 15
③ 25　　　　　　　　　　　④ 30
⑤ 35

20

$$5 \quad 0 \quad 1 \quad 5 \quad 3 \quad (\quad) \quad 6 \quad 2 \quad 36$$

① 8　　　　　　　　　　　② 15
③ 45　　　　　　　　　　　④ 75
⑤ 125

21

$$5 \quad 1 \quad 2 \quad 3 \quad 9 \quad 4 \quad 8 \quad (\quad) \quad 6$$

① 2　　　　　　　　　　　② 7
③ 10　　　　　　　　　　　④ 11
⑤ 12

22

$$4 \quad 3 \quad 1 \quad 2 \quad -1 \quad 3 \quad (\quad) \quad 7$$

① -3　　　　　　　　　　② -4
③ -5　　　　　　　　　　④ -6
⑤ -7

23

		27	81	9	243	3	729	( )

① 1　　　　　　　　　　　② 2

③ 3　　　　　　　　　　　④ 4

⑤ 5

24

		1	3	9	31	( )	651

① 66　　　　　　　　　　② 87

③ 92　　　　　　　　　　④ 110

⑤ 129

25

		$\frac{1}{2}$	$\frac{6}{8}$	$\frac{11}{32}$	$\frac{16}{128}$	( )

① $\dfrac{20}{128}$　　　　　　　　② $\dfrac{21}{256}$

③ $\dfrac{21}{512}$　　　　　　　　④ $\dfrac{22}{1,024}$

⑤ $\dfrac{24}{1,024}$

26

$$\frac{8}{7} \qquad \frac{16}{8} \qquad \frac{24}{9} \qquad \frac{32}{10} \qquad \frac{40}{11} \qquad (\quad)$$

① $\dfrac{45}{12}$ ② $\dfrac{48}{12}$

③ $\dfrac{49}{12}$ ④ $\dfrac{42}{12}$

⑤ $\dfrac{52}{12}$

27

$$\frac{12}{17} \qquad \frac{10}{19} \qquad \frac{8}{21} \qquad \frac{6}{23} \qquad \frac{4}{25} \qquad (\quad)$$

① $\dfrac{1}{24}$ ② $\dfrac{1}{26}$

③ $\dfrac{2}{27}$ ④ $\dfrac{2}{29}$

⑤ $\dfrac{3}{29}$

28

$$-4 \qquad -1 \qquad 1 \qquad 5 \qquad 12 \qquad 15 \qquad (\quad)$$

① 18   ② 21

③ 24   ④ 27

⑤ 30

| 01 | 문자수열추리

(1) 문자수열의 추리방법

제시된 문자를 대응하는 수로 변환	⇨	수열의 규칙을 추론	⇨	구한 결괏값(수)에 대응하는 문자로 다시 변환

(2) 문자수열 대응표

① 알파벳

1	2	3	4	5	6	7	8	9	10	11	12	13	14	15	16	17	18	19	20
A	B	C	D	E	F	G	H	I	J	K	L	M	N	O	P	Q	R	S	T
21	22	23	24	25	26	27	28	29	30	31	32	33	34	35	36	37	38	39	40
U	V	W	X	Y	Z	A	B	C	D	E	F	G	H	I	J	K	L	M	N

② 한글자음

1	2	3	4	5	6	7	8	9	10	11	12	13	14	15	16	17	18	19	20
ㄱ	ㄴ	ㄷ	ㄹ	ㅁ	ㅂ	ㅅ	ㅇ	ㅈ	ㅊ	ㅋ	ㅌ	ㅍ	ㅎ	ㄱ	ㄴ	ㄷ	ㄹ	ㅁ	ㅂ

③ 한글모음(기본모음)

1	2	3	4	5	6	7	8	9	10	11	12	13	14	15	16	17	18	19	20
ㅏ	ㅑ	ㅓ	ㅕ	ㅗ	ㅛ	ㅜ	ㅠ	ㅡ	ㅣ	ㅏ	ㅑ	ㅓ	ㅕ	ㅗ	ㅛ	ㅜ	ㅠ	ㅡ	ㅣ

| 02 | 도형수열추리

(1) 도형수열의 추리방법

① 하나의 도형이 제시된 경우

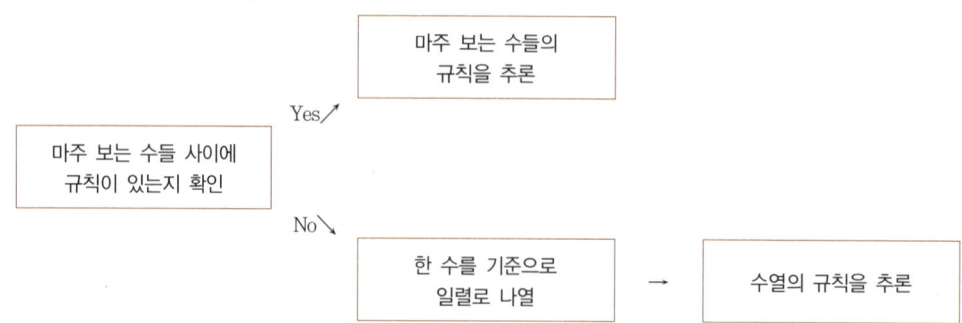

② 여러 개의 도형이 제시된 경우

```
                                   ┌─────────────────┐
                                   │  같은 위치에 있는  │
                                   │  수들의 규칙을 추론 │
                                   └─────────────────┘
                              Yes╱
┌─────────────────┐
│  같은 위치에 있는 수들  │
│ 사이에 규칙이 있는지 확인 │
└─────────────────┘
                              No╲
                                   ┌─────────────────┐      ┌──────────────┐
                                   │  각 도형에 있는 수들을 │  →   │ 수열의 규칙을 추론 │
                                   │ 군수열 형태로 나열   │      └──────────────┘
                                   └─────────────────┘
```

(2) 도형수열의 예

① 삼각형 수열

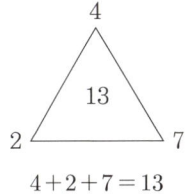 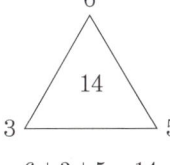 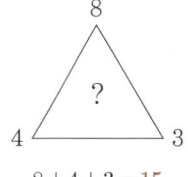

$4+2+7=13$ $6+3+5=14$ $8+4+3=15$

② 단일 표 수열

⇩

?	1	9
169		25
121	81	49

1^2	3^2	5^2	7^2	9^2	11^2	13^2	15^2
1	9	25	49	81	121	169	225

③ 다중 표 수열

3	14
7	2

→

12	?
28	8

$3\times4=12$	$14\times4=56$
$7\times4=28$	$2\times4=8$

④ 피라미드 수열

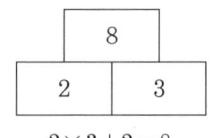
$2 \times 3 + 2 = 8$

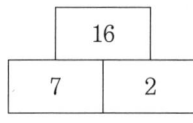
$7 \times 2 + 2 = 16$

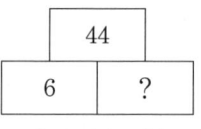
$6 \times 7 + 2 = 44$

⑤ 가지형 수열

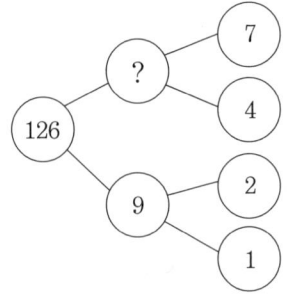

$(7+4) \times 3 = 33$	$(33+9) \times 3 = 126$
$(2+1) \times 3 = 9$	

⑥ 단일 원형 수열

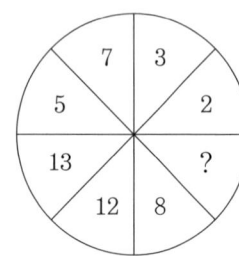

마주 보는 수의 합이 일정하다.

$2 + 13 = 15$

$3 + 12 = 15$

$7 + 8 = 15$

$5 + 10 = 15$

⑦ 다중 원형 수열

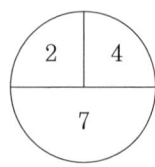

$2 + 4 + 1 = 7$

$5 + 7 + 1 = 13$

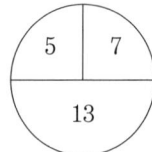

$6 + 8 + 1 = 15$

STEP 1 기본문제

※ 일정한 규칙으로 문자를 나열할 때, 빈칸에 들어갈 알맞은 문자를 고르시오. **[1~7]**

01

ㄴ ㅁ ㅈ ㅎ ㅂ ( )

① ㅍ   ② ㅂ
③ ㅈ   ④ ㄱ
⑤ ㅎ

02

ㅋ ㄹ ( ) ㅅ ㅁ ㅊ ㄴ ㅍ

① ㄷ   ② ㅂ
③ ㅅ   ④ ㅇ
⑤ ㄱ

03

( ) X U R O L

① E   ② D
③ C   ④ A
⑤ Z

04

J   L   N   (   )   R   T

① M   ② Q
③ O   ④ K
⑤ P

05

ㄱ   ㄷ   ㄴ   (   )   ㄹ   ㅅ   ㅇ   ㅈ

① ㅈ   ② ㅅ
③ ㅇ   ④ ㅁ
⑤ ㅋ

06

c   A   (   )   D   g   P   i   ㄴ

① b   ② c
③ d   ④ e
⑤ f

07

H   ㄷ   (   )   ㅂ   L   ㅌ   N   ㅊ

① B   ② D
③ E   ④ G
⑤ J

※ 다음 숫자들의 배열 규칙을 찾아 빈칸에 들어갈 알맞은 수를 고르시오. **[1~6]**

01

6	4	15
10		19

25	21	6
( )		27

−8	10	2
2		12

① 58   ② 46
③ 34   ④ 22
⑤ 16

02

10	2	8	5	6	8
	20	( )	19	19	

① 15   ② 19
③ 21   ④ 29
⑤ 31

03

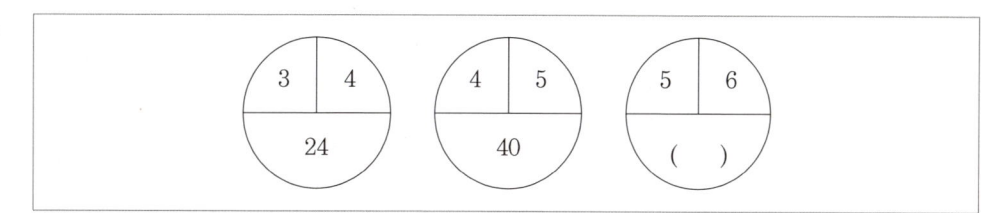

3	4
24	

4	5
40	

5	6
( )	

① 30   ② 55
③ 60   ④ 90
⑤ 98

2	5	−3	16
6			6
20			−7
−8	11	( )	5

① 9 ② 12

③ 15 ④ 18

⑤ 21

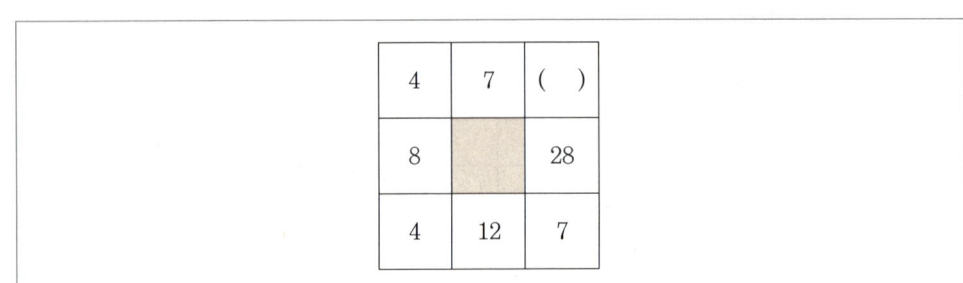

4	7	( )
8		28
4	12	7

① 14 ② 16

③ 18 ④ 20

⑤ 22

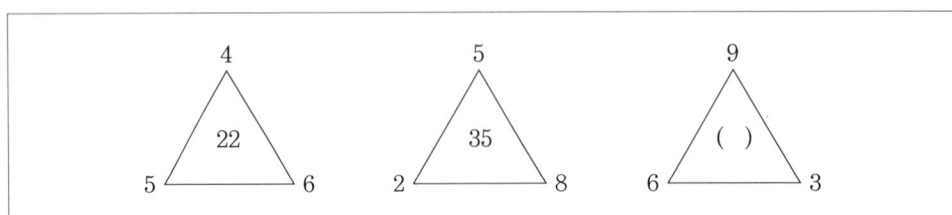

① 26 ② 30

③ 34 ④ 38

⑤ 42

※ 일정한 규칙으로 문자를 나열할 때, 빈칸에 들어갈 알맞은 문자를 고르시오. **[1~4]**

01

D	L	H	F	P	( )

① W   ② X
③ Z   ④ C
⑤ O

02

9	14	ㅇ	13	7	( )

① ㅊ   ② ㅋ
③ ㅌ   ④ ㅍ
⑤ ㅎ

03

C	D	( )	J	R	H

① D   ② I
③ F   ④ L
⑤ O

04

B	C	E	I	Q	( )

① K   ② B
③ G   ④ D
⑤ A

05

ㄴ	ㄷ	ㄹ	ㅁ
a	( )	m	v

① b   ② c

③ d   ④ e

⑤ f

06

ㄴ	ㄷ	ㅁ	ㅅ
e	h	( )	t

① j   ② n

③ o   ④ p

⑤ r

※ 다음 숫자들의 배열규칙을 찾아 빈칸에 들어갈 알맞은 수를 고르시오. [7~24]

07

10	1	2
13		

8	11	−6
( )		

5	−1	2
6		

① 17 ② 15

③ 13 ④ 11

⑤ 29

08

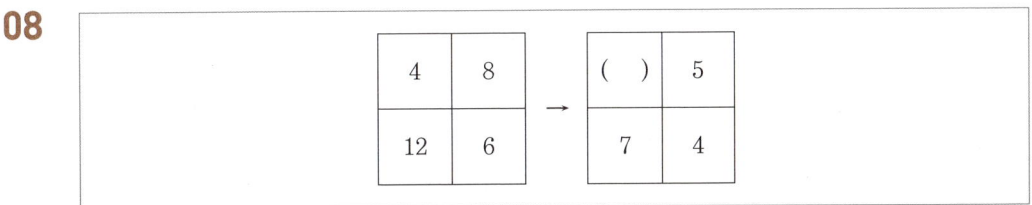

① 2 ② 3

③ 5 ④ 8

⑤ 9

09

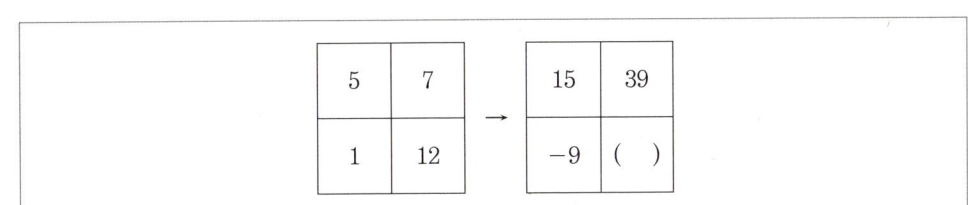

① 54 ② 74

③ 94 ④ 114

⑤ 134

10

−1	2
3	−4

→

2	8
18	( )

① 20   ② 24

③ 28   ④ 32

⑤ 36

11

9	37
35	8

12	46
38	7

13	55
( )	8

① 47   ② 49

③ 51   ④ 53

⑤ 55

12

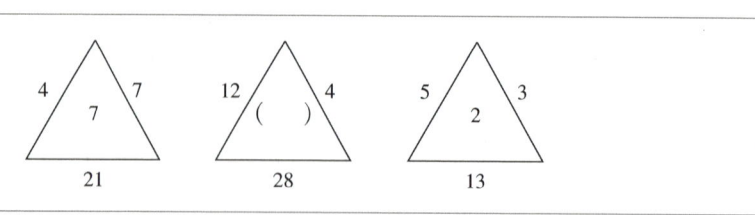

① −20   ② −10

③ 10   ④ 20

⑤ 30

13

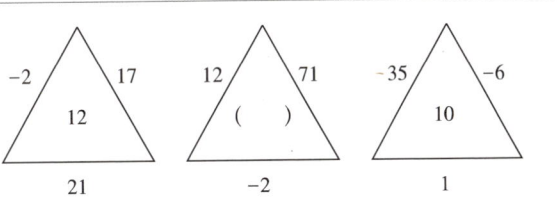

① 20　　　　　　　　② 24
③ 27　　　　　　　　④ 30
⑤ 33

14

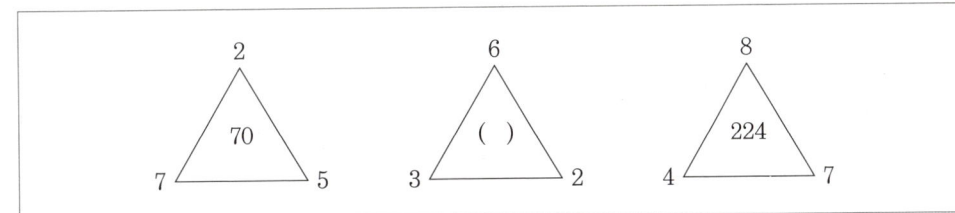

① 18　　　　　　　　② 24
③ 30　　　　　　　　④ 36
⑤ 42

15

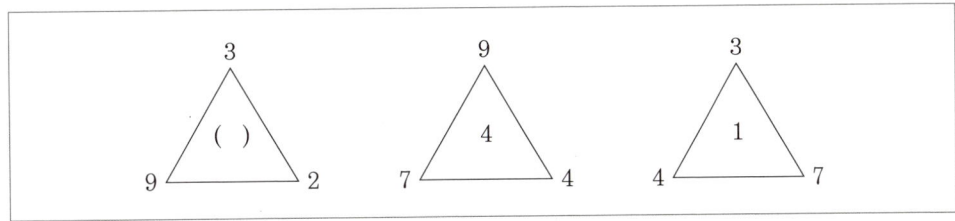

① 2　　　　　　　　② 3
③ 4　　　　　　　　④ 5
⑤ 6

16

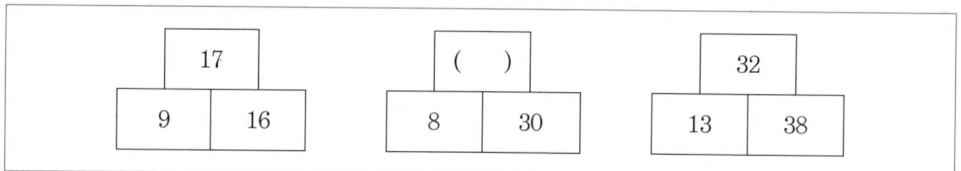

| | 17 | | | ( ) | | | 32 | |
| 9 | | 16 | 8 | | 30 | 13 | | 38 |

① 15   ② 17

③ 19   ④ 21

⑤ 23

17

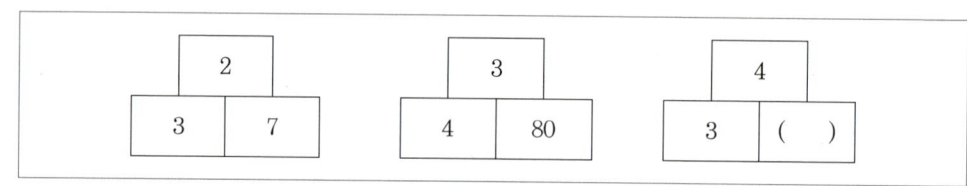

| | 2 | | | 3 | | | 4 | |
| 3 | | 7 | 4 | | 80 | 3 | | ( ) |

① 60   ② 63

③ 66   ④ 69

⑤ 72

18

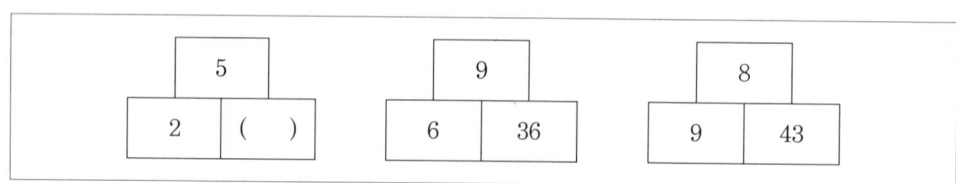

| | 5 | | | 9 | | | 8 | |
| 2 | | ( ) | 6 | | 36 | 9 | | 43 |

① 4   ② 7

③ 10   ④ 13

⑤ 16

19

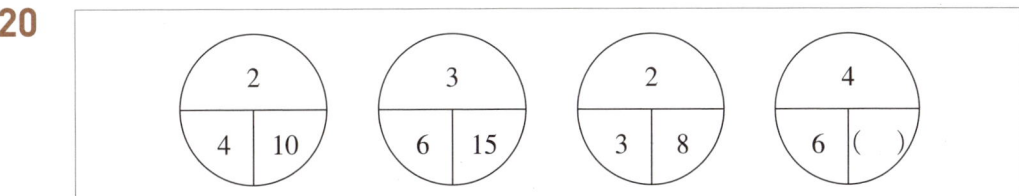

① 30   ② 32

③ 34   ④ 36

⑤ 38

20

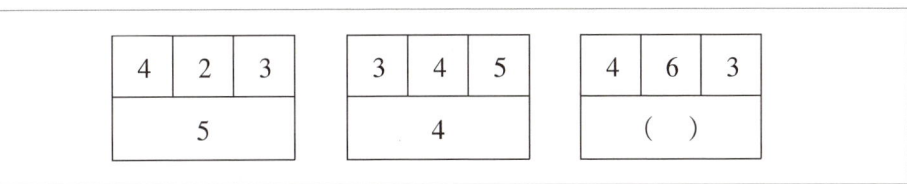

① 13   ② 14

③ 15   ④ 16

⑤ 17

21

4	2	3		3	4	5		4	6	3
	5				4				( )	

① 1   ② 3

③ 5   ④ 7

⑤ 9

5	3	( )
9		129
17	33	65

① 255　　　　② 256

③ 257　　　　④ 258

⑤ 259

23

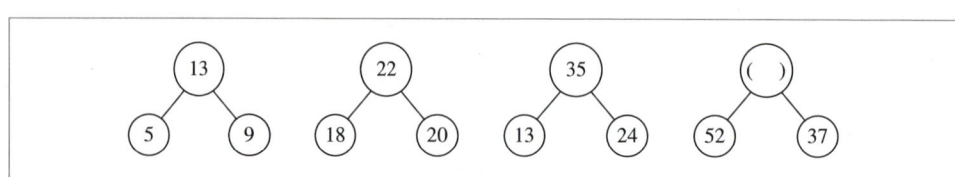

① 16　　　　② 22

③ 28　　　　④ 34

⑤ 37

24

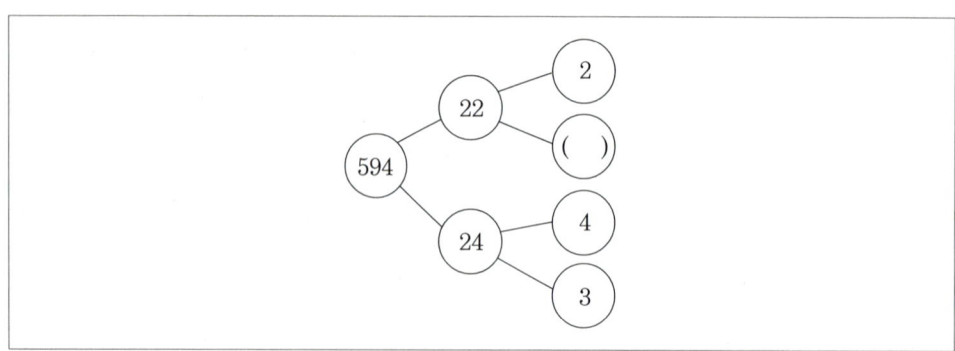

① 2　　　　② 4

③ 6　　　　④ 8

⑤ 10

PART 3

도표분석 · 작성능력

| 01 | 표 자료의 분석

(1) 표 분석 문제의 구조

질문
다음은 K공사에서 조사한 2024년 소양강댐의 수질정보에 관한 자료이다. 이에 대한 설명으로 옳지 않은 것은?

⇨ 주어진 자료에 대한 간략한 소개와 문제가 제시된다.

자료

〈2024년 소양강댐의 수질정보〉

(단위 : ℃, mg/L)

구분	수온	DO	BOD	COD
1월	5	12.0	1.4	4.1
2월	5	11.5	1.1	4.5
3월	8	11.3	1.3	5.0
4월	13	12.1	1.5	4.6
5월	21	9.4	1.5	6.1
6월	23	7.9	1.3	4.1
7월	27	7.3	2.2	8.9
8월	29	7.1	1.9	6.3
9월	23	6.4	1.7	6.6
10월	20	9.4	1.7	6.9
11월	14	11.0	1.5	5.2
12월	9	11.6	1.4	6.9

• DO : 용존산소량
• BOD : 생화학적 산소요구량
• COD : 화학적 산소요구량

⇨ 선택지 해결을 위한 제목, 단위, 항목(변수), 데이터, 각주, 정보박스 등이 제시된다.

지문
① 조사기간 중 8월의 수온이 가장 높았다.
② DO가 가장 많았을 때와 가장 적었을 때의 차는 5.7mg/L이다.
③ 소양강 댐의 COD는 항상 DO보다 적었다.
④ 7월 대비 12월의 소양강댐의 BOD 감소율은 30% 이상이다.
⑤ DO는 대체로 여름철보다 겨울철에 더 높았다.

⇨ 지문은 크게 선다형과 〈보기〉형이 출제된다.

(2) 문제의 유형

① 일반형 문제 : 주어진 자료에 대한 해석 중 옳은 것과 옳지 않은 것을 구별하는 유형이다.

② 특수형 문제

- 수리계산형 문제 : 계산능력 등 수 처리 능력을 묻는 유형이다.
- 연결형 문제 : 표의 가로축, 세로축의 한 변수나 데이터 부분에 빈칸을 만들어 놓고 해석 지문들을 이용하여 해당되는 이름들을 연결하는 유형이다.

(3) 표 자료의 유형

① 자료 수치에 따른 분류

- 절대 자료 : 개수, 인원수와 같이 각 수치가 그것의 실제 크기를 나타내는 자료이다.

예 〈관람산업의 업종유형별 업체 수 및 취업자 수〉

구분	업체 수(개)	취업자 수(명)
유원지	117	9,809
테마파크	46	36,794
동물원	27	1,743
기타	56	3,375

- 비율 자료 : 전체를 100%로 두었을 때, 각 부분의 상대적 크기를 %로 표시한 자료이다.

예 〈후보자 지지도〉

(단위 : %)

구분	A후보	B후보	C후보	D후보	무응답
20~30대	9.2	45.0	30.0	14.4	1.4
40~50대	20.6	30.2	40.4	6.4	2.4
60대 이상	64.8	2.4	27.2	4.6	1.0

- 지수 자료 : 특정 대상이나 특정 시점의 값을 100으로 두었을 때, 비교하려는 값의 상대적인 크기를 나타낸 자료이다.

예 〈한국과 일본의 기술경쟁력 비교〉

(단위 : %)

비교 국가	구분	분류	제품설계	소재 관련	부품 관련
일본	기업규모별	대기업	128	128	124
		중소기업	124	122	120
	업종별	조선	110	115	120
		정보통신	121	112	119
		자동차 / 부품	123	125	123

- a당 b(a 대비 b) 자료 : 1인당 학생 수와 같은 자료로, 특정 기준에 대해 계산된 값을 나타낸 자료이다. 이는 절대적 자료와 동일한 것처럼 보이지만 실제로는 상대적 자료이다.

예   〈주요국가의 교원 1인당 학생 수〉

(단위 : 명)

구분	유치원	초등학교	중학교	고등학교
미국	18.7	15.8	16.3	14.1
일본	18.8	20.9	16.8	14.0
한국	23.1	32.1	21.5	20.9
OECD 평균	15.5	17.7	15.0	13.9

② 자료 측정 시점에 따른 분류
- 일반적 자료 : 동일한 시점에서 여러 개의 항목(사람, 집단, 국가 등)을 측정한 것으로 최댓값과 최솟값, 대소비교 및 순서비교, 비중 계산, 항목 간의 관계 등을 파악할 수 있다.

예   〈2024년 주요도시 대기오염도〉

(단위 : ppm)

구분	이산화황(SO_2)	이산화질소(NO_2)
서울	0.005	0.032
부산	0.006	0.020
대구	0.003	0.021
인천	0.006	0.026
광주	0.003	0.019
대전	0.004	0.019
울산	0.007	0.022

- 시계열 자료 : 하나의 항목을 중심으로 여러 시점에 따라 자료를 측정한 것으로 연도별, 반기별, 분기별, 월별, 주별, 일별 등 다양한 시간 단위로 제공된다. 시점 간의 변화를 알 수 있다.

예   〈한 · 일 1인당 쌀 소비 자료〉

(단위 : 석/인)

구분	한국인 1인당 연간 쌀 소비량	일본인 1인당 연간 쌀 소비량
1919년	0.52	1.10
1920년	0.54	1.13
1921년	0.45	1.11
1922년	0.47	1.08

(4) 지문(선다형, 보기형)의 유형 : 각 유형이 단독으로 출제되거나 두 가지의 유형이 결합되어 출제된다.

① **자료읽기형 :** 선택지(보기)에서 묻는 핵심 내용을 파악한 후, 해당 자료를 찾아 일치 여부를 판단하는 유형이다.

- **대소비교·순서찾기 :** 항목 간의 크기 및 순서 비교, 항목들 중 최댓값과 최솟값, 해당 값이 몇 번째(몇 위)인지를 묻는 유형이다.

  예 2023년에 교통사고 건수가 가장 낮은 지역은 A지역이다.

- **순서일치형 :** 두 변수 간 순서 일치 여부를 묻는다. 두 변수의 관련성이 높으면 순서가 일치할 가능성도 높아진다.

  – **완전일치형 :** 두 변수 간 순서가 완전히 일치하는지 묻는다.

    예 'X가 ~할수록 Y가 ~하다.' 또는 'X와 Y의 순서는 일치한다.'

  – **부분일치형 :** 두 변수 간 순서의 일치 여부를 따질 때, 소수의 예외가 인정된다.

    예 'X가 ~할수록 Y가 ~하는 경향이 있다.'

- **시간의 흐름**

  – **증가와 감소 :** 두 시점 사이에 데이터의 증가와 감소를 확인하는 유형이다.

  – **정비례와 반비례 :** 두 데이터가 매 기간 증가와 감소 방향이 일치하면 정비례, 증가와 감소 방향이 반대이면 반비례이다.

  – **지속적인 증가 :** 계속, 연속, 매년·매분기 증가, 꾸준히, 항상 증가한다(예외가 없음).

  – **증가 추세(경향) :** 전반적으로 증가, 대체로 증가한다(몇 번의 예외가 있음).

  – **A시점 이후 :** 제시된 시점을 기준으로 증가, 감소 등 수치의 변화를 확인한다.

② **자료계산 유형 :** 주어진 수치 정보를 이용해 공식을 적용하거나 계산을 통해 새로운 정보를 파악해야 하는 유형이다. 자료에서 변화폭, 변화율, 구성비 등을 자주 묻는다.

  예 전체 환자 수 대비 약물 D를 투여받고 완치된 환자수의 비율은 25% 이상이다.

③ **추론·판단 유형 :** 주어진 자료를 단순히 읽는 것이 아니라 심층적인 분석을 요구하는 유형이다. 특이한 구조의 표가 제시되거나 복수의 자료가 제시된 경우에는 자료들 사이의 관계를 확인하는 지문이 출제되는데, 주로 상관관계, 인과관계, 상하관계 등을 묻는다.

④ **가정형 :** '만일 ~라면' 식으로 전제를 적용했을 때 진위 여부를 확인하는 유형이다. 이미 주어진 조건을 변경하는 가정, 표에 제시된 수치를 바꾸는 가정, 특정한 변수를 고정시키는 가정이 주로 출제된다.

  예 2024년 세계 물부문 매출액이 350억 달러라면, 세계 10대 물기업이 세계 물부문 매출액의 80% 이상을 점유하고 있다.

(5) 문제 해결의 순서

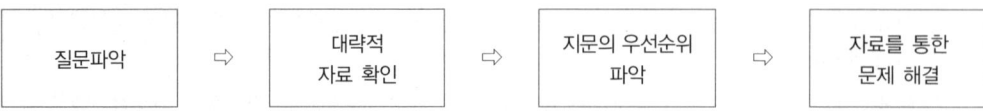

질문파악 ⇨ 대략적 자료 확인 ⇨ 지문의 우선순위 파악 ⇨ 자료를 통한 문제 해결

① **질문파악**
- 일반적으로 자료에 대한 소개와 문제가 제시된다.
- 질문을 통해 문제 유형파악이 가능하고, 문제 유형이 특별한 경우 풀이에 필요한 추가 정보가 주어진다.
- 문제 유형별 질문
  - 보기가 없는 일반형 문제 : 이에 대한 설명으로 옳은(옳지 않은) 것은?
  - 보기가 있는 일반형 문제 : 이에 대한 〈보기〉의 설명 중 옳은(옳지 않은) 것을 모두 고르면?
  - 수리계산형 문제 : ~를 구한 것은? / ~와 ~를 각각 구한 것은?
  - 연결형 : 〈보기〉를 근거로 A, B, C에 해당하는 것을 바르게 나열한 것은?

② **대략적 자료 확인**
- 자료 확인의 순서

> 표제목 → 단위 → 가로축·세로축 → 데이터 스캔 → 각주 및 정보박스

- 표제목 : 자료에 제시된 내용들을 한 문장으로 요약한 것이다. 제목을 통해 자료의 내용을 파악하고, 범위를 확인할 수 있다.
- 단위 : 자료의 속성 및 측정방법 등을 알려준다.
- 가로축·세로축 : 데이터를 분류해 놓은 기준을 알 수 있다. 문제 해결 시 필요한 데이터를 신속하게 선별하는 데 도움을 준다.
- 데이터 : 문제 해결을 위한 데이터가 숫자로 표시돼있다. 데이터를 대략적으로 보고 지문을 접하면 그렇지 않은 경우보다 더 빠르게 문제를 해결할 수 있다.
- 각주 및 정보박스 : 일반적으로 예시, 이의제기 방지, 단어풀이 등의 역할을 한다. 문제 해결에 필요한 공식이나 구체적 수치, 핵심개념, 조건이 제시된 경우 중요한 역할을 한다.

③ **지문의 우선순위 파악** : 제한된 시간 안에 신속하게 문제를 풀기 위해 우선순위를 정해 접근한다.
- 1순위 : 손쉽게 파악할 수 있는 지문, 주어진 자료의 범위나 속성에서 벗어난 지문(제시된 자료와 관련 없는 지문)
- 2순위 : 간단한 계산으로 해결할 수 있는 지문, 구성비 또는 증감률을 한 번만 계산하면 되는 지문, 주어진 공식에 대입하면 되는 지문, 두 개체 비교형 지문
- 3순위 : 복잡한 계산을 요구하는 지문(지나치게 많은 양의 계산, 계산단계가 2단계 이상인 경우, 공식의 변환 및 치환), 복잡한 공식 안에서 특정 변수 간의 관계를 묻는 지문, 어려운 가정형 지문(주어진 조건에서 상당히 많은 부분을 변경해야 하는 가정)

(6) 필수개념

① 평균 : 전체 데이터의 합을 전체 데이터의 개수로 나눈 값이다.

$$(\text{평균}) = \frac{(\text{전체 데이터의 합})}{(\text{전체 데이터의 개수})}$$

② 비율 : 기준 데이터 수에 대한 비교 데이터 수의 크기를 말한다.

$$[\text{비율}(\%)] = \frac{(\text{비교 데이터 수})}{(\text{기준 데이터 수})} \times 100$$

※ 기준 데이터 수가 '전체', '비교 데이터 수'가 부분 관계일 때, '비중' 또는 '구성비'라는 표현을 사용한다.

③ 변화량 : 기준 시점의 데이터와 비교 시점 데이터 크기의 차이를 말한다.

$$(\text{변화량}) = (\text{비교시점 데이터}) - (\text{기준시점 데이터})$$

④ 변화율 · 증가율 · 감소율
- 변화율 : 데이터의 크기가 변화하는 정도를 비율로 나타낸 값이다.

$$[\text{변화율}(\%)] = \frac{(\text{변화량})}{(\text{기준 데이터 수})} \times 100$$

- 증가율 : 변화율이 양(+)수일 때의 변화율이다.

변화율이 $a\%$ (단, $a > 0$)일 때, '증가율이 $a\%$'라고 표현한다.
- 감소율 : 변화율이 음(−)수일 때의 변화율이다.

변화율이 $-b\%$(단, $b > 0$)일 때, '감소율이 $b\%$'라고 표현한다.

⑤ %와 %p의 차이
- %(퍼센트) : 전체의 수량을 100으로 할 때 해당 수량이 가지는 양을 말한다.
- %p(퍼센트포인트) : %(퍼센트) 간의 차이를 말한다.

| 02 | 표 자료의 작성

(1) 보고서 유형

보고서 등의 글을 제시하고 이와 관련된 자료들을 고르는 유형이다. 세부적으로 보고서 작성에 이용된 자료를 찾는 유형, 잘못 이용된 자료를 찾는 유형, 추가로 이용될 자료를 찾는 유형 등이 출제된다.

예

〈보고서〉

- 전국 대비 수도권 인구 비중은 48.9%이다. 수도권 인구 밀도는 전국 인구밀도의 2배 이상이고, 수도권 1인당 주택면적은 전국 1인당 주택면적보다 작다.
- 산업측면에서 수도권 제조업과 서비스업 생산액이 전국 제조업과 서비스업 생산액에서 차지하는 비중은 각각 50% 이상이다.
- 수도권 금융예금액은 전국 금융예금액의 65% 이상을 차지하고, 수도권 1인당 금융대출액은 전국 1인당 금융대출액보다 많다.
- 전국 대비 수도권의 의료기관 수 비중은 49.3%이고 공공기관 수 비중은 84.4%이다. 4년제 대학 재학생 수는 수도권이 비수도권보다 적다.

〈수도권 집중 현황〉

구분		전국	수도권	전국 대비 수도권의 비율(%)
인구 및 주택	인구(천 명)	50,043	24,472	48.9
	주택 수(천 호)	17,672	8,173	46.2
산업	지역 총 생산액 (십억 원)	856,192	408,592	47.7
	제조업체 수(개)	119,181	67,799	56.9
	서비스업체 수(개)	765,817	370,015	48.3
금융	금융예금액(십억 원)	592,721	407,361	68.7
	금융대출액(십억 원)	699,430	469,374	67.1
기능	4년제 대학 수(개)	175	68	38.9
	공공기관 수(개)	490	345	84.4
	의료기관 수(개)	54,728	26,999	49.3

(2) 빈칸 채우기 유형

제시된 표 자료에 빈칸이 있는 경우 전체 합계, 평균 등을 이용하여 빈칸의 수치를 채워 문제를 해결하는 유형이다.

예 〈국내 입지별 지식산업센터 수〉

(단위 : 개)

지역 \ 입지		개별입지	계획입지	합
서울		54	73	127
6대 광역시	부산	3	6	9
	대구	2	2	4
	인천	7	11	( )
	광주	0	2	2
	대전	( )	4	6
	울산	1	0	1
경기		100	( )	133
강원		1	0	1
충북		0	0	0
충남		0	1	1
전북		0	1	1
전남		1	1	2
경북		2	0	2
경남		2	15	( )
제주		0	0	0
전국 합계		175	149	324

정답 및 해설 p.054

STEP 1 **기본문제**

01 다음은 인터넷 이용 동향에 대한 자료이다. 이를 바르게 이해한 사람을 〈보기〉에서 모두 고르면?

〈성별 인터넷 이용 동향〉

(단위 : 명)

구분	자주 이용	가끔 이용	이용하지 않음	합계
남성	113	145	92	350
여성	99	175	76	350
합계	212	320	168	700

〈연령에 따른 인터넷 이용 동향〉

(단위 : 명)

구분	자주 이용	가끔 이용	이용하지 않음	합계
30세 미만	135	159	56	350
30세 이상	77	161	112	350
합계	212	320	168	700

보기

• 정수 : 인터넷을 자주 이용하는 사람은 30세 이상의 남성층이 30세 미만의 남성층보다 약간 많다.
• 영희 : 인터넷을 이용하는 사람은 남성보다 여성이 더 많다.
• 현호 : 인터넷을 이용하지 않는 사람은 30세 이상이 30세 미만보다 더 많다.

① 정수
② 정수, 현호
③ 영희, 현호
④ 정수, 영희
⑤ 정수, 영희, 현호

02 다음은 전 세계에서 남아프리카공화국이 차지하는 광물 보유량의 비중 및 생산량의 비중과 미국의 남아프리카공화국 광물 수입의존도에 대한 자료이다. 이에 대한 설명으로 옳은 것은?

〈남아프리카공화국 광물 현황〉

(단위 : %)

구분	전 세계 광물 보유량 중 남아프리카공화국 광물 보유량	전 세계 광물 생산량 중 남아프리카공화국 광물 생산량	미국의 남아프리카공화국 광물 수입의존도
다이아몬드	67	7	15
백금	67	81	–
크롬	56	84	42
바나듐	38	47	15
망간	33	71	15
우라늄	24	14	15
금	–	55	47

① 남아프리카공화국은 망간 수출로 가장 많은 수입을 얻는다.
② 미국은 남아프리카공화국으로부터 가장 많은 다이아몬드를 수입한다.
③ 남아프리카공화국의 금 생산량은 세계에서 가장 많다.
④ 남아프리카공화국이 생산하는 크롬의 반을 미국이 수입한다.
⑤ 남아프리카공화국이 가장 많이 보유하고 있는 광물의 생산량이 가장 많다.

03 다음은 주요 온실가스의 연평균 농도 변화 추이를 나타낸 자료이다. 이에 대한 설명으로 옳지 않은 것은?

〈주요 온실가스 연평균 농도 변화 추이〉

구분	2018년	2019년	2020년	2021년	2022년	2023년	2024년
이산화탄소 농도(ppm)	387.2	388.7	389.9	391.4	392.5	394.5	395.7
오존전량(DU)	331	330	328	325	329	343	335

① 이산화탄소의 농도는 계속해서 증가하고 있다.
② 오존전량은 계속해서 증가하고 있다.
③ 2024년 오존전량은 2018년 대비 4DU 증가했다.
④ 2024년 이산화탄소의 농도는 2019년 대비 7ppm 증가했다.
⑤ 2024년의 전년 대비 오존전량 감소율은 2.5%p 미만이다.

04 다음은 2020 ~ 2024년 '갑'국 연구개발비에 대한 자료이다. 이에 대한 설명으로 옳은 것은?

〈연도별 연구개발비〉

구분 \ 연도	2020년	2021년	2022년	2023년	2024년
연구개발비(십억 원)	27,346	31,301	34,498	37,929	43,855
전년 대비 증가율(%)	13.2	14.5	10.2	9.9	15.6
공공부담 비중(%)	24.3	26.1	26.8	28.7	28.0
인구 만 명당 연구개발비(백만 원)	5,662	6,460	7,097	7,781	8,452

※ (연구개발비)=(공공부담 연구개발비)+(민간부담 연구개발비)

① 연구개발비의 공공부담 비중은 매년 증가하였다.
② 인구 만 명당 연구개발비가 전년에 비해 가장 많이 증가한 해는 2024년이다.
③ 2024년 '갑'국 인구는 2023년에 비해 증가하였다.
④ 연구개발비 증가액이 전년 대비 가장 작은 해는 2023년이다.
⑤ 연구개발비의 전년 대비 증가율이 가장 작은 해와 연구개발비의 민간부담 비중이 가장 큰 해는 같다.

05 다음은 한국과 OECD 평균 기대여명 변화에 대한 자료이다. 이에 대한 설명으로 옳지 않은 것은?

〈65세, 80세의 한국 및 OECD 평균 기대여명 변화 추이〉

(단위 : 년)

구분		남성				여성			
		1980년	2004년	2014년	2024년	1980년	2004년	2014년	2024년
65세	한국	10.2	13.4	15.5	18.2	14.9	17.5	19.6	22.4
	OECD 평균	12.7	14.7	16.3	17.9	15.6	18.4	19.8	21.3
80세	한국	4.7	6.1	6.9	8.0	6.4	7.9	8.5	10.1
	OECD 평균	5.7	6.6	7.3	8.3	6.6	8.2	8.9	10.0

① 65세, 80세 여성의 기대여명은 2024년에 OECD 평균보다 모두 높아졌다.
② 남성의 기대여명보다 여성의 기대여명이 더 높다.
③ 2024년 80세 여성 기대여명의 1980년 대비 증가율은 OECD 평균보다 한국이 더 크다.
④ 80세 남성의 기대여명은 1980 ~ 2024년 동안 OECD 평균 기대여명과의 격차가 꾸준히 줄어들었다.
⑤ 1980 ~ 2014년 동안 65세 연령의 성별 기대여명과 OECD 평균 기대여명과의 격차는 남성보다 여성이 더 크다.

06 다음은 갑 연구소에서 제습기 A ~ E의 습도별 연간소비전력량을 측정한 자료이다. 이에 대한 〈보기〉의 설명 중 옳은 것을 모두 고르면?

〈제습기 A ~ E의 습도별 연간소비전력량〉

(단위 : kWh)

습도 제습기	40%	50%	60%	70%	80%
A	550	620	680	790	840
B	560	640	740	810	890
C	580	650	730	800	880
D	600	700	810	880	950
E	660	730	800	920	970

보기

ㄱ. 습도가 70%일 때 연간소비전력량이 가장 적은 제습기는 A이다.

ㄴ. 각 습도에서 연간소비전력량이 많은 제습기부터 순서대로 나열하면, 습도가 60%일 때와 70% 일 때의 순서는 동일하다.

ㄷ. 습도가 40%일 때 제습기 E의 연간소비전력량은 습도가 50%일 때 제습기 B의 연간소비전력량 보다 많다.

ㄹ. 제습기 각각에서 연간소비전력량은 습도가 80%일 때가 40%일 때의 1.5배 이상이다.

① ㄱ, ㄴ

② ㄱ, ㄷ

③ ㄴ, ㄹ

④ ㄱ, ㄷ, ㄹ

⑤ ㄴ, ㄷ, ㄹ

07 다음은 15 ~ 24세의 청년을 대상으로 가장 선호하는 직장에 대해 조사한 통계 자료이다. 이에 대한 설명으로 옳지 않은 것은?

〈15 ~ 24세가 가장 선호하는 직장〉

(단위 : %)

구분		국가기관	공기업	대기업	벤처기업	외국계기업	전문직기업	중소기업	해외취업	자영업	기타
성별	남성	32.2	11.1	19.5	5.0	2.8	11.9	2.9	1.8	11.9	0.9
	여성	34.7	10.9	14.8	1.8	4.5	18.5	2.0	3.7	7.9	1.2
연령	15 ~ 18세	35.9	8.1	18.4	4.1	3.1	17.2	2.2	2.7	7.1	1.2
	19 ~ 24세	31.7	13.2	16.0	2.7	4.2	14.0	2.6	2.8	11.9	0.9
학력	중학교 재학	35.3	10.3	17.6	3.5	3.9	16.5	2.0	3.1	6.7	1.1
	고등학교 재학	35.9	7.8	18.5	4.3	3.0	17.5	2.1	2.8	6.8	1.3
	대학교 재학	34.3	14.4	15.9	2.3	5.4	14.6	1.9	3.8	6.5	0.9
	기타	30.4	12.1	16.1	3.0	3.3	13.5	3.1	2.3	15.3	0.9
가구소득	100만 원 미만	31.9	9.5	18.5	3.9	2.8	15.0	3.0	2.5	11.3	1.6
	100 ~ 200만 원 미만	32.6	10.4	19.1	3.5	3.1	14.2	2.6	2.2	11.4	0.9
	200 ~ 300만 원 미만	34.7	11.2	15.9	3.1	3.1	16.1	2.5	2.5	9.8	1.1
	300 ~ 400만 원 미만	36.5	12.0	15.3	3.6	4.0	14.5	2.1	3.0	8.2	0.8
	400 ~ 600만 원 미만	31.9	12.0	17.0	2.4	6.4	16.5	1.9	4.6	6.5	0.8
	600만 원 이상	29.1	11.1	15.5	2.8	6.1	18.0	1.7	3.5	10.5	1.7

① 가구소득이 많을수록 중소기업을 선호하는 비율은 줄어들고 있다.

② 연령을 기준으로 3번째로 선호하는 직장은 15 ~ 18세의 경우와 19 ~ 24세의 경우가 같다.

③ 국가기관은 모든 기준에서 가장 선호하는 직장임을 알 수 있다.

④ 남성과 여성 모두 국가기관에 대한 선호 비율은 공기업에 대한 선호 비율의 3배 이상이다.

⑤ 기타를 제외하고 학력별 공기업을 선호하는 비중이 가장 높은 학력은 대학교 재학이다.

08 다음은 2024년 9월 국내공항 항공 통계에 대한 자료이다. 이에 대한 설명으로 옳은 것은?(단, 모든 값은 소수점 둘째 자리에서 반올림한다)

〈2024년 9월 국내공항 항공 통계〉

(단위 : 편, 명, 톤)

공항	운항			여객			화물		
	도착	출발	합계	도착	출발	합계	도착	출발	합계
인천	15,878	15,843	31,721	2,697,760	2,696,932	5,394,692	161,775	168,171	329,946
김포	6,004	6,015	12,019	1,034,808	1,023,256	2,058,064	12,013	11,087	23,100
김해	4,548	4,546	9,094	676,182	672,813	1,348,995	7,217	7,252	14,469
제주	7,296	7,295	14,591	1,238,100	1,255,050	2,493,150	10,631	12,614	23,245
대구	1,071	1,073	2,144	151,341	151,933	303,274	1,208	1,102	2,310
광주	566	564	1,130	82,008	80,313	162,321	529	680	1,209
합계	35,363	35,336	70,699	5,880,199	5,880,297	11,760,496	193,373	200,906	394,279

① 6개 공항 모두 출발 여객보다 도착 여객의 수가 많다.
② 제주공항 화물은 김해공항 화물의 1.5배 이상이다.
③ 인천공항 운항은 전체 공항 운항의 48%를 차지한다.
④ 도착 운항이 두 번째로 많은 공항은 도착 화물도 두 번째로 높은 수치를 보인다.
⑤ 김해공항과 제주공항의 운항을 합한 값은 김포공항 화물보다 작다.

PART 1
PART 2
PART 3
PART 4

01 다음은 A사의 연도별 부채 현황에 대한 자료이다. 이에 대해 옳은 설명을 한 사람을 〈보기〉에서 모두 고르면?

〈A사 부채 현황〉

(단위 : 백만 원)

구분	2020년	2021년	2022년	2023년	2024년
자산	40,544	41,968	44,167	44,326	45,646
자본	36,642	38,005	39,295	40,549	41,800
부채	3,902	3,963	4,072	3,777	3,846
금융부채	–	–	–	–	–
연간이자	–	–	–	–	–
부채비율	10.7%	10.4%	10.4%	9.3%	9.2%
당기순이익	1,286	1,735	1,874	1,902	1,898

보기

- 김대리 : 2021년부터 2023년까지 당기순이익과 부채의 전년 대비 증감 추이는 동일해.
- 이주임 : 2023년 부채의 전년 대비 감소율은 10% 미만이야.
- 최주임 : 2022년부터 2024년까지 부채비율은 전년 대비 매년 감소했어.
- 박사원 : 자산 대비 자본의 비율은 2023년에 전년 대비 증가했어.

① 김대리, 이주임   ② 김대리, 최주임
③ 이주임, 최주임   ④ 이주임, 박사원
⑤ 최주임, 박사원

02 다음은 지역별 마약류 단속에 대한 자료이다. 이에 대한 설명으로 옳은 것은?

〈지역별 마약류 단속 건수〉

(단위 : 건, %)

지역＼마약류	대마	마약	향정신성의약품	합계	비중
서울	49	18	323	390	22.1
인천·경기	55	24	552	631	35.8
부산	6	6	166	178	10.1
울산·경남	13	4	129	146	8.3
대구·경북	8	1	138	147	8.3
대전·충남	20	4	101	125	7.1
강원	13	0	35	48	2.7
전북	1	4	25	30	1.7
광주·전남	2	4	38	44	2.5
충북	0	0	21	21	1.2
제주	0	0	4	4	0.2
전체	167	65	1,532	1,764	100.0

※ 수도권은 서울과 인천·경기를 합한 지역임
※ 마약류는 대마, 마약, 향정신성의약품으로만 구성됨

① 대마 단속 전체 건수는 마약 단속 전체 건수의 3배 이상이다.
② 수도권의 마약류 단속 건수는 마약류 단속 전체 건수의 50% 이상이다.
③ 마약 단속 건수가 없는 지역은 5곳이다.
④ 향정신성의약품 단속 건수는 대구·경북 지역이 광주·전남 지역의 4배 이상이다.
⑤ 강원 지역은 향정신성의약품 단속 건수가 대마 단속 건수의 3배 이상이다.

03 다음은 가족원수별 평균 실내온도에 따른 일평균 에어컨가동시간에 대한 자료이다. 이에 대한 설명으로 옳은 것은?

〈가족원수별 평균 실내온도에 따른 일평균 에어컨가동시간〉

(단위 : 시간/일)

가족원수	평균 실내온도	26℃ 미만	26℃ 이상 28℃ 미만	28℃ 이상 30℃ 미만	30℃ 이상
1인 가구		1.4	3.5	4.4	6.3
2인 가구	자녀 있음	3.5	8.4	16.5	20.8
	자녀 없음	1.2	3.1	10.2	15.2
3인 가구		4.2	10.4	17.6	16
4인 가구		4.4	10.8	18.8	20
5인 가구		4	11.4	20.2	22.8
6인 가구 이상		5.1	11.2	20.8	22

① 2인 가구는 자녀의 유무에 따라 평균 실내온도에 따른 일평균 에어컨가동시간이 2배 이상 차이난다.

② 6인 가구 이상에서 평균 실내온도에 따른 일평균 에어컨가동시간은 5인 이상 가구보다 많다.

③ 3인 가구의 26℃ 이상 28℃ 미만일 때 에어컨가동시간은 30℃ 이상일 때의 65% 수준이다.

④ 1인 가구의 경우 평균 실내온도가 30℃ 이상일 때 일평균 에어컨가동시간은 26℃ 미만일 때보다 5배 이상 많다.

⑤ 가구원수가 4인 이상일 때, 평균 실내온도가 28℃ 이상이 될 경우 일평균 에어컨가동시간이 20시간을 초과한다.

04 다음은 신재생에너지 산업에 대한 자료이다. 이에 대한 설명으로 옳은 것은?

〈신재생에너지원별 산업 현황〉

구분	기업체 수 (개)	고용인원 (명)	매출액 (억 원)	내수 (억 원)	수출액 (억 원)	해외공장 매출 (억 원)	투자액 (억 원)
태양광	127	8,698	75,637	22,975	33,892	18,770	5,324
태양열	21	228	290	290	0	0	1
풍력	37	2,369	14,571	5,123	5,639	3,809	583
연료전지	15	802	2,837	2,143	693	0	47
지열	26	541	1,430	1,430	0	0	251
수열	3	47	29	29	0	0	0
수력	4	83	129	116	13	0	0
바이오	128	1,511	12,390	11,884	506	0	221
폐기물	132	1,899	5,763	5,763	0	0	1,539
합계	493	16,178	113,076	49,753	40,743	22,579	7,966

① 태양광에너지 분야의 기업체 수가 가장 많다.
② 태양광에너지 분야에 고용된 인원은 전체 고용인원의 절반 이상을 차지한다.
③ 전체 매출액 중 풍력에너지 분야의 매출액이 차지하는 비율은 15% 이상이다.
④ 바이오에너지 분야의 수출액은 전체 수출액의 1% 미만이다.
⑤ 전체 매출액 대비 전체 투자액의 비율은 7.5% 이상이다.

05 다음은 어린이 보호구역 지정대상 및 지정현황에 대한 자료이다. 이에 대한 설명으로 옳지 않은 것을 〈보기〉에서 모두 고르면?

〈어린이 보호구역 지정대상 및 지정현황〉

(단위 : 곳)

구분		2018년	2019년	2020년	2021년	2022년	2023년	2024년
어린이보호구역 지정대상		17,339	18,706	18,885	21,274	21,422	20,579	21,273
어린이보호구역 지정현황	계	14,921	15,136	15,444	15,799	16,085	16,355	16,555
	초등학교	5,917	5,946	5,975	6,009	6,052	6,083	6,127
	유치원	6,766	6,735	6,838	6,979	7,056	7,171	7,259
	특수학교	131	131	135	145	146	148	150
	보육시설	2,107	2,313	2,481	2,650	2,775	2,917	2,981
	학원	–	11	15	16	56	36	38

보기

ㄱ. 2021년부터 2024년까지 어린이보호구역 지정대상은 전년 대비 매년 증가하였다.

ㄴ. 2019년 어린이보호구역 지정대상 중 어린이보호구역으로 지정된 구역의 비율은 75% 이상이다.

ㄷ. 어린이보호구역으로 지정된 구역 중 학원이 차지하는 비중은 2022년부터 2024년까지 전년 대비 매년 증가하였다.

ㄹ. 어린이보호구역으로 지정된 구역 중 초등학교가 차지하는 비중은 2018년부터 2022년까지 매년 60% 이상이다.

① ㄱ, ㄴ
② ㄴ, ㄹ
③ ㄱ, ㄴ, ㄷ
④ ㄱ, ㄷ, ㄹ
⑤ ㄴ, ㄷ, ㄹ

06 다음은 2024년 지역별 외국인 소유 토지면적에 대한 자료이다. 이에 대한 설명으로 옳은 것을 〈보기〉에서 모두 고르면?

〈2024년 지역별 외국인 소유 토지면적〉

(단위 : 천 m^2)

구분	면적	전년 대비 증감면적
서울	3,918	332
부산	4,894	−23
대구	1,492	−4
인천	5,462	−22
광주	3,315	4
대전	1,509	36
울산	6,832	37
경기	38,999	1,144
강원	21,747	623
충북	10,215	340
충남	20,848	1,142
전북	11,700	289
전남	38,044	128
경북	29,756	603
경남	13,173	530
제주	11,813	103
계	223,717	5,262

보기

ㄱ. 2023년 외국인 소유 토지면적이 가장 큰 지역은 경기이다.
ㄴ. 2024년 외국인 소유 토지면적의 전년 대비 증가율이 가장 큰 지역은 서울이다.
ㄷ. 2024년에 외국인 소유 토지면적이 가장 작은 지역이 2023년에도 외국인 소유 토지면적이 가장 작다.
ㄹ. 2023년 외국인 소유 토지면적이 세 번째로 큰 지역은 경북이다.

① ㄱ, ㄷ   ② ㄴ, ㄷ
③ ㄴ, ㄹ   ④ ㄱ, ㄴ, ㄹ
⑤ ㄱ, ㄷ, ㄹ

01 다음은 지난해 주요 판매처에서 판매된 품목별 매출에 대한 자료이다. 이에 대한 〈보기〉의 설명 중 옳지 않은 것을 모두 고르면?

<주요 판매처 품목별 매출>

(단위 : 억 원)

구분	국산품			외국산품	합계
	중소 / 중견	대기업	소계		
화장품	9,003	26,283	35,286	27,447	62,733
가방류	2,331	1,801	4,132	13,224	17,356
인·홍삼류	725	2,148	2,873	26	2,899
담배	651	861	1,512	4,423	5,935
식품류	1,203	177	1,380	533	1,913
귀금속류	894	49	943	4,871	5,814
전자제품류	609	103	712	1,149	1,861
안경류	412	89	501	2,244	2,745
기타	469	29	498	579	1,077
의류	195	105	300	2,608	2,908
민예품류	231	1	232	32	264
향수	133	3	136	3,239	3,375
시계	101	0	101	9,258	9,359
주류	82	4	86	3,210	3,296
신발류	24	1	25	1,197	1,222
합계	17,063	31,654	48,717	74,040	122,757

보기

ㄱ. 각 품목 중 외국산품의 비중이 가장 높은 제품은 시계이다.
ㄴ. 대기업 비중이 가장 높은 제품은 인·홍삼류이다.
ㄷ. 전체 합계 대비 화장품 품목의 비율은 국산품 전체 합계 대비 국산 화장품의 비율보다 높다.
ㄹ. 전체 합계 대비 가방류 품목의 비율은 외국산품 전체 합계 대비 외국산 가방류의 비율보다 높다.

① ㄱ, ㄴ
② ㄴ, ㄷ
③ ㄴ, ㄹ
④ ㄷ, ㄹ
⑤ ㄱ, ㄷ, ㄹ

02 다음은 2024년 2분기와 3분기의 국내 산업별 대출금에 대한 자료이다. 이에 대한 〈보기〉의 설명 중 옳지 않은 것을 모두 고르면?

〈국내 산업별 대출금 현황〉

(단위 : 억 원)

구분	2분기	3분기
농업, 임업 및 어업	21,480.7	21,776.9
광업	909	905
제조업	315,631.7	319,134.5
전기, 가스, 증기 및 공기조절 공급업	11,094	11,365.6
수도·하수 및 폐기물 처리, 원료재생업	6,183.4	6,218
건설업	27,582.8	27,877.2
도매 및 소매업	110,526.2	113,056.5
운수 및 창고업	25,199.3	25,332.4
숙박 및 요식업	37,500	38,224.6
정보통신업, 예술, 스포츠, 여가 관련	24,541.3	25,285.9
금융 및 보험업	32,136.9	33,612.3
부동산업	173,886.5	179,398.1
전문, 과학 및 기술 서비스업	11,725.2	12,385.7
사업시설관리, 사업지원 및 임대서비스업	8,219.4	8,502.1
교육 서비스업	7,210.8	7,292.3
보건 및 사회복지서비스업	24,610	25,301.1
공공행정 등 기타서비스	26,816.8	25,714.6
합계	865,254	881,382.8

보기

ㄱ. 전체 대출금 합계에서 광업이 차지하는 비중은 2024년 3분기에 전분기 대비 감소하였다.
ㄴ. 2024년 3분기 전문, 과학 및 기술 서비스업 대출금의 2분기 대비 증가율은 10% 미만이다.
ㄷ. 2024년 2분기 전체 대출금 합계에서 도매 및 소매업 대출금이 차지하는 비중은 15% 이상이다.
ㄹ. 2024년 3분기에 대출금이 전분기 대비 감소한 산업 수는 증가한 산업 수의 20% 이상이다.

① ㄴ
② ㄱ, ㄴ
③ ㄷ, ㄹ
④ ㄱ, ㄷ, ㄹ
⑤ ㄴ, ㄷ, ㄹ

다음은 2024년 지역별 전기차 보급대수 및 지원금에 대한 자료이다. 이에 대한 설명으로 옳은 것은?

〈지역별 전기차 보급대수 및 지원금〉

구분	보급대수(대)	지자체 부서명	지방보조금(만 원)
서울	11,254	기후대기과	450
부산	2,000	기후대기과	500
대구	6,500	미래형자동차과	500
인천	2,200	에너지정책과	500
광주	1,200	기후대기과	600
대전	1,500	미세먼지대응과	700
울산	645	환경보전과	600
세종	530	환경정책과	400
경기	6,000	미세먼지대책과	550
강원	1,819	에너지과	650
충북	908	기후대기과	800
충남	2,820	미세먼지대책과	800
전북	921	자연생태과	900
전남	1,832	기후생태과	700
경북	2,481	환경정책과	800
경남	2,390	기후대기과	700
제주	20,000	탄소없는제주정책과	500
합계	65,000	–	–

① 서울지역의 지자체 부서명과 같은 곳은 다섯 개 지역이다.
② 지방보조금이 700만 원 이상인 곳은 전체 지역에서 40% 미만이다.
③ 전기차 보급대수가 두 번째로 많은 지역과 다섯 번째로 적은 지역의 차이는 9,054대이다.
④ 지자체 부서명이 미세먼지대책과인 지역의 총 보급대수는 8,820대이다.
⑤ 전기차 보급대수가 가장 많은 지역의 지방보조금이 가장 많다.

04 다음은 비만도 측정에 대한 자료와 3명의 학생의 신체조건이다. 이에 대한 설명으로 옳지 않은 것은?(단, 비만도는 소수점 첫째 자리에서 반올림한다)

〈비만도 측정법〉

- (표준체중)=[(신장)−100]×0.9
- (비만도)=$\dfrac{(\text{현재 체중})}{(\text{표준 체중})}$×100

〈비만도 구분〉

구분	조건
저체중	90% 미만
정상체중	90% 이상 110% 이하
과체중	110% 초과 120% 이하
경도비만	120% 초과 130% 이하
중등도비만	130% 초과 150% 이하
고도비만	150% 이상 180% 이하
초고도비만	180% 초과

〈신체조건〉

- 혜지 : 키 158cm, 몸무게 58kg
- 기원 : 키 182cm, 몸무게 71kg
- 용준 : 키 175cm, 몸무게 96kg

① 혜지의 표준체중은 52.2kg이며 기원이의 표준체중은 73.8kg이다.
② 기원이가 과체중이 되기 위해선 5kg 이상 체중이 증가해야 한다.
③ 3명의 학생 중 정상체중인 학생은 기원이뿐이다.
④ 용준이가 약 22kg 이상 체중을 감량하면 정상체중 범주에 포함된다.
⑤ 혜지의 현재 체중과 표준 체중의 비만도 차이에 4배를 한 값은 용준이의 현재 체중과 표준 체중의 비만도 차이 값보다 더 크다.

05 다음은 2020년부터 2024년까지 전국 주택보급률에 대한 자료이다. 이에 대한 설명으로 옳지 않은 것은?

〈전국 주택보급률〉

(단위 : 천 호, 천 가구, %)

구분		2020년	2021년	2022년	2023년	2024년
전국	가구 수	19,111	19,368	19,674	19,979	20,343
	주택수	19,559	19,877	20,313	20,818	21,310
	주택보급률	102.3	102.6	103.3	104.2	104.8
서울	가구 수	3,785	3,785	3,813	3,840	3,896
	주택 수	3,633	3,644	3,672	3,682	3,739
	주택보급률	96	96.3	96.3	95.9	96
부산	가구 수	1,336	1,344	1,354	1,364	1,377
	주택 수	1,370	1,376	1,396	1,413	1,439
	주택보급률	102.6	102.3	103.1	103.6	104.5
대구	가구 수	929	936	948	958	969
	주택 수	943	966	988	996	1001
	주택보급률	101.6	103.3	104.3	104	103.3
인천	가구 수	1,045	1,063	1,080	1,095	1,121
	주택 수	1,055	1,073	1,084	1,108	1,123
	주택보급률	101	100.9	100.4	101.2	100.2
광주	가구 수	567	569	576	579	587
	주택 수	587	595	606	617	628
	주택보급률	103.5	104.5	105.3	106.6	107
대전	가구 수	583	591	598	602	609
	주택 수	595	601	605	612	618
	주택보급률	102.2	101.7	101.2	101.6	101.4

① 5년간 서울을 제외한 5개 도시 중 가구 수가 가장 많이 증가한 도시는 인천이다.

② 5년간 가구 수보다 주택 수가 더 많이 늘어난 도시는 부산, 광주이다.

③ 2022년 서울의 가구 수는 대구, 인천, 광주, 대전 가구 수를 합친 것보다 많다.

④ 2023년 서울과 부산 그리고 대구의 가구 수는 전국 가구 수의 30% 이상이다.

⑤ 자료의 6개 도시의 가구 수와 주택 수는 모두 증가하고 있다.

06 다음은 2021 ~ 2024년 갑국의 방송통신 매체별 광고매출액에 대한 자료이다. 이에 대한 〈보기〉의 설명 중 옳은 것을 모두 고르면?

〈2021 ~ 2024년 방송통신 매체별 광고매출액〉

(단위 : 억 원)

매체	세부 매체	2021년	2022년	2023년	2024년
방송	지상파TV	15,517	14,219	12,352	12,310
	라디오	2,530	2,073	1,943	1,816
	지상파DMB	53	44	36	35
	케이블PP	18,537	17,130	16,646	( )
	케이블SO	1,391	1,408	1,275	1,369
	위성방송	480	511	504	503
	소계	38,508	35,385	32,756	31,041
온라인	인터넷(PC)	19,092	20,554	19,614	19,109
	모바일	28,659	36,618	45,678	54,781
	소계	47,751	57,172	65,292	73,890

보기

ㄱ. 2022 ~ 2024년 동안 모바일 광고매출액의 전년 대비 증가율은 매년 30% 이상이다.

ㄴ. 2022년의 경우, 방송 매체 중 지상파TV 광고매출액이 차지하는 비중은 온라인 매체 중 인터넷 (PC) 광고매출액이 차지하는 비중보다 작다.

ㄷ. 케이블PP의 광고매출액은 매년 감소하고 있다.

ㄹ. 2021년 대비 2024년 광고매출액 증감률이 가장 큰 세부 매체는 모바일이다.

① ㄱ, ㄴ
② ㄱ, ㄷ
③ ㄴ, ㄷ
④ ㄴ, ㄹ
⑤ ㄷ, ㄹ

07 다음은 과목별 사교육비 총액에 대한 자료이다. 이에 대한 설명으로 옳은 것을 〈보기〉에서 모두 고르면?(단, 소수점 셋째 자리에서 반올림한다)

〈과목별 사교육비 총액〉

(단위 : 억 원)

구분	전체	초등학교	중학교	고등학교	일반고
국어	15,013	5,098	2,615	7,300	7,182
영어	61,381	25,797	18,859	16,725	16,239
수학	58,914	16,591	20,112	22,211	21,766
사회·과학	8,503	2,611	2,509	3,383	3,348
논술	6,525	4,201	1,295	1,029	1,017
제2외국어	3,715	2,247	802	666	519
컴퓨터	1,154	728	218	208	122
음악	17,706	12,982	1,896	2,828	2,700
미술	9,119	5,281	856	2,982	2,844
체육	22,524	18,027	2,594	1,903	1,554

※ 일반고는 고등학교의 종류 중 하나임

보기

ㄱ. 초등학교의 국어 사교육 금액은 고등학교의 음악과 미술 사교육 금액의 합보다 많다.
ㄴ. 초등학교의 국어, 영어, 수학의 사교육 금액의 합은 고등학교의 국어, 영어, 수학의 사교육 금액의 합보다 적다.
ㄷ. 전체 대비 일반고의 논술 사교육 금액 비율은 전체 대비 중학교의 컴퓨터 사교육 금액 비율보다 낮다.
ㄹ. 초등학교와 고등학교의 영어 사교육 금액의 차이는 수학 사교육의 금액의 차이보다 적다.

① ㄱ
② ㄷ
③ ㄱ, ㄴ
④ ㄴ, ㄹ
⑤ ㄱ, ㄷ, ㄹ

08 다음은 2022 ~ 2024년 국가별 이산화탄소 배출 현황에 대한 자료이다. 이에 대한 설명으로 옳지 않은 것을 〈보기〉에서 모두 고르면?(단, 소수점 둘째 자리에서 반올림한다)

〈국가별 이산화탄소 배출 현황〉

국가별		2022년		2023년		2024년	
		총량(백만 톤)	1인당(톤)	총량(백만 톤)	1인당(톤)	총량(백만 톤)	1인당(톤)
아시아	한국	582	11.4	589.2	11.5	600	11.7
	중국	9,145.3	6.6	9,109.2	6.6	9,302	6.7
	일본	1,155.7	9.1	1,146.9	9	1,132.4	8.9
북아메리카	캐나다	557.7	15.6	548.1	15.2	547.8	15
	미국	4,928.6	15.3	4,838.5	14.9	4,761.3	14.6
남아메리카	브라질	453.6	2.2	418.5	2	427.6	2
	페루	49.7	1.6	52.2	1.6	49.7	1.5
	베네수엘라	140.5	4.5	127.4	4	113.7	3.6
유럽	체코	99.4	9.4	101.2	9.6	101.7	9.6
	프랑스	299.6	4.5	301.7	4.5	306.1	4.6
	독일	729.7	8.9	734.5	8.9	718.8	8.7
	포르투갈	46.9	4.5	46.4	4.5	50.8	4.9
	스페인	247.1	5.3	237.4	5.1	253.4	5.4
	스위스	37.3	4.5	37.9	4.5	37.1	4.4
	영국	394.1	6.1	372.6	5.7	358.7	5.4

보기

ㄱ. 2022년 이산화탄소 배출 총량이 1,000백만 톤 이상인 국가 중 2024년에 전년 대비 이산화탄소 배출 총량이 감소한 국가는 두 곳이다.

ㄴ. 2024년 포르투갈의 이산화탄소 배출 총량의 전년 대비 증가율은 한국의 전년 대비 증가율의 6배 이상이다.

ㄷ. 2022년 아시아 국가의 1인당 이산화탄소 배출량의 평균은 2023년 북아메리카 국가의 1인당 이산화탄소 배출량의 평균보다 많다.

ㄹ. 전년 대비 2024년 1인당 이산화탄소 배출량이 가장 많이 감소한 국가는 베네수엘라이다.

① ㄱ, ㄴ
② ㄴ, ㄷ
③ ㄱ, ㄷ
④ ㄱ, ㄹ
⑤ ㄷ, ㄹ

09 다음은 연령대별 출퇴근 이용방법에 대한 자료이다. 이에 대한 설명으로 옳지 않은 것은?

〈연령대별 출퇴근 이용방법〉

(단위 : %)

구분	연령대	20대	30대	40대	50대	60대 이상
2019년	도보	7	8	3	9	21
	자전거	3	1	1	1	0
	자가용	11	41	52	64	3
	버스	42	22	28	3	58
	택시	6	10	5	21	1
	지하철	31	18	11	2	17
2024년	도보	11	5	2	10	31
	자전거	5	1	0	1	0
	자가용	14	58	64	71	4
	버스	29	17	22	4	41
	택시	14	13	3	11	2
	지하철	27	6	9	3	22

※ 이용하는 방법이 2가지 이상일 경우, 더 많은 비중을 차지하는 방법으로 함
※ 대중교통 : 버스, 택시, 지하철

① 2019년과 2024년 모두 모든 연령대에서 자전거의 이용비율이 가장 낮다.
② 모든 연령대에서 각각 2019년과 2024년 출퇴근 이용률이 가장 높은 방법은 동일하다.
③ 2019년과 2024년 대중교통 이용률의 차이는 20대가 30대보다 크다.
④ 2019년과 2024년 모두 40대와 50대의 출퇴근 이용률의 상위 두 개 비율의 합은 80% 이상이다.
⑤ 20대의 2019년 대비 2024년 버스와 지하철의 이용률은 감소한 반면, 그 외 방법의 이용률은 증가하였다.

10 다음은 재화 수출액 및 수입액, 무역수지와 무역특화지수에 대한 자료이다. 이에 대한 설명으로 옳은 것을 〈보기〉에서 모두 고르면?(단, 소수점 셋째 자리에서 반올림한다)

〈한국 · 중국 · 일본의 재화 수출액 및 수입액〉

(단위 : 억 달러)

연도	재화	한국		중국		일본	
		수출액	수입액	수출액	수입액	수출액	수입액
2004년	원자재	578	832	741	1,122	905	1,707
	소비재	117	104	796	138	305	847
	자본재	1,028	668	955	991	3,583	1,243
2024년	원자재	2,015	3,232	5,954	9,172	2,089	4,760
	소비재	138	375	4,083	2,119	521	1,362
	자본재	3,444	1,549	12,054	8,209	4,541	2,209

〈용어 정의〉

- (무역수지)＝(수출액)－(수입액)

  ※ 무역수지의 값이 양(＋)이면 흑자, 음(－)이면 적자임

- (무역특화지수)＝$\dfrac{(수출액)-(수입액)}{(수출액)+(수입액)}$

  ※ 무역특화지수의 값이 클수록 수출경쟁력이 높음

보기

ㄱ. 2024년 한국, 중국, 일본 각각에서 원자재 무역수지는 적자이다.

ㄴ. 2024년 한국의 원자재, 소비재, 자본재 수출액은 2004년에 비해 각각 50% 이상 증가하였다.

ㄷ. 2024년 자본재 수출경쟁력은 일본이 한국보다 높다.

① ㄱ

② ㄴ

③ ㄱ, ㄴ

④ ㄱ, ㄷ

⑤ ㄴ, ㄷ

11 다음은 연령별 남녀 의료급여 수급권자 현황에 대한 자료이다. 이에 대한 설명으로 옳지 않은 것은?(단, 비율은 소수점 둘째 자리에서 반올림한다)

〈연령별 의료급여 수급권자 현황〉

(단위 : 명)

구분		10대	20대	30대	40대	50대	60대	70대	80대 이상
계		116,542	68,508	43,730	115,118	174,594	157,038	160,050	118,508
서울특별시	남성	13,287	10,277	4,680	12,561	24,874	20,960	15,500	5,628
	여성	13,041	9,205	5,399	15,456	19,641	20,158	25,541	18,782
경기도	남성	13,753	7,982	4,283	11,756	22,337	17,818	13,955	6,405
	여성	13,568	7,859	6,021	14,953	16,930	17,303	25,039	22,002
강원도	남성	3,518	1,971	1,054	3,108	5,834	4,558	3,540	1,741
	여성	3,412	1,730	1,339	3,291	4,264	4,493	6,394	6,000
충청북도	남성	2,956	1,604	1,110	2,782	4,961	4,007	2,811	1,247
	여성	2,911	1,409	1,392	2,945	3,778	3,905	5,030	4,530
충청남도	남성	3,492	1,673	1,129	3,237	5,582	4,594	3,218	1,597
	여성	3,337	1,587	1,521	3,497	4,125	4,351	5,759	5,486
전라북도	남성	6,286	3,617	1,816	4,650	8,378	6,612	4,227	2,010
	여성	6,237	3,499	2,478	6,072	6,480	6,251	8,011	8,045
전라남도	남성	4,945	2,482	1,514	4,208	8,106	6,257	4,346	1,994
	여성	4,715	2,288	1,897	4,182	5,261	5,118	7,661	8,987
경상북도	남성	5,394	3,060	1,949	5,509	9,928	7,412	4,953	2,445
	여성	5,159	2,722	2,297	5,765	7,077	7,859	10,113	10,302
경상남도	남성	5,381	2,888	1,688	5,525	10,154	7,933	4,629	1,989
	여성	5,150	2,655	2,163	5,621	6,884	7,449	9,323	9,318

① 경상남도 70대 이상 수급권자는 경상북도 20 ~ 30대 수급권자의 2배 이상이다.

② 40대부터 80대 이상의 모든 수급권자에서 80대 이상이 차지하는 비중은 약 16.3%이다.

③ 10대 여성 수급권자는 10대 전체 수급권자의 52% 이상이다.

④ 충청남도 50대 남성 수급권자 대비 60대 여성 수급권자 비율은 충청북도 50대 여성 수급권자 대비 60대 남성 수급권자 비율보다 30%p 미만으로 낮다.

⑤ 서울특별시 남성 수급권자 수가 네 번째로 적은 연령대와 같은 연령대의 강원도 남성과 여성 총 수급권자는 6,399명이다.

12 다음은 2023년과 2024년의 시도별 화재발생건수 및 피해자 수 현황에 대한 자료이다. 이에 대한 설명으로 옳지 않은 것은?

〈시도별 화재발생건수 및 피해자 수 현황〉

(단위 : 건, 명)

구분	2023년			2024년		
	화재건수	사망자	부상자	화재건수	사망자	부상자
전국	43,413	306	1,718	44,178	345	1,852
서울특별시	6,443	40	236	5,978	37	246
부산광역시	2,199	17	128	2,609	19	102
대구광역시	1,739	11	83	1,612	8	61
인천광역시	1,790	10	94	1,608	7	90
광주광역시	956	7	23	923	9	27
대전광역시	974	7	40	1,059	9	46
울산광역시	928	16	53	959	2	39
세종특별자치시	300	2	12	316	2	8
경기도	10,147	70	510	9,799	78	573
강원도	2,315	20	99	2,364	24	123
충청북도	1,379	12	38	1,554	41	107
충청남도	2,825	12	46	2,775	19	30
전라북도	1,983	17	39	1,974	15	69
전라남도	2,454	21	89	2,963	19	99
경상북도	2,651	14	113	2,817	27	127
경상남도	3,756	29	101	4,117	24	86
제주도	574	1	14	751	5	19

① 2023년 화재건수 대비 사망자 수는 경기도가 강원도보다 많다.

② 2024년 화재로 인한 부상자 수는 충청남도가 충청북도의 30% 미만이다.

③ 대구광역시의 2024년 화재건수는 경상북도의 50% 이상이다.

④ 부산광역시의 경우, 화재로 인한 부상자 수가 2024년에 전년 대비 10% 이상 감소하였다.

⑤ 화재발생건수가 가장 많은 시·도는 2023년과 2024년에 동일하다.

13 다음은 갑국의 대학유형별 현황에 대한 자료이다. 이에 대한 설명으로 옳은 것을 〈보기〉에서 모두 고르면?

〈대학유형별 현황〉

(단위 : 개, 명)

구분 \ 유형	국립대학	공립대학	사립대학	전체
학교	34	1	154	189
학과	2,776	40	8,353	11,169
교원	15,299	354	49,770	65,423
여성	2,131	43	12,266	14,440
직원	8,987	205	17,459	26,651
여성	3,254	115	5,259	8,628
입학생	78,888	1,923	274,961	355,772
재적생	471,465	13,331	1,628,497	2,113,293
졸업생	66,890	1,941	253,582	322,413

ㄱ. 학과당 교원 수는 공립대학이 사립대학보다 많다.
ㄴ. 전체 대학 입학생 수에서 국립대학 입학생 수가 차지하는 비율은 20% 이상이다.
ㄷ. 입학생 수 대비 졸업생 수의 비율은 공립대학이 국립대학보다 높다.
ㄹ. 각 대학유형에서 남성 직원 수가 여성 직원 수보다 많다.

① ㄱ, ㄷ
② ㄱ, ㄹ
③ ㄴ, ㄹ
④ ㄱ, ㄴ, ㄷ
⑤ ㄴ, ㄷ, ㄹ

14 다음은 2020 ~ 2024년 갑국 체류외국인수 및 체류외국인 범죄건수에 대한 자료이다. 이에 대한 설명으로 옳은 것을 〈보기〉에서 모두 고르면?

〈체류외국인수 및 체류외국인 범죄건수〉

(단위 : 명, 건)

연도 구분	2020년	2021년	2022년	2023년	2024년
체류외국인수	1,168,477	1,261,415	1,395,077	1,445,103	1,576,034
합법체류외국인수	990,522	1,092,900	1,227,297	1,267,249	1,392,928
불법체류외국인수	177,955	168,515	167,780	177,854	183,106
체류외국인 범죄건수	21,235	19,445	25,507	22,914	24,984
합법체류외국인 범죄건수	18,645	17,538	23,970	21,323	22,951
불법체류외국인 범죄건수	2,590	1,907	1,537	1,591	2,033

보기

ㄱ. 매년 불법체류외국인수는 체류외국인수의 10% 이상이다.
ㄴ. 불법체류외국인 범죄건수의 전년 대비 증가율이 가장 높은 해에 합법체류외국인 범죄건수의 전년 대비 증가율도 가장 높다.
ㄷ. 체류외국인 범죄건수가 전년에 비해 감소한 해에는 합법체류외국인 범죄건수와 불법체류외국인 범죄건수도 각각 전년에 비해 감소하였다.
ㄹ. 매년 합법체류외국인 범죄건수는 체류외국인 범죄건수의 80% 이상이다.

① ㄱ, ㄹ
② ㄴ, ㄷ
③ ㄴ, ㄹ
④ ㄱ, ㄴ, ㄷ
⑤ ㄱ, ㄷ, ㄹ

15 다음은 일제강점기 1934 ~ 1937년의 지역별 산업용재 생산량 추이를 나타낸 것이다. 이에 대한 〈보기〉의 설명 중 옳지 않은 것을 모두 고르면?

〈일제강점기의 지역별 산업용재 생산량 추이〉

(단위 : 톤, %)

지방	도	1934년	1935년	1936년	1937년
남부	충북	13,995	22,203	18,212	33,902
	충남	86,652	72,710	36,751	38,334
	전북	76,293	91,780	79,143	67,732
	전남	86,571	113,406	147,874	206,631
	경북	87,708	115,219	107,791	97,714
	경남	93,412	130,518	123,008	94,154
	소계 (비중)	444,631 (14.6)	545,836 (16.0)	512,779 (12.0)	538,467 (12.9)
중부	경기	54,151	45,418	43,352	49,657
	강원	183,119	239,854	255,173	281,244
	황해	91,312	79,774	81,851	120,973
	소계 (비중)	328,582 (10.8)	365,046 (10.7)	380,376 (8.9)	451,874 (10.8)
북부	평남	126,249	140,336	127,819	153,281
	평북	914,750	927,381	1,039,252	1,024,969
	함남	807,425	752,338	1,206,096	975,422
	함북	428,403	687,582	1,013,869	1,030,237
	소계 (비중)	2,276,827 (74.6)	2,507,637 (73.4)	3,387,036 (79.1)	3,183,909 (76.3)
합계 (비중)		3,050,040 (100.0)	3,418,519 (100.0)	4,280,191 (100.0)	4,174,250 (100.0)

보기

ㄱ. 1937년 도별 산업용재 생산량은 충남을 제외하고 모든 도에서 1934년보다 크다.

ㄴ. 전체 산업용재 생산량 대비 북부지방 생산량 비중은 1934년 74.6%에서 1937년 76.3%로 증가하였다.

ㄷ. 전체 산업용재 생산량 대비 남부지방 생산량 비중은 1934년 14.6%에서 1937년 12.9%로 감소하였고 남부지방의 생산량도 감소하였다.

ㄹ. 산업용재 생산량 비중이 높은 지방부터 나열하면 매년 북부, 남부, 중부 순서다.

ㅁ. 산업용재의 도별 생산량에서 1934년에 비해 1937년 생산량이 가장 크게 증가한 도는 함북이다.

① ㄱ, ㄷ
② ㄱ, ㄹ
③ ㄴ, ㄹ
④ ㄱ, ㄷ, ㅁ
⑤ ㄴ, ㄷ, ㅁ

16 다음은 소매업체별 판매액에 대한 자료이다. 이에 대한 설명으로 옳지 않은 것은?

〈소매업체별 판매액〉

(단위 : 십억 원, %, %p)

구분	2023년	2023년		2024년		전년 비중차 (B−A)	증감률		
		11월	11월 구성비 (A)	10월	11월	11월 구성비 (B)		2018년	전월비	전년 동월비
합계	359,746	30,955	100	32,280	32,268	100	−	1.7	0	4.2
백화점	29,323	2,750	8.9	2,798	2,846	8.8	−0.1	−1.6	1.7	3.5
대형마트	47,497	3,946	12.7	4,143	4,067	12.6	−0.1	3.5	−1.8	3.1
슈퍼마켓	35,351	2,767	8.9	2,960	2,866	8.9	0	0.8	−3.2	3.6
편의점	12,744	1,061	3.4	1,578	1,419	4.4	1	8.7	−10.1	33.8
승용차 및 연료 소매점	91,980	7,710	24.9	7,721	7,782	24.1	−0.8	2.6	0.8	0.9
전문 소매점	101,719	9,003	29.1	9,015	9,120	28.3	−0.8	−1.3	1.2	1.3
무점포 소매	41,133	3,718	12	4,168	4,168	12.9	0.9	7	2.5	12.1

① 백화점의 11월 판매액 구성비는 2023년에 비해 2024년이 0.1%p 감소했다.

② 2024년 10월 대형마트와 2023년도 11월 편의점의 판매액은 약 30,820억 원 차이가 난다.

③ 2023년 매출액 총합계에서 2023년 11월이 차지하는 비중은 10%이다.

④ 2024년 11월과 전년 동월을 비교했을 때 가장 매출이 크게 증가한 곳은 무점포 소매이다.

⑤ 전년 동월비가 가장 낮은 곳은 승용차 및 연료 소매점이다.

17 다음은 통신사 갑 ~ 병의 스마트폰 소매가격 및 평가점수에 대한 자료이다. 이에 대한 설명으로 옳은 것을 〈보기〉에서 모두 고르면?

〈통신사별 스마트폰의 소매가격 및 평가점수〉

(단위 : 달러, 점)

통신사	스마트폰	소매가격	평가항목					종합품질점수
			화질	내비게이션	멀티미디어	배터리 수명	통화성능	
갑	A	150	3	3	3	3	1	13
	B	200	2	2	3	1	2	( )
	C	200	3	3	3	1	1	( )
을	D	180	3	3	3	2	1	( )
	E	100	2	3	3	2	1	11
	F	70	2	1	3	2	1	( )
병	G	200	3	3	3	2	2	( )
	H	50	3	2	3	2	1	( )
	I	150	3	2	2	3	2	12

※ 스마트폰의 '종합품질점수'는 해당 스마트폰의 평가항목별 평가점수의 합임

보기

ㄱ. 소매가격이 200달러인 스마트폰 중 '종합품질점수'가 가장 높은 스마트폰은 C이다.

ㄴ. 소매가격이 가장 낮은 스마트폰은 '종합품질점수'도 가장 낮다.

ㄷ. 통신사 각각에 대해서 해당 통신사 스마트폰의 '통화성능' 평가점수의 평균을 계산하여 통신사 별로 비교하면 '병'이 가장 높다.

ㄹ. 평가항목 각각에 대해서 스마트폰 A ~ I 평가점수의 합을 계산하면 '멀티미디어'가 가장 높다.

① ㄱ

② ㄷ

③ ㄱ, ㄴ

④ ㄴ, ㄹ

⑤ ㄷ, ㄹ

18 다음은 A보험사에서 조사한 직업별 생명보험 가입 건수를 나타내는 자료이다. 이에 대한 설명으로 옳지 않은 것은?

<직업별 생명보험 가입 건수>

(단위 : %)

구분	사례 수	1건	2건	3건	4건	5건	6건	7건 이상	평균
관리자	40건	1.6	30.2	14.9	25.9	3.9	8.9	14.6	4건
전문가 및 관련 종사자	108건	7.3	20.1	19.5	18.3	5.3	12.6	16.9	4.3건
사무 종사자	410건	10.3	16.9	16.8	24.1	18.9	5.9	7.1	3.8건
서비스 종사자	259건	13.4	18.9	20.5	20.8	12.1	4.1	10.2	3.7건
판매 종사자	443건	10.6	22.2	14.5	18.6	12.0	10.7	11.4	4건
농림어업 숙련 종사자	86건	26.7	25.2	22.2	13.6	6.1	4.1	2.1	2.7건
기능원 및 관련 종사자	124건	7.3	25.6	17.1	21.3	19.4	6.2	3.1	3.5건
기계조작 및 조립 종사자	59건	11.0	18.3	18.2	25.4	17.6	5.4	4.1	3.7건
단순 노무 종사자	65건	26.0	33.8	15.4	9.3	3.5	7.2	4.8	2.8건
주부	9건	55.2	13.7	20.8	0	10.3	0	0	2건
기타	29건	19.9	39.2	6.1	15.1	6.2	5.6	7.9	3.1건

① 3건 가입한 사례 수를 비교하면 판매 종사자가 서비스 종사자보다 많다.

② 5건 가입한 사례 수가 가장 많은 직업은 사무 종사자이다.

③ 전문가 및 관련 종사자와 단순 노무 종사자 모두 2건 가입한 사례 수가 가장 많다.

④ 6건 가입한 사례 수를 비교하면, 서비스 종사자가 기능원 및 관련 종사자보다 적다.

⑤ 기계조작 및 조립 종사자가 단순 노무 종사자보다 평균적으로 생명보험을 많이 가입함을 알 수 있다.

19 다음은 조선 시대 A지역 인구 및 사노비 비율에 대한 자료이다. 이에 대한 설명으로 옳은 것을 〈보기〉에서 모두 고르면?

〈A지역 인구 및 사노비 비율〉

조사연도 \ 구분	인구(명)	인구 중 사노비 비율(%)			
		솔거노비	외거노비	도망노비	전체
1720년	2,228	18.5	10.0	11.5	40.0
1735년	3,143	13.8	6.8	12.8	33.4
1762년	3,380	11.5	8.5	11.7	31.7
1774년	3,189	14.0	8.8	12.0	34.8
1783년	3,056	14.9	6.7	9.3	30.9
1795년	2,359	18.2	4.3	6.5	29.0

※ 1) 사노비는 솔거노비, 외거노비, 도망노비로만 구분임
   2) 비율은 소수점 둘째 자리에서 반올림한 값임

보기

ㄱ. A지역 인구 중 도망노비를 제외한 사노비가 차지하는 비율은 조사연도 중 1720년이 가장 높다.
ㄴ. A지역 사노비 수는 1774년이 1720년보다 많다.
ㄷ. A지역 사노비 중 외거노비가 차지하는 비율은 1720년이 1762년보다 높다.
ㄹ. A지역 인구 중 솔거노비가 차지하는 비율은 매 조사연도마다 낮아진다.

① ㄱ, ㄴ　　　　　　　② ㄱ, ㄷ
③ ㄷ, ㄹ　　　　　　　④ ㄱ, ㄴ, ㄹ
⑤ ㄴ, ㄷ, ㄹ

20 다음은 2022년 상반기부터 2024년 하반기까지 내용별 이메일 스팸 수신량 비율 추이에 대한 자료이다. 이에 대한 설명으로 옳은 것은?

〈내용별 이메일 스팸 수신량 비율 추이〉

(단위 : %)

구분	2022년 상반기	2022년 하반기	2023년 상반기	2023년 하반기	2024년 상반기	2024년 하반기
성인 이메일	14.8	11.6	26.5	49.0	19.2	29.5
대출·금융 이메일	0.0	1.9	10.2	7.9	2.1	0.1
일반 이메일	85.2	86.5	63.3	43.1	78.7	70.4
합계	100.0	100.0	100.0	100.0	100.0	100.0

① 성인 이메일 스팸 비율은 2022년 상반기보다 2024년 상반기에 50% 이상 증가하였다.

② 성인 이메일 스팸 수신량은 2022년 상반기보다 2024년 하반기에 더 많았다.

③ 일반 이메일 스팸의 경우 2023년 하반기부터 비율이 계속 증가하고 있다.

④ 2023년 하반기 대출·금융 이메일 스팸의 비율은 전년 동기의 4배 이상이다.

⑤ 일반 이메일 스팸 비율의 전반기 대비 증감추이는 대출·금융 이메일 스팸의 전반기 대비 증감추이와 같다.

21 A통신회사는 휴대전화의 통화시간에 따라 월 2시간까지는 기본요금을 부과하고, 2시간 초과 3시간 미만까지는 분당 a원, 3시간 초과부터는 $2a$원을 부과한다. 다음과 같이 요금이 청구되었을 때, a의 값은 얼마인가?

〈휴대전화 이용요금〉

구분	통화시간	요금
8월	3시간 30분	21,600원
9월	2시간 20분	13,600원

① 50   ② 80

③ 100   ④ 120

⑤ 150

22 다음은 우리나라 시·도별 아동 십만 명당 안전사고 사망자 수에 대한 자료이다. 이에 대한 설명으로 옳지 않은 것은?

〈시·도별 아동 십만 명당 안전사고 사망자 수〉

(단위 : 명)

구분	2022년	2023년	2024년
전국	2.9	3.1	2.8
서울특별시	2.1	2.0	2.0
부산광역시	2.6	3.4	3.0
대구광역시	2.3	4.5	2.2
인천광역시	0.9	1.7	3.4
광주광역시	0.4	4.7	4.5
대전광역시	2.9	1.7	3.6
울산광역시	7.2	3.4	2.3
세종특별자치시	8.2	4.1	6.5
경기도	2.4	2.9	2.4
강원도	3.4	2.0	3.6
충청북도	3.0	4.0	3.7
충청남도	3.9	4.6	2.0
전라북도	2.3	3.9	2.8
전라남도	3.9	4.4	4.1
경상북도	4.2	4.3	3.6
경상남도	6.4	3.7	4.0
제주특별자치도	5.1	7.1	5.6

① 울산광역시의 아동 십만 명당 안전사고 사망자 수는 2022년 대비 2024년에 60% 이상 감소하였다.

② 2023년과 2024년에 전년 대비 증감 추이가 경상남도와 동일한 시·도는 3곳이다.

③ 2023년 아동 십만 명당 안전사고 사망자 수가 6.0명을 넘는 시·도가 존재한다.

④ 부산광역시는 2022년부터 2024년까지 매년 아동 십만 명당 안전사고 사망자 수가 광주광역시보다 높다.

⑤ 2022년 전라남도의 아동 십만 명당 안전사고 사망자 수는 2024년 인천광역시의 아동 십만 명당 안전사고 사망자 수보다 10% 이상 많다.

23 다음은 OECD 주요 국가별 삶의 만족도 및 관련 지표에 대한 자료이다. 이에 대한 설명으로 옳지 않은 것은?

⟨OECD 주요 국가별 삶의 만족도 및 관련 지표⟩

(단위 : 점, %, 시간)

구분 / 국가	삶의 만족도	장시간근로자비율	여가·개인돌봄시간
덴마크	7.6	2.1	16.1
아이슬란드	7.5	13.7	14.6
호주	7.4	14.2	14.4
멕시코	7.4	28.8	13.9
미국	7.0	11.4	14.3
영국	6.9	12.3	14.8
프랑스	6.7	8.7	15.3
이탈리아	6.0	5.4	15.0
일본	6.0	22.6	14.9
한국	6.0	28.1	14.6
에스토니아	5.4	3.6	15.1
포르투갈	5.2	9.3	15.0
헝가리	4.9	2.7	15.0

※ 장시간근로자비율은 전체 근로자 중 주 50시간 이상 근무한 근로자의 비율임

① 삶의 만족도가 가장 높은 국가는 장시간근로자비율이 가장 낮다.
② 한국의 장시간근로자비율은 삶의 만족도가 가장 낮은 국가의 장시간근로자비율의 10배 이상이다.
③ 여가·개인돌봄시간이 가장 긴 국가와 가장 짧은 국가의 삶의 만족도 차이는 0.3점 이하이다.
④ 삶의 만족도가 한국보다 낮은 국가들의 장시간근로자비율의 산술평균은 이탈리아의 장시간근로자비율보다 높다.
⑤ 장시간근로자비율이 미국보다 낮은 국가의 여가·개인돌봄시간은 모두 미국의 여가·개인돌봄시간보다 길다.

24 다음은 1호선 지하역사 공기질 측정결과에 대한 자료이다. 이에 대한 설명으로 옳지 않은 것을 〈보기〉에서 모두 고르면?

〈1호선 지하역사 공기질 측정결과〉

역사명	측정항목 및 기준								
	PM-10	CO_2	HCHO	CO	NO_2	Rn	석면	O_3	TVOC
	$\mu g/m^3$	ppm	$\mu g/m^3$	ppm	ppm	Bq/m^3	이하/cc	ppm	$\mu g/m^3$
기준치	140	1,000	100	9	0.05	148	0.01	0.06	500
1호선 평균	91.4	562	8.4	0.5	0.026	30.6	0.01 미만	0.017	117.7
서울역	86.9	676	8.5	0.6	0.031	25.7	0.01 미만	0.009	56.9
시청	102.0	535	7.9	0.5	0.019	33.7	0.01 미만	0.022	44.4
종각	79.4	562	9.5	0.6	0.032	35.0	0.01 미만	0.016	154.4
종각3가	87.7	495	6.4	0.6	0.036	32.0	0.01 미만	0.008	65.8
종로5가	90.1	591	10.4	0.4	0.020	29.7	0.01 미만	0.031	158.6
동대문	89.4	566	9.2	0.7	0.033	28.5	0.01 미만	0.016	97.7
동묘앞	93.6	606	8.3	0.5	0.018	32.0	0.01 미만	0.023	180.4
신설동	97.1	564	4.8	0.4	0.015	44.5	0.01 미만	0.010	232.1
제기동	98.7	518	8.0	0.5	0.024	12.0	0.01 미만	0.016	98.7
청량리	89.5	503	11.4	0.6	0.032	32.5	0.01 미만	0.014	87.5

보기

㉠ CO가 1호선 평균보다 낮게 측정된 역사는 종로5가역과 신설동역이다.
㉡ HCHO가 가장 높게 측정된 역과 가장 낮게 측정된 역의 평균은 1호선 평균 HCHO 수치보다 높다.
㉢ 시청역은 PM-10이 가장 높게 측정됐지만, TVOC는 가장 낮게 측정되었다.
㉣ 청량리역은 3가지 항목에서 1호선 평균이 넘는 수치가 측정됐다.

① ㉠, ㉡
② ㉠, ㉢
③ ㉡, ㉢
④ ㉡, ㉣
⑤ ㉢, ㉣

25 다음은 동일한 상품군을 판매하는 백화점과 TV홈쇼핑의 상품군별 2024년 판매수수료율에 대한 자료이며, 이를 바탕으로 보고서를 작성하였다. 보고서의 내용 중 옳은 것을 모두 고르면?

PART 1
PART 2
PART 3
PART 4

〈백화점 판매수수료율 순위〉

(단위 : %)

판매수수료율 상위 5개			판매수수료율 하위 5개		
순위	상품군	판매수수료율	순위	상품군	판매수수료율
1	셔츠	33.9	1	디지털기기	11.0
2	레저용품	32.0	2	대형가전	14.4
3	잡화	31.8	3	소형가전	18.6
4	여성정장	31.7	4	문구	18.7
5	모피	31.1	5	신선식품	20.8

〈TV홈쇼핑 판매수수료율 순위〉

(단위 : %)

판매수수료율 상위 5개			판매수수료율 하위 5개		
순위	상품군	판매수수료율	순위	상품군	판매수수료율
1	셔츠	42.0	1	여행패키지	8.4
2	여성캐주얼	39.7	2	디지털기기	21.9
3	진	37.8	3	유아용품	28.1
4	남성정장	37.4	4	건강용품	28.2
5	화장품	36.8	5	보석	28.7

〈보고서〉

백화점과 TV홈쇼핑의 전체 상품군별 판매수수료율을 조사한 결과, ㉠ 백화점, TV홈쇼핑 모두 셔츠 상품군의 판매수수료율이 전체 상품군 중 가장 높았다. 그리고 백화점, TV홈쇼핑 모두 상위 5개 상품군의 판매수수료율이 30%를 넘어섰다. ㉡ 여성정장 상품군과 모피 상품군의 판매수수료율은 TV홈쇼핑이 백화점보다 더 낮았으며, ㉢ 디지털기기 상품군의 판매수수료율은 TV홈쇼핑이 백화점보다 더 높았다. ㉣ 여행패키지 상품군의 판매수수료율은 백화점이 TV홈쇼핑의 2배 이상이었다.

① ㉠, ㉡
② ㉠, ㉢
③ ㉡, ㉣
④ ㉠, ㉢, ㉣
⑤ ㉡, ㉢, ㉣

26 다음은 A국에서 2024년에 채용된 공무원 인원에 대한 자료이다. 이에 대한 설명으로 옳은 것을 〈보기〉에서 모두 고르면?

〈A국의 2024년 공무원 채용 인원〉

(단위 : 명)

채용방식 공무원구분	공개경쟁채용	경력경쟁채용	합계
고위공무원	–	73	73
3급	–	17	17
4급	–	99	99
5급	296	205	501
6급	–	193	193
7급	639	509	1,148
8급	–	481	481
9급	3,000	1,466	4,466
연구직	17	357	374
지도직	–	3	3
우정직	–	599	599
전문경력관	–	104	104
전문임기제	–	241	241
한시임기제	–	743	743
전체	3,952	5,090	9,042

※ 1) 채용방식은 공개경쟁채용과 경력경쟁채용으로만 이루어짐
2) 공무원구분은 자료에 제시된 것으로 한정됨

보기

ㄱ. 2024년에 공개경쟁채용을 통해 채용이 이루어진 공무원구분은 총 4개이다.
ㄴ. 2024년 우정직 채용 인원은 7급 채용 인원의 절반보다 많다.
ㄷ. 2024년에 공개경쟁채용을 통해 채용이 이루어진 공무원구분 각각에서는 공개경쟁채용 인원이 경력경쟁채용 인원보다 많다.
ㄹ. 2025년부터 공무원 채용 인원 중 9급 공개경쟁채용 인원만을 해마다 전년 대비 10%씩 늘리고 그 외 나머지 채용 인원을 2024년과 동일하게 유지하여 채용한다면, 2026년 전체 공무원 채용 인원 중 9급 공개경쟁채용 인원의 비중은 40% 이하이다.

① ㄱ, ㄴ 　　　　　　② ㄱ, ㄷ
③ ㄷ, ㄹ 　　　　　　④ ㄱ, ㄴ, ㄹ
⑤ ㄴ, ㄷ, ㄹ

27 다음은 지역별 전력 최종에너지 소비량 변화에 대한 자료이다. 〈보기〉 중 이에 대한 설명으로 옳지 않은 것은?

〈지역별 전력 최종에너지 소비량〉

구분	2014년		2024년		연평균 증가율(%)
	소비량(천 TOE)	비중(%)	소비량(천 TOE)	비중(%)	
전국	28,588	100.0	41,594	100.0	3.8
서울	3,485	12.2	3,903	9.4	1.1
부산	1,427	5.0	1,720	4.1	1.9
대구	1,063	3.7	1,286	3.1	1.9
인천	1,562	5.5	1,996	4.8	2.5
광주	534	1.9	717	1.7	3.0
대전	624	2.2	790	1.9	2.4
울산	1,793	6.3	2,605	6.3	3.8
세종	–	–	227	0.5	–
경기	5,913	20.7	9,034	21.7	4.3
강원	1,065	3.7	1,394	3.4	2.7
충북	1,244	4.4	1,974	4.7	4.7
충남	1,931	6.8	4,067	9.8	7.7
전북	1,169	4.1	1,899	4.6	5.0
전남	1,617	5.7	2,807	6.7	5.7
경북	2,852	10.0	3,866	9.3	3.1
경남	2,072	7.2	2,913	7.0	3.5
제주	238	0.8	381	0.9	4.8

> **보기**
>
> 전력은 모든 지역에서 소비가 증가하였다. 특히 ㉠ 충청남도가 7.7%로 가장 높은 상승세를 나타냈으며, 이어서 ㉡ 전라도가 5%대의 연평균 증가율을 보이며 뒤를 이었다. 반면에 ㉢ 서울과 달리 부산 및 인천 지역은 증가율이 상대적으로 낮은 편인 것으로 나타났다.
>
> 인구가 가장 많은 경기도는 20%대의 비중을 유지하면서 지속해서 가장 높은 수준의 전력을 소비하는 지역으로 나타났으며, ㉣ 2014년 두 번째로 많은 전력을 소비했던 서울은 충청남도에 밀려 2024년에는 세 번째가 되었다. 한편, ㉤ 전국 에너지 소비량은 10년 사이 천만 TOE 이상의 증가를 나타냈다.

① ㉠
② ㉡
③ ㉢
④ ㉣
⑤ ㉤

28 다음은 미국이 환율조작국을 지정하기 위해 만든 요건별 판단기준과 A ~ K국에 대한 자료이다. 이에 대한 설명으로 옳은 것을 〈보기〉에서 모두 고르면?

〈요건별 판단기준〉

요건	X	Y	Z
	현저한 대미무역수지 흑자	상당한 경상수지 흑자	지속적 환율시장 개입
판단기준	대미무역수지 200억 달러 초과	GDP 대비 경상수지 비중 3% 초과	GDP 대비 외화자산순매수액 비중 2% 초과

※ 요건 중 세 가지를 모두 충족하면 환율조작국으로 지정됨
※ 요건 중 두 가지만을 충족하면 관찰대상국으로 지정됨

〈환율조작국 지정 관련 자료〉

(단위 : 10억 달러, %)

구분	대미무역수지	GDP 대비 경상수지 비중	GDP 대비 외화자산순매수액 비중
A	365.7	3.1	−3.9
B	74.2	8.5	0.0
C	68.6	3.3	2.1
D	58.4	−2.8	−1.8
E	28.3	7.7	0.2
F	27.8	2.2	1.1
G	23.2	−1.1	1.8
H	17.6	−0.2	0.2
I	14.9	−3.3	0.0
J	14.9	14.6	2.4
K	−4.3	−3.3	0.1

보기

㉠ 환율조작국으로 지정되는 국가는 없다.
㉡ B국은 X요건과 Y요건을 충족한다.
㉢ 관찰대상국으로 지정되는 국가는 모두 4곳이다.
㉣ X요건의 판단기준을 '대미무역수지 200억 달러 초과'에서 '대미무역수지 150억 달러 초과'로 변경하여도 관찰대상국 및 환율조작국으로 지정되는 국가들은 동일하다.

① ㉠, ㉡
② ㉠, ㉢
③ ㉡, ㉣
④ ㉢, ㉣
⑤ ㉡, ㉢, ㉣

29 다음은 2024년 지역별 PC 보유율과 인터넷 이용률에 대한 자료이다. 이에 대한 설명으로 옳은 것을 〈보기〉에서 모두 고르면?

〈2024년 지역별 PC 보유율과 인터넷 이용률〉

(단위 : %)

구분 지역	PC 보유율	인터넷 이용률
서울	88.4	80.9
부산	84.6	75.8
대구	81.8	75.9
인천	87.0	81.7
광주	84.8	81.0
대전	85.3	80.4
울산	88.1	85.0
세종	86.0	80.7
경기	86.3	82.9
강원	77.3	71.2
충북	76.5	72.1
충남	69.9	69.7
전북	71.8	72.2
전남	66.7	67.8
경북	68.8	68.4
경남	72.0	72.5
제주	77.3	73.6

보기

ㄱ. PC 보유율이 네 번째로 높은 지역은 인터넷 이용률도 네 번째로 높다.
ㄴ. 경남보다 PC 보유율이 낮은 지역의 인터넷 이용률은 모두 경남의 인터넷 이용률보다 낮다.
ㄷ. 울산의 인터넷 이용률은 인터넷 이용률이 가장 낮은 지역의 1.3배 이상이다.
ㄹ. PC 보유율보다 인터넷 이용률이 높은 지역은 전북, 전남, 경남이다.

① ㄱ, ㄴ 　　　　　　　　② ㄱ, ㄷ
③ ㄱ, ㄹ 　　　　　　　　④ ㄴ, ㄷ
⑤ ㄴ, ㄹ

30 다음은 4개 지역별 국제선에 대한 자료이다. 이에 대한 설명으로 옳은 것은?

〈지역별 여객 및 화물 현황〉

(단위 : 명, 톤)

구분	여객			화물		
	도착	출발	합계	도착	출발	합계
일본	3,661,457	3,683,674	7,345,131	49,302.60	49,812.30	99,114.90
미주	222	107	329	106.7	18.4	125.1
동남아	2,785,258	2,757,248	5,542,506	36,265.70	40,503.50	76,769.20
중국	1,884,697	1,834,699	3,719,396	25,217.60	31,315.80	56,533.40

〈지역별 운항 현황〉

(단위 : 편)

구분	운항편수		
	도착	출발	합계
일본	21,425	21,433	42,858
미주	5	1	6
동남아	16,713	16,705	33,418
중국	12,427	12,446	24,873

① 중국 국제선의 출발 여객 1명당 출발 화물량은 도착 여객 1명당 도착 화물량보다 적다.

② 미주 국제선의 전체 화물 중 도착 화물이 차지하는 비중은 90%를 초과한다.

③ 동남아 국제선의 도착 운항 1편당 도착 화물량은 2톤 이상이다.

④ 중국 국제선의 도착 운항편수는 일본 국제선의 도착 운항편수의 70% 이상이다.

⑤ 각 국가의 전체 화물 중 도착 화물이 차지하는 비중은 동남아 국제선이 일본 국제선보다 높다.

31 다음은 우리나라 학생들의 성별 및 연령별 체력검정 현황에 대한 자료이다. 이에 대한 설명으로 옳은 것은?

〈성별 및 연령별 초·중·고 체력검정 현황〉

성별	학교	연령	2023년			2024년		
			50m 달리기 (초)	제자리 멀리뛰기 (cm)	윗몸 일으키기 (회)	50m 달리기 (초)	제자리 멀리뛰기 (cm)	윗몸 일으키기 (회)
남자	초등학교	10세	10.1	152.9	32.0	9.7	156.0	31.0
		11세	9.5	165.0	35.0	9.2	166.8	36.0
	중학교	12세	8.8	181.9	38.0	9.1	180.8	36.0
		13세	8.4	196.4	41.0	8.3	197.5	38.0
		14세	8.1	207.3	43.0	8.1	204.8	38.0
	고등학교	15세	7.8	219.1	44.0	7.7	226.5	46.0
		16세	7.8	224.1	45.0	7.7	225.0	45.0
		17세	7.9	226.0	45.0	7.5	236.0	45.0
여자	초등학교	10세	10.5	136.8	24.0	1.1	142.2	24.0
		11세	10.2	165.0	26.0	10.1	143.3	29.0
	중학교	12세	10.0	149.7	27.0	9.8	154.3	26.0
		13세	10.1	151.8	27.0	10.0	152.3	29.0
		14세	10.2	154.0	28.0	10.1	154.7	26.0
	고등학교	15세	10.1	157.0	29.0	9.9	151.3	26.0
		16세	10.3	156.0	30.0	9.7	159.0	28.0
		17세	10.5	154.1	28.0	9.9	159.8	28.0

① 남학생의 경우, 2023년과 2024년 모두 연령이 높아질수록 50m 달리기 기록이 좋아진다.

② 2024년 14세 여학생의 경우, 모든 체력검정 영역에서 2023년의 14세 여학생 대비 기록이 좋아졌다.

③ 2024년 11세 여학생의 제자리 멀리뛰기 기록은 16세 남학생의 제자리 멀리뛰기 기록의 60% 이상이다.

④ 2023년 중학교 남학생의 경우, 연령이 높아질수록 직진연령 대비 윗몸일으키기 기록의 증가율이 커진다.

⑤ 남학생의 경우, 2023년과 2024년 모두 제자리 멀리뛰기 기록이 가장 좋은 연령이 윗몸일으키기 기록도 가장 좋다.

| 01 | 그래프 자료의 분석

(1) 그래프 자료의 구성

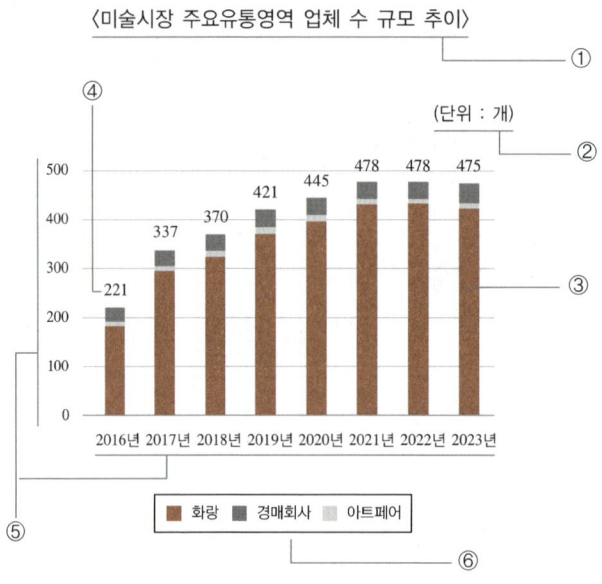

⟨미술시장 주요유통영역 업체 수 규모 추이⟩ ········· ①

(단위 : 개) ········· ②

① **그래프 제목** : 표 제목과 마찬가지로 그래프에 제시된 내용을 한 문장으로 요약한 것이다.

② **단위** : 자료의 속성 및 측정방법 등을 알려준다.

③ **데이터** : 문제 해결을 위한 데이터가 막대・선・원 등의 그래프로 표시되며, 경우에 따라 여러 가지 다른 종류의 그래프가 혼합되어 등장하기도 한다. 표로 나타낸 데이터보다 자료를 한눈에 파악할 수 있다는 장점이 있다.

④ **데이터 레이블** : 그래프의 데이터 값을 숫자로 표시해 놓은 것이다. 데이터 레이블이 있는 그래프 자료 문제의 경우 정확한 수치를 구하는 유형이 등장하며, 그렇지 않은 경우 가시적인 판단으로 해결할 수 있는 문제가 출제된다.

⑤ **가로・세로축** : 데이터를 분류해 놓은 기준을 알 수 있으며 데이터 선별에 도움을 준다.

⑥ **범례** : 그래프에 지정된 무늬나 색을 나타내는 기호이다.

(2) 그래프의 종류

① 막대 그래프

- 비교하고자 하는 수량을 막대 길이로 표시하고, 그 길이를 비교하여 각 수량의 대소 관계를 나타내는 데 적합하다.
- 가장 간단한 형태의 그래프로, 내역·비교·경과·도수 등 계열의 크기 변화 및 차이를 한눈에 파악하는 용도로 사용한다.

 〈연도별 유류소비량〉

(단위 : 천만 배럴)

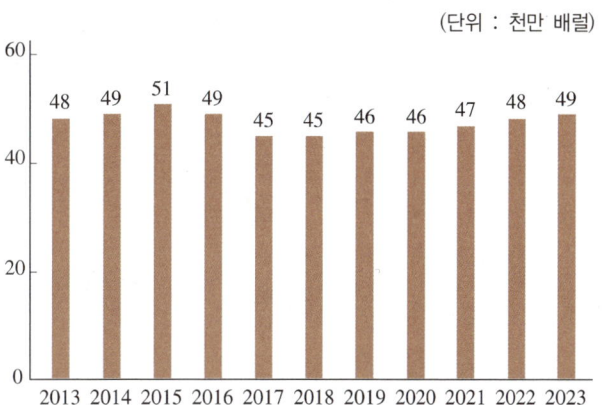

② 선 그래프

- 변수의 시간에 따른 변화를 나타낼 때 이용된다.
- 선의 기울기를 통해 변화의 정도를 쉽게 파악할 수 있고 조사하지 않은 중간 지점의 수치도 짐작이 가능하다.

 〈연도별 화재발생건수〉

(단위 : 건)

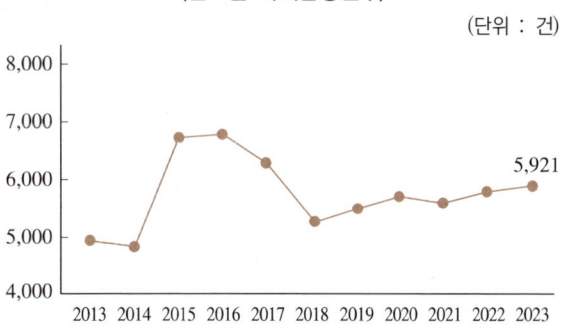

③ 원 그래프
- 전체에 대한 각 계열의 비율을 부채꼴의 중심각의 크기로 나타낸 그래프이다.
- 전체 또는 부분과 부분의 비율을 이해하는 데 유용하게 사용된다.

예

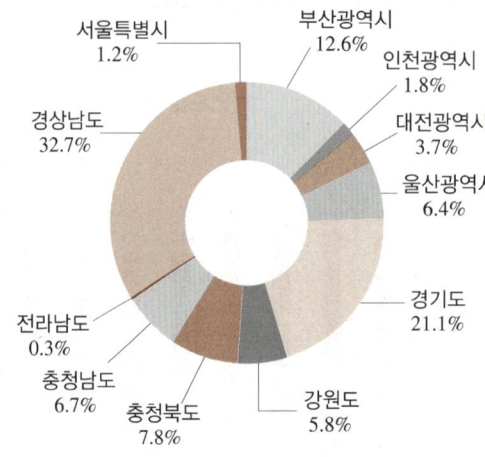

〈지하철 이용부담금 징수액 비율〉

서울특별시 1.2%
부산광역시 12.6%
인천광역시 1.8%
대전광역시 3.7%
울산광역시 6.4%
경상남도 32.7%
경기도 21.1%
전라남도 0.3%
충청남도 6.7%
충청북도 7.8%
강원도 5.8%

④ 점 그래프
- 두 개의 변수나 항목들의 관련성을 시각화하는 데 사용된다.
- 지역분포를 비롯하여 도시, 지방, 기업, 상품 등의 평가나 위치, 성격을 표시하는 데 활용할 수 있다.

예

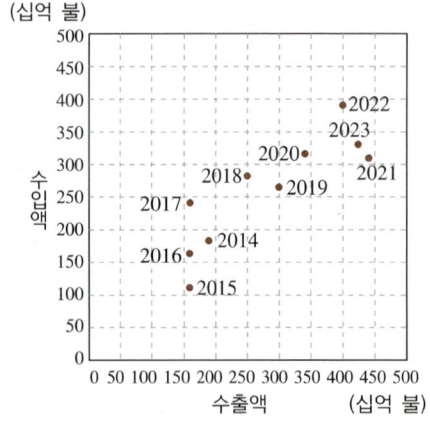

〈A국의 수출입액 현황〉

(십억 불)
수입액

수출액 (십억 불)

⑤ 혼합형 그래프

- 두 종류 이상의 그래프를 사용하여 특정한 변수나 항목을 강조할 때 사용하는 그래프이다.

예 　〈연도별 차량 등록 대수와 승용차 수〉

(단위 : 대)

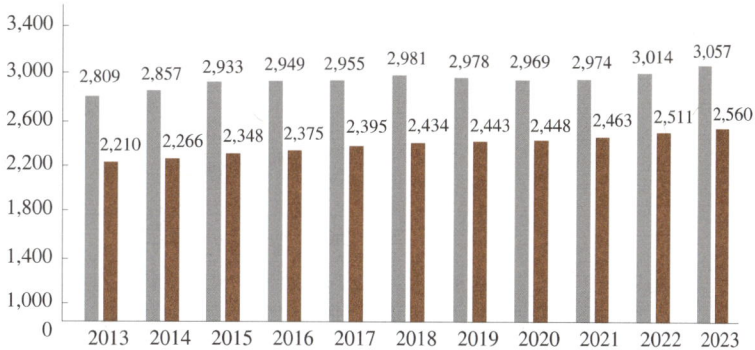

⑥ 이중축 그래프

- y축을 하나 더 추가하여 이중으로 값을 표시한 그래프이다.
- 특정 데이터 계열의 값이 다른 데이터 계열의 값과 차이가 많이 나거나 단위가 다를 경우 사용한다.

예 　〈지방세 변화 추이〉

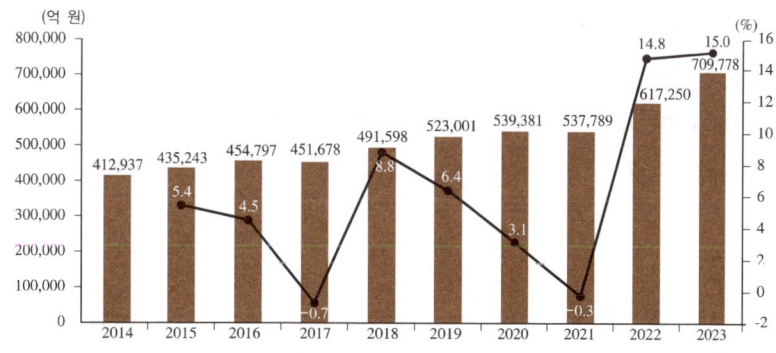

⑦ 방사형 그래프
  • 비교하는 수량을 직경 또는 반경으로 나누어 중심에서의 거리에 따라 각 수량의 관계를 나타내는 그래프이다.
  • 막대 그래프나 선 그래프에 비해 해독하기 어렵지만, 여러 변수와 여러 개체를 동시에 시각화할 수 있다.

 예

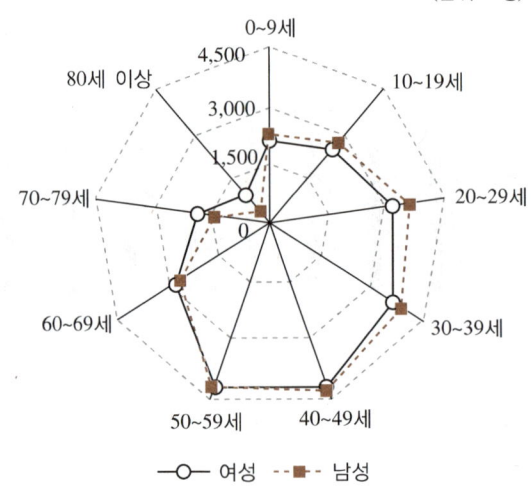

〈2024년 성별 인구〉
(단위 : 명)

⑧ 물방울(거품) 그래프
  • 점 그래프의 변형으로 가로축과 세로축의 상관관계를 확인함과 동시에 제3의 변수의 실제 크기를 물방울(거품)로 나타내는 그래프이다.
  • 각 축의 좌표는 원의 중심을 기준으로 읽어야 한다.

예

〈A ~ E의 매출액, 시장점유율, 이익률〉

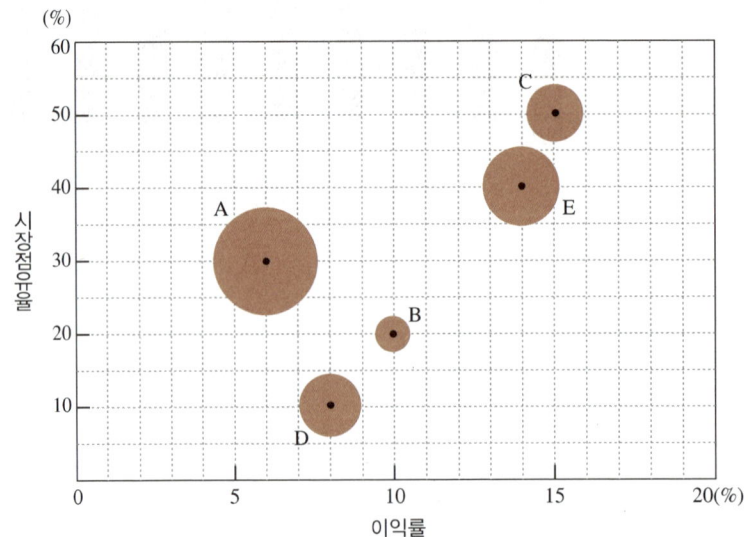

⑨ 누적 그래프
• 누적막대그래프
  – 막대 그래프와 비슷하나 한 구간에 해당하는 막대가 누적 형식으로 표현되는 그래프이다.
  – 한 구간이 몇 개의 세부 항목으로 나뉘면서 전체의 합이 의미가 있을 때 사용한다.

예 〈학교급별 학령인구의 변화(2005 ~ 2040년)〉

(단위 : 명)

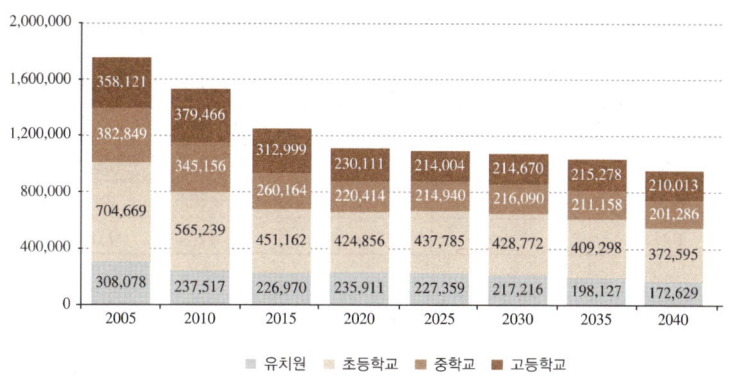

■ 유치원 ■ 초등학교 ■ 중학교 ■ 고등학교

• 누적연속그래프
  – 몇 개의 선 그래프를 쌓아 올려 변수나 항목에 따른 시간 변화를 선과 선 사이에 생기는 면으로 나타내는 그래프이다.
  – 한 시점의 세로 단면을 통해 그 시점의 항목 간 분포를 파악하는 데 유용하게 쓰인다.

예 〈연도별 최종 에너지 소비 부문별 추이〉

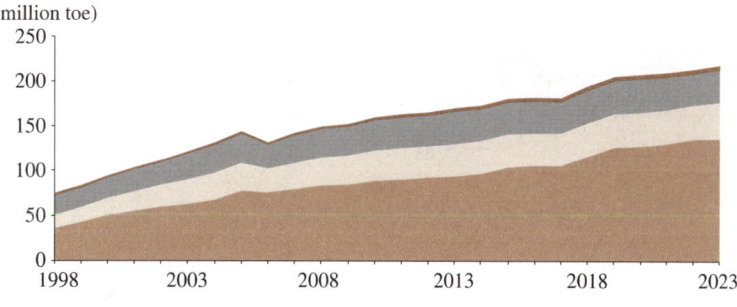

■산업 Industry ■수송 Transport ■가정 · 상업 Residential and Commercial ■공공 Public

| 02 | 그래프 자료의 작성

(1) 표 자료를 이용한 그래프 작성

제시된 표 자료를 이용해 작성할 수 있는 그래프를 고르거나, 작성할 수 없는 그래프를 고르는 유형이다. 작성할 수 없는 그래프들은 1~2개의 항목의 수치가 그래프에 잘못 표시되어 있는 경우, 계산과 상당히 다른 결과가 표시되어 있는 경우, 항목별 이름·단위 등을 잘못 표시한 경우 등이 있다.

예

〈해수담수화 시설 현황〉

(단위 : 개소, m³/일)

구분	전국	인천	경기	충남	전북	전남	경북	경남	제주
시설 수	109	3	3	23	7	61	1	7	4
비율(%)	100.0	2.8	2.8	21.1	6.4	56.0	0.9	6.4	3.7
용량	8,333	340	390	770	470	3,985	28	150	2,200
비율(%)	100.0	4.1	4.7	9.2	5.6	47.8	0.3	1.8	26.4

⇩

〈해수담수화 시설 수〉

(단위 : 개소)

경북 1
경남 7
제주 4
인천 3
경기 3
충남 23
전북 7
전남 61

〈해수담수화 시설 용량〉

(단위 : m³/일)

제주 2,200
경남 150
경북 28
인천 340
경기 390
충남 770
전북 470
전남 3,985

(2) 보고서 유형

표 자료의 작성 유형과 마찬가지로 보고서 등의 글을 제시하고 이와 관련되는 자료를 고르는 유형이다.

예

〈우리나라의 항구적 가뭄대책〉

2023년 10월까지의 강수량은 619mm로, 11월과 12월의 2개월간에 대해 지난 55년간 해당 기간의 최대 강수량인 236mm를 더한다고 해도 855mm에 불과하다. 같은 기간 평균 강수량인 71mm를 더하면 690mm이고, 최소 강수량인 10mm를 더하면 629mm이다.
1966~2023년 기간 중 강수량이 1,100mm 미만이었던 것은 1973년의 1,065mm, 1977년의 1,007mm, 1982년의 1,000mm이다. 또한 1,000mm 미만이었던 것은 1988년의 895mm, 2001년의 997mm, 2008년의 988mm 그리고 2014년의 809mm이다. 이러한 수치로 보아 올해는 60년 만에 최악의 가뭄을 겪은 것으로 분석된다. 뿐만 아니라 지난 60년간 한 번도 연속해서 2년간 강수량이 1천 mm 미만을 보인 적은 없었다.

(중략)

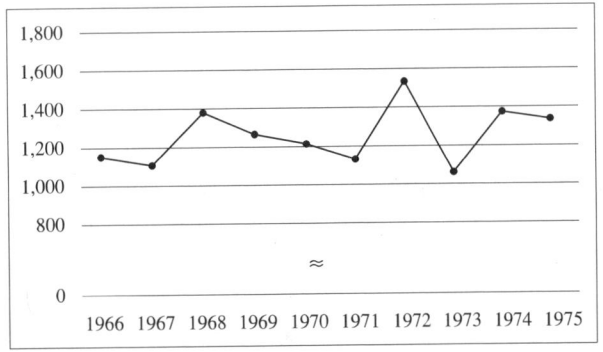

〈1966~1975년 연간 강수량〉

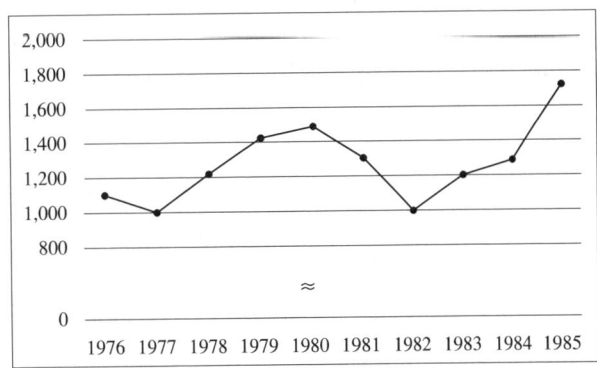

〈1976~1985년 연간 강수량〉

정답 및 해설 p.069

기본문제

01 다음은 농가 수 및 농가 인구 추이와 농가 소득 현황을 나타낸 자료이다. 이에 대한 〈보기〉의 설명 중 옳지 않은 것을 모두 고르면?

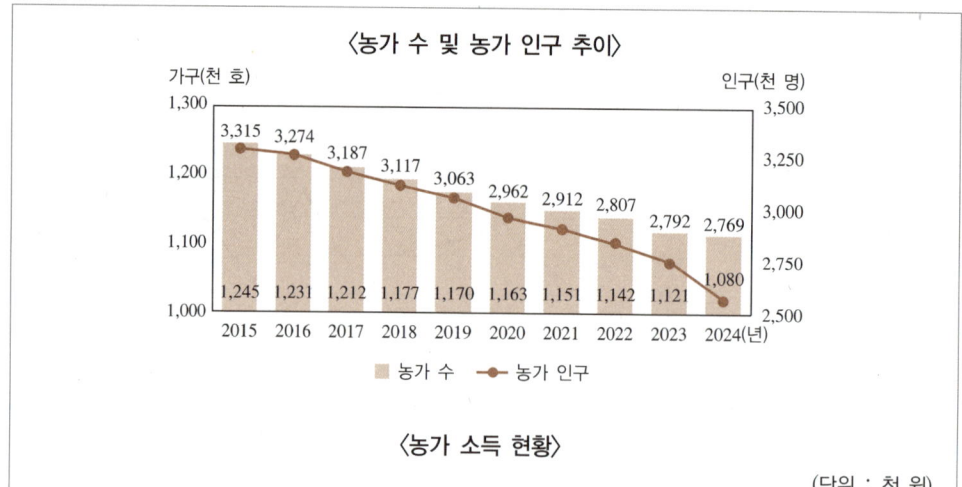

〈농가 수 및 농가 인구 추이〉

〈농가 소득 현황〉

(단위 : 천 원)

구분	2019년	2020년	2021년	2022년	2023년	2024년
농업 소득	10,098	8,753	9,127	10,035	10,303	11,257
농업 이외 소득	22,023	21,395	21,904	24,489	24,647	25,959
합계	32,121	30,148	31,031	34,524	34,950	37,216

보기

ㄱ 농가 수 및 농가 인구는 지속적으로 감소하고 있다.
ㄴ 전년 대비 농가 수가 가장 많이 감소한 해는 2024년이다.
ㄷ 2019년 대비 2024년 농가 인구의 감소율은 9% 이상이다.
ㄹ 농가 소득 중 농업 이외 소득이 차지하는 비율은 매년 증가하고 있다.
ㅁ 2024년 농가의 농업 소득의 전년 대비 증가율은 10%를 넘는다.

① ㄱ, ㄷ
② ㄴ, ㄹ
③ ㄷ, ㄹ
④ ㄹ, ㅁ
⑤ ㄱ, ㄷ, ㅁ

02 다음은 2024년 어느 회사에서 판매한 전체 10가지 제품유형(A~J)의 수요예측치와 실제수요의 관계를 나타낸 그래프이다. 이에 대한 설명으로 옳은 것은?

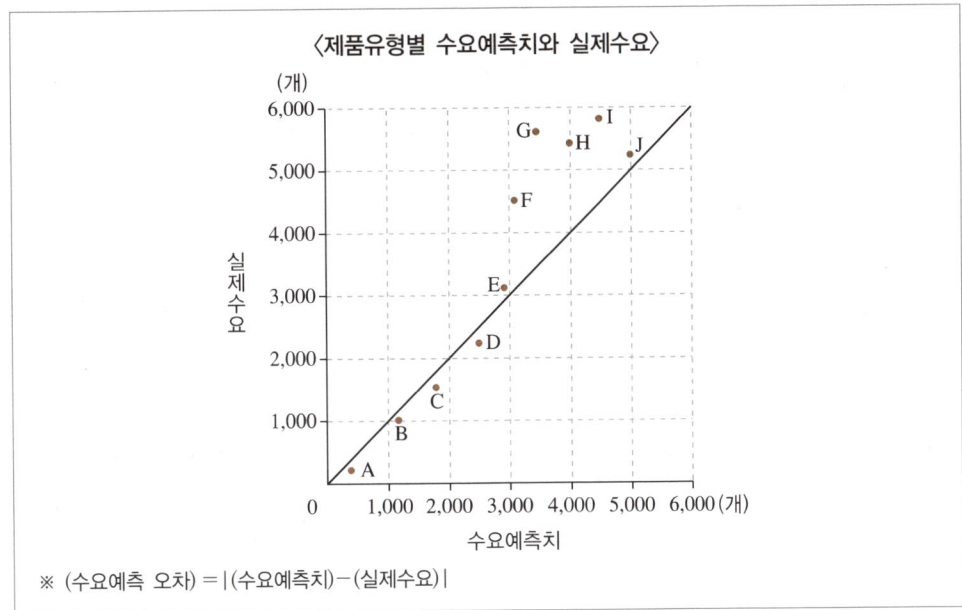

〈제품유형별 수요예측치와 실제수요〉

※ (수요예측 오차) = |(수요예측치) − (실제수요)|

① 수요예측 오차가 가장 작은 제품유형은 G이다.

② 실제수요가 큰 제품유형일수록 수요예측 오차가 작다.

③ 수요예측치가 가장 큰 제품유형은 실제수요도 가장 크다.

④ 실제수요가 3,000개를 초과한 제품유형 수는 전체 제품유형수의 50% 이하이다.

⑤ 실제수요가 3,000개 이하인 제품유형은 각각 수요예측치가 실제수요보다 크다.

03 다음은 연대별로 정리한 유지관리 도로 거리 변천에 대한 자료이다. 이에 대한 설명으로 옳지 않은 것은?(단, 비중은 소수점 둘째 자리에서 반올림한다)

〈연대별 유지관리 도로 거리〉

(단위 : km)

구분	2차로	4차로	6차로	8차로	10차로	비고
1960년대	–	304.7	–	–	–	–
1970년대	761.0	471.8	–	–	–	–
1980년대	667.7	869.5	21.7	–	–	–
1990년대	367.5	1,322.6	194.5	175.7	–	–
2000년대	155.0		450.0	342.0	–	27개 노선
현재	–	3,130.0	508.0	434.0	41.0	29개 노선

〈연대별 유지관리 도로 총거리〉

(단위 : km)

① 1960년대부터 유지관리하는 4차로 도로 거리는 현재까지 계속 증가했다.
② 현재 유지관리하는 도로 한 노선의 평균거리는 120km 이상이다.
③ 현재 유지관리하는 도로 총거리는 1990년대보다 1,950km 미만으로 길어졌다.
④ 차선이 만들어진 순서는 4차로 – 2차로 – 6차로 – 8차로 – 10차로이다.
⑤ 1970년대 전체 도로 거리에서 2차로의 비중은 1980년대 전체 도로 거리의 6차로 비중의 40배 이상이다.

04 다음은 산림병해충 방제 현황에 대한 자료이다. 이에 대한 설명으로 옳은 것은?

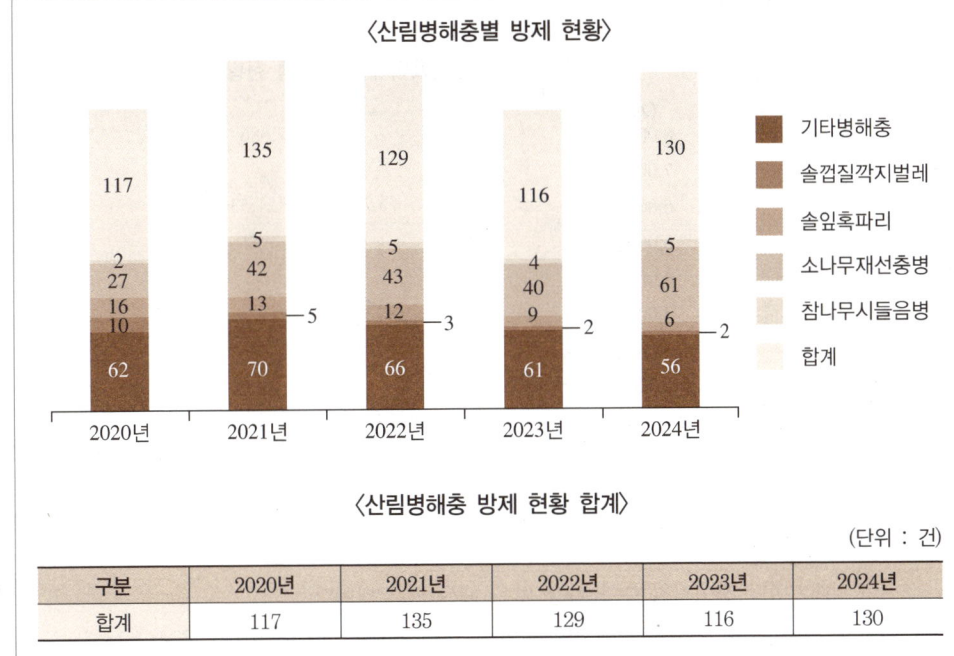

〈산림병해충별 방제 현황〉

〈산림병해충 방제 현황 합계〉

(단위 : 건)

구분	2020년	2021년	2022년	2023년	2024년
합계	117	135	129	116	130

① 기타병해충에 대한 방제는 매해 두 번째로 큰 비율을 차지한다.

② 매해 솔잎혹파리가 차지하는 방제 비율은 10% 미만이다.

③ 전년 대비 변동폭이 가장 큰 방제는 소나무재선충병에 대한 방제이다.

④ 기타병해충과 소나무재선충병에 대한 방제는 서로 동일한 증감 추이를 보인다.

⑤ 솔잎혹파리의 경우 2022년부터 2023년까지의 방제가 전년 대비 증감을 반복하고 있다.

05 다음 자료는 2021~2024년 갑국 기업의 남성육아휴직제 시행 현황에 대한 자료이다. 이에 대한 설명으로 옳은 것은?

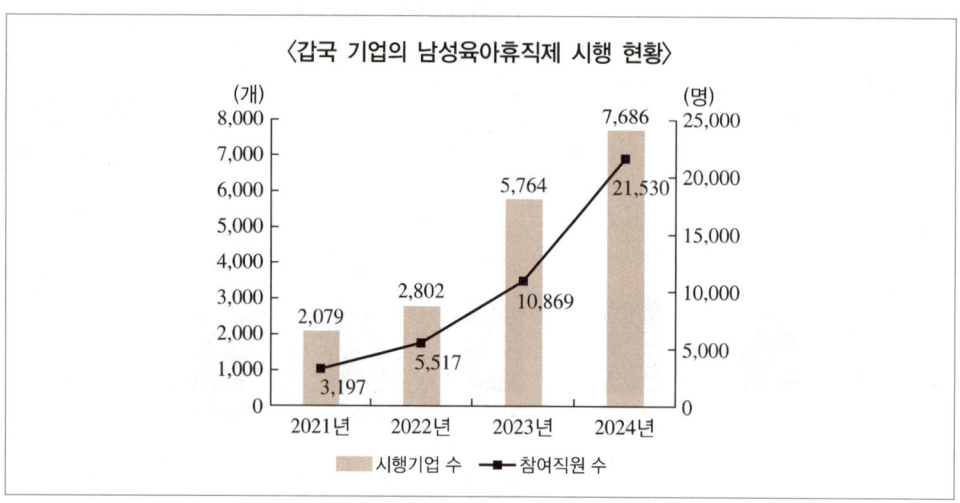

〈갑국 기업의 남성육아휴직제 시행 현황〉

시행기업 수 / 참여직원 수

① 2024년 남성육아휴직제 참여직원 수는 2022년의 4배 이상이다.

② 시행기업당 참여직원 수가 가장 많은 해는 2022년이다.

③ 2022년 대비 2024년 시행기업 수의 증가율은 참여직원 수의 증가율보다 낮다.

④ 2021년부터 2024년까지 연간 참여직원 수 증가 인원의 평균은 5,000명 정도이다.

⑤ 전년 대비 참여직원 수가 가장 많이 증가한 해는 2024년이고, 시행기업 수가 가장 많이 증가한 해는 2022년이다.

06 다음은 2024년 A~E 테니스 팀의 선수 인원수 및 총연봉과 각각의 전년 대비 증가율에 대한 자료이다. 이에 대한 설명으로 옳지 않은 것은?

〈2024년 테니스 팀 A~E의 선수 인원수 및 총연봉〉

(단위 : 명, 억 원)

구분	선수 인원수	총연봉
A	5	15
B	10	25
C	10	24
D	6	30
E	6	24

※ (팀 선수 평균 연봉)$=\dfrac{(총연봉)}{(선수\ 인원수)}$

〈2024년 테니스 팀 A~E의 선수 인원수 및 총연봉의 전년 대비 증가율〉

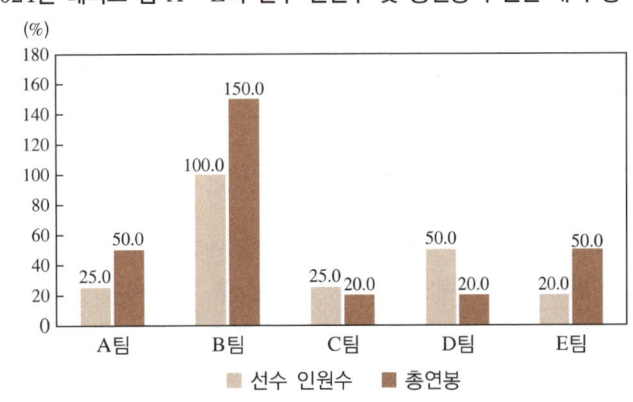

① 2024년 테니스 팀 선수 1명당 평균 연봉은 D팀이 가장 많다.
② 2024년 전년 대비 증가한 선수 인원수는 C팀과 D팀이 동일하다.
③ 2024년 A팀의 팀 선수 평균 연봉은 전년 대비 증가하였다.
④ 2024년 선수 인원수가 전년 대비 가장 많이 증가한 팀은 총연봉도 가장 많이 증가하였다.
⑤ 2023년 총연봉은 A팀이 E팀보다 많다.

01 다음은 A기업 직원 250명을 대상으로 조사한 독감 예방접종 여부에 대한 자료이다. 이에 대한 설명으로 옳은 것은?(단, 소수점 첫째 자리에서 버림한다)

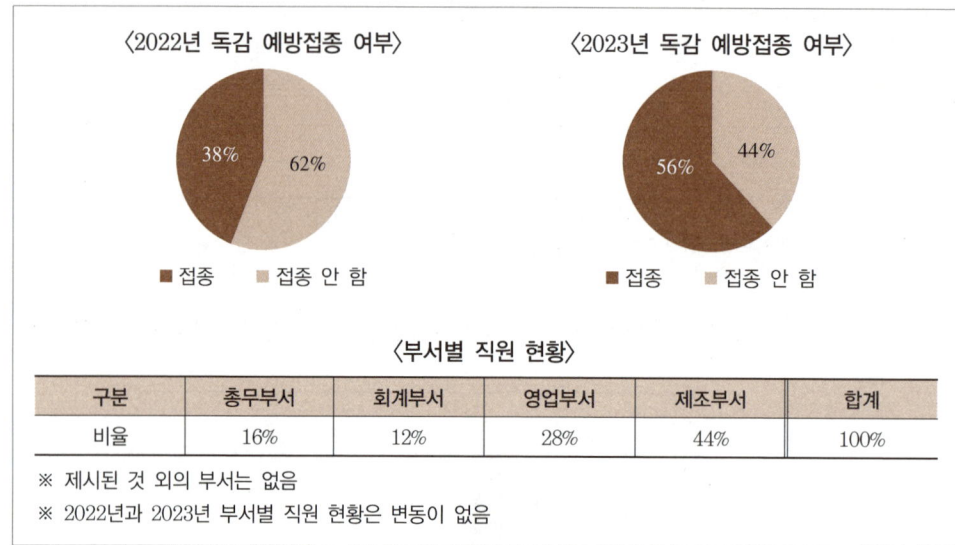

〈2022년 독감 예방접종 여부〉 ■ 접종 ■ 접종 안 함 38% 62%

〈2023년 독감 예방접종 여부〉 ■ 접종 ■ 접종 안 함 56% 44%

〈부서별 직원 현황〉

구분	총무부서	회계부서	영업부서	제조부서	합계
비율	16%	12%	28%	44%	100%

※ 제시된 것 외의 부서는 없음
※ 2022년과 2023년 부서별 직원 현황은 변동이 없음

① 2022년의 독감 예방접종자가 모두 2023년에도 예방접종을 했다면, 2022년에는 예방접종을 하지 않았지만 2023년에 예방접종을 한 직원은 총 54명이다.

② 2022년 대비 2023년에 예방접종을 한 직원의 수는 49% 이상 증가했다.

③ 2022년의 예방접종을 하지 않은 직원들을 대상으로 2023년의 독감 예방접종 여부를 조사한 자료라고 한다면, 2022년과 2023년 모두 예방접종을 하지 않은 직원은 총 65명이다.

④ 2022년과 2023년의 독감 예방접종 여부가 총무부서에 대한 자료라고 한다면, 총무부서 직원 중 예방접종을 한 직원은 2022년 대비 2023년에 약 7명 증가했다.

⑤ 제조부서를 제외한 모든 부서에서는 직원들이 모두 2023년에 예방접종을 했다고 할 때, 제조부서 직원 중 예방접종을 한 직원의 비율은 2%이다.

02 다음은 OECD 국가의 대학졸업자 취업에 대한 자료이다. A ~ L국가 중 전체 대학졸업자 대비 대학졸업자 중 취업자 비율이 OECD 평균보다 높은 국가로 바르게 짝지어진 것은?

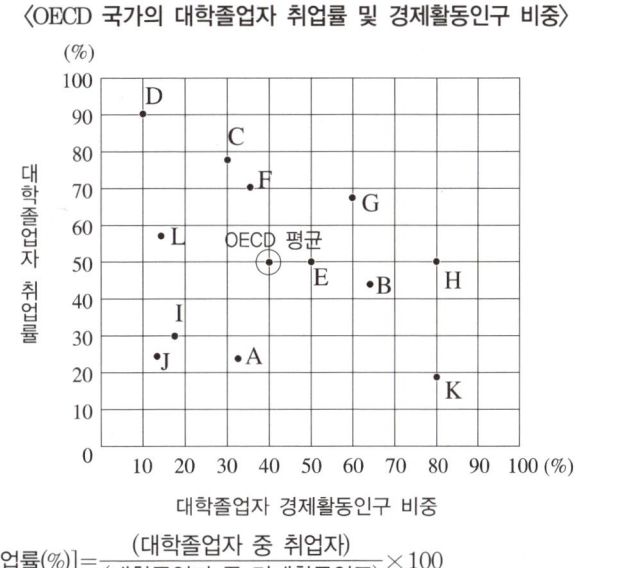

〈OECD 국가의 대학졸업자 취업률 및 경제활동인구 비중〉

- [대학졸업자 취업률(%)]$=\dfrac{(\text{대학졸업자 중 취업자})}{(\text{대학졸업자 중 경제활동인구})}\times100$

- [대학졸업자의 경제활동인구 비중(%)]$=\dfrac{(\text{대학졸업자 중 경제활동인구})}{(\text{전체 대학졸업자})}\times100$

① A, D

② B, C

③ D, H

④ G, K

⑤ H, L

03 다음은 K공사의 최근 4년간 청렴도 측정결과 추세를 나타낸 그래프이다. 이에 대한 설명으로 옳지 않은 것은?(단, 소수점 둘째 자리에서 반올림한다)

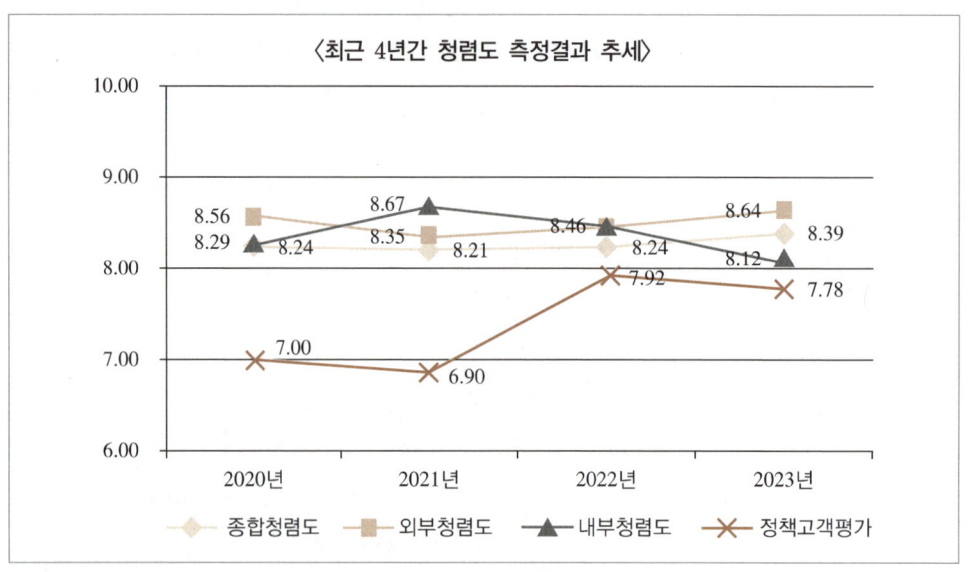

① 최근 4년간 내부청렴도의 평균은 외부청렴도 평균보다 낮다.

② 2021~2023년 외부청렴도와 종합청렴도의 전년 대비 증감 추이는 같다.

③ 정책고객평가가 전년 대비 가장 높은 비율의 변화가 있던 것은 2022년이다.

④ 전년 대비 가장 크게 하락한 항목은 2022년의 내부청렴도이다.

⑤ 내부청렴도와 정책고객평가는 2023년에 하락하였다.

04 다음은 지난 10년간 우리나라 일부 품목의 소비자 물가지수에 대한 그래프이다. 이에 대한 설명으로 옳지 않은 것은?

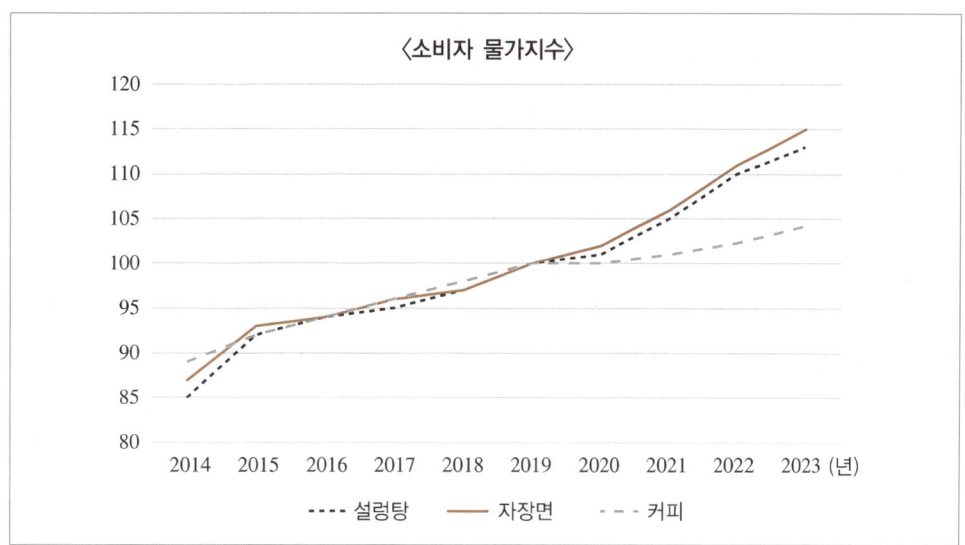

① 제시한 모든 품목의 소비자 물가지수는 2019년 물가를 100으로 하여 등락률을 산정했다.
② 자장면 가격은 2019년 대비 최근까지 가장 많이 오른 음식이다.
③ 설렁탕은 2014년부터 2019년까지 가장 많이 오른 음식이다.
④ 2023년에 가장 비싼 품목은 자장면이다.
⑤ 2019년 대비 2023년은 '자장면, 설렁탕, 커피' 순으로 가격이 올랐다.

05 다음은 약품 A ～ C 투입량에 따른 오염물질 제거량을 측정한 자료이다. 이에 대한 설명으로 옳은 것을 〈보기〉에서 모두 고르면?

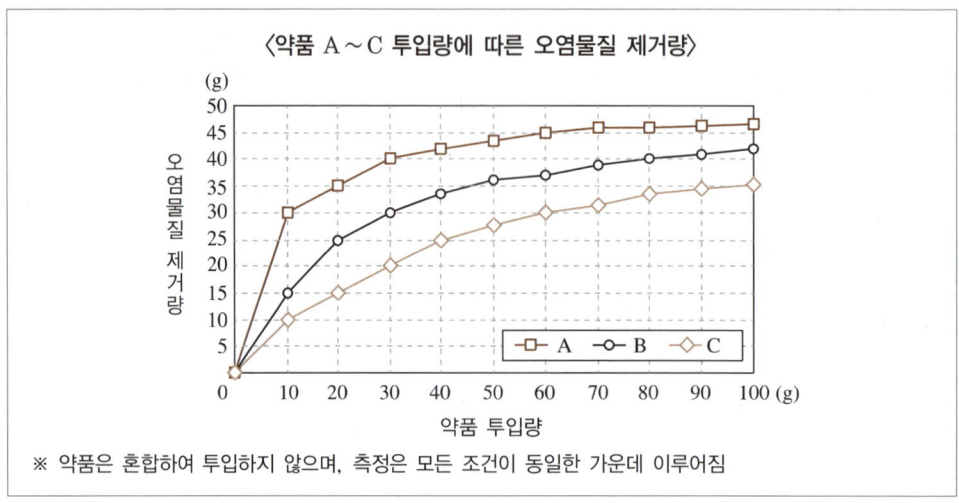

〈약품 A ～ C 투입량에 따른 오염물질 제거량〉

※ 약품은 혼합하여 투입하지 않으며, 측정은 모든 조건이 동일한 가운데 이루어짐

보기

ㄱ. 각 약품의 투입량이 20g일 때와 60g일 때를 비교하면, A의 오염물질 제거량 차이가 가장 작다.
ㄴ. 각 약품의 투입량이 20g일 때, 오염물질 제거량은 A가 C의 2배 이상이다.
ㄷ. 오염물질 30g을 제거하기 위해 필요한 투입량이 가장 적은 약품은 B이다.
ㄹ. 약품 투입량이 같으면 B와 C의 오염물질 제거량 차이는 7g 미만이다.

① ㄱ, ㄴ
② ㄴ, ㄹ
③ ㄷ, ㄹ
④ ㄱ, ㄴ, ㄷ
⑤ ㄴ, ㄷ, ㄹ

06 다음은 보육 관련 6대 과제별 성과 점수 및 추진 필요성 점수에 대한 자료이다. 이에 대한 설명으로 옳은 것을 〈보기〉에서 모두 고르면?

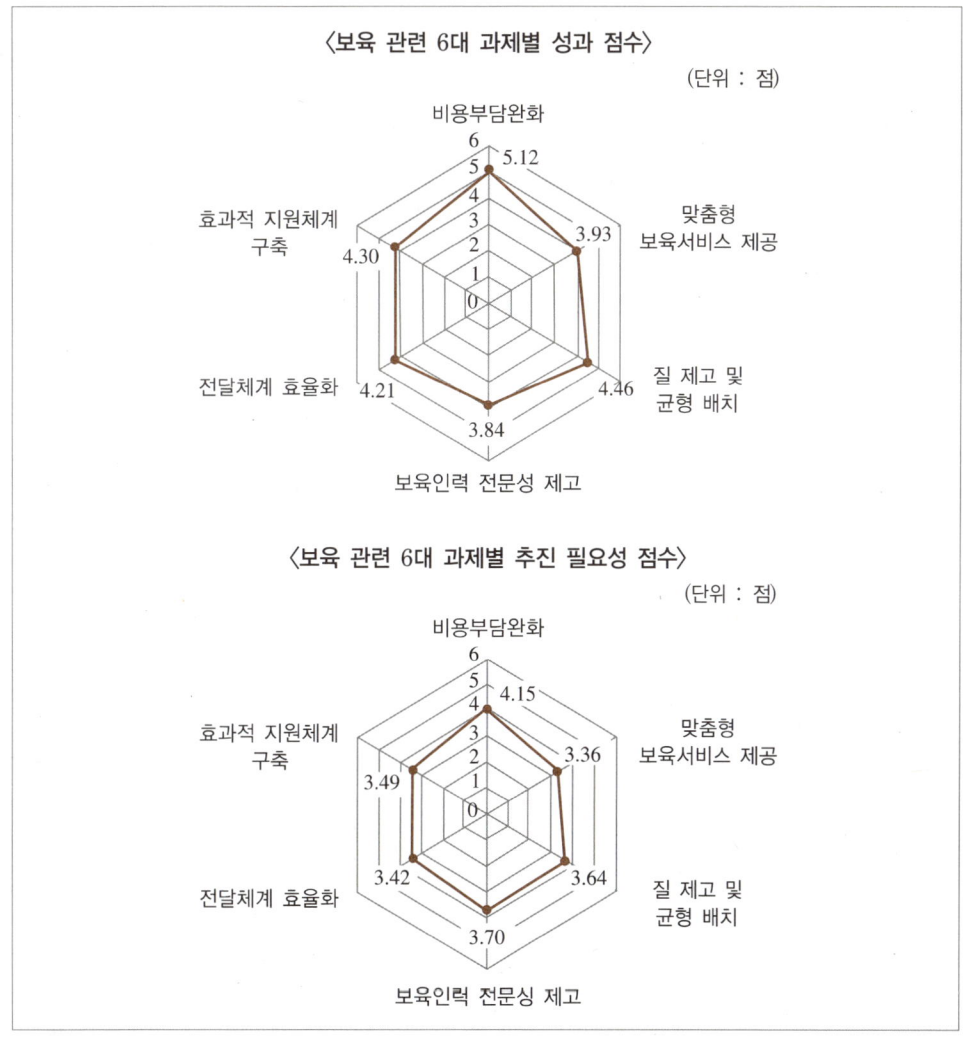

〈보육 관련 6대 과제별 성과 점수〉
(단위 : 점)

〈보육 관련 6대 과제별 추진 필요성 점수〉
(단위 : 점)

ㄱ. 성과 점수가 가장 높은 과제와 가장 낮은 과제의 점수 차이는 1.00점보다 크다.
ㄴ. 성과 점수와 추진 필요성 점수의 차이가 가장 작은 과제는 '보육인력 전문성 제고' 과제이다.
ㄷ. 6대 과제의 추진 필요성 점수 평균은 3.70점 이상이다.

① ㄴ
② ㄱ, ㄴ
③ ㄱ, ㄷ
④ ㄴ, ㄷ
⑤ ㄱ, ㄴ, ㄷ

07 다음은 각각 유권자 5명으로 구성된 집단(A ~ C)의 소득 및 '가' 정당 지지도를 나타낸 자료이다. 이에 대한 〈보기〉의 설명 중 옳은 것을 모두 고르면?

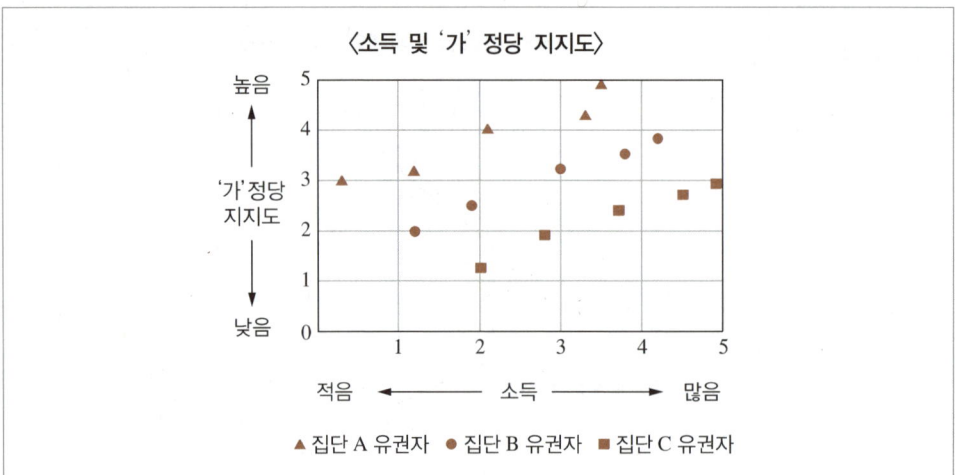

〈소득 및 '가' 정당 지지도〉

▲ 집단 A 유권자 ● 집단 B 유권자 ■ 집단 C 유권자

보기

ㄱ. 평균소득은 집단 A가 집단 B보다 적다.
ㄴ. '가' 정당 지지도의 평균은 집단 B가 집단 C보다 높다.
ㄷ. 소득이 많은 유권자일수록 '가' 정당 지지도가 낮다.
ㄹ. 평균소득이 많은 집단이 평균소득이 적은 집단보다 '가' 정당 지지도의 평균이 높다.

① ㄱ, ㄴ   ② ㄱ, ㄹ
③ ㄴ, ㄷ   ④ ㄱ, ㄴ, ㄹ
⑤ ㄴ, ㄷ, ㄹ

STEP 3 적중문제

01 다음은 A ~ F국의 2024년 GDP와 GDP 대비 국가자산총액을 나타낸 자료이다. 이에 대한 〈보기〉의
설명 중 옳은 것을 모두 고르면?

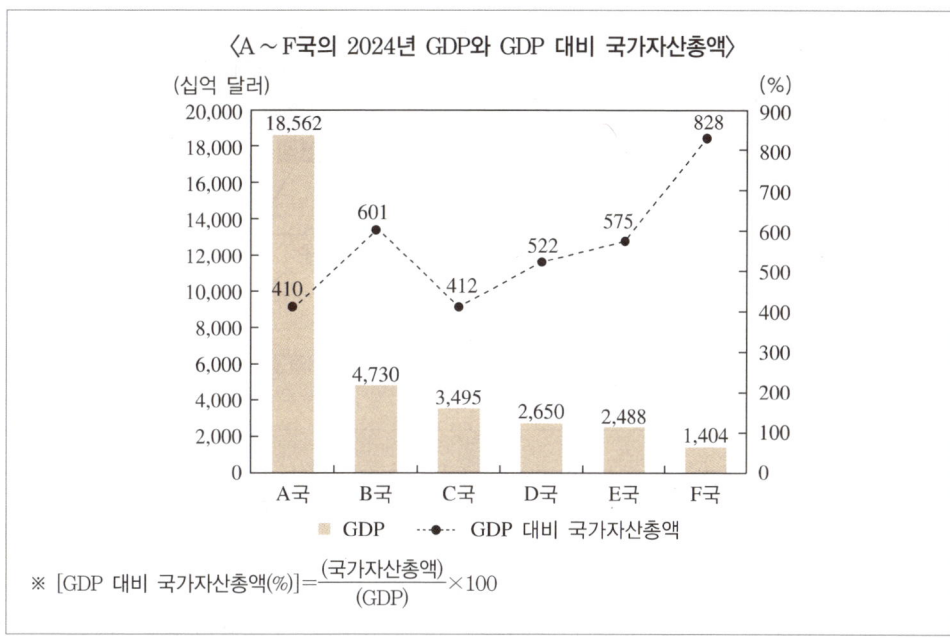

〈A ~ F국의 2024년 GDP와 GDP 대비 국가자산총액〉

※ [GDP 대비 국가자산총액(%)] $= \dfrac{(국가자산총액)}{(GDP)} \times 100$

보기

ㄱ. GDP가 높은 국가일수록 GDP 대비 국가자산총액이 작다.
ㄴ. A국의 GDP는 나머지 5개국 GDP의 합보다 크다.
ㄷ. 국가자산총액은 F국이 D국보다 크다.

① ㄱ   ② ㄴ
③ ㄷ   ④ ㄱ, ㄴ
⑤ ㄴ, ㄷ

02 다음 그림은 2023년 갑국의 가구별 근로장려금 산정기준에 대한 자료이다. 이에 대한 설명으로 옳은 것을 〈보기〉에서 모두 고르면?

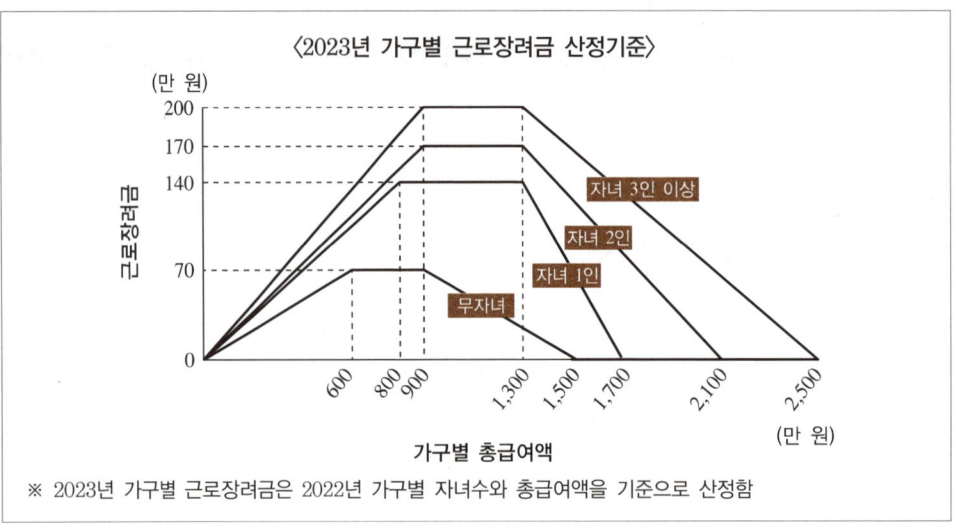

〈2023년 가구별 근로장려금 산정기준〉

※ 2023년 가구별 근로장려금은 2022년 가구별 자녀수와 총급여액을 기준으로 산정함

보기

ㄱ. 2022년 총급여액이 1,000만 원이고 자녀가 1인인 가구의 2023년 근로장려금은 140만 원이다.

ㄴ. 2022년 총급여액이 800만 원 이하인 무자녀 가구는 2022년 총급여액이 많을수록 2023년 근로장려금도 많다.

ㄷ. 2022년 총급여액이 2,200만 원이고 자녀가 3인 이상인 가구의 2023년 근로장려금은 2022년 총급여액이 600만 원이고 자녀가 1인인 가구의 2023년 근로장려금보다 적다.

ㄹ. 2022년 총급여액이 2,000만 원인 가구의 경우, 무자녀인 경우에만 근로장려금이 지급되지 않고, 자녀가 많을수록 2023년 근로장려금도 많다.

① ㄱ, ㄷ   ② ㄱ, ㄹ
③ ㄴ, ㄷ   ④ ㄱ, ㄴ, ㄹ
⑤ ㄴ, ㄷ, ㄹ

03 다음은 갑 자치구의 예산내역에 대한 자료이다. 이에 대한 설명으로 옳은 것을 〈보기〉에서 모두 고르면?

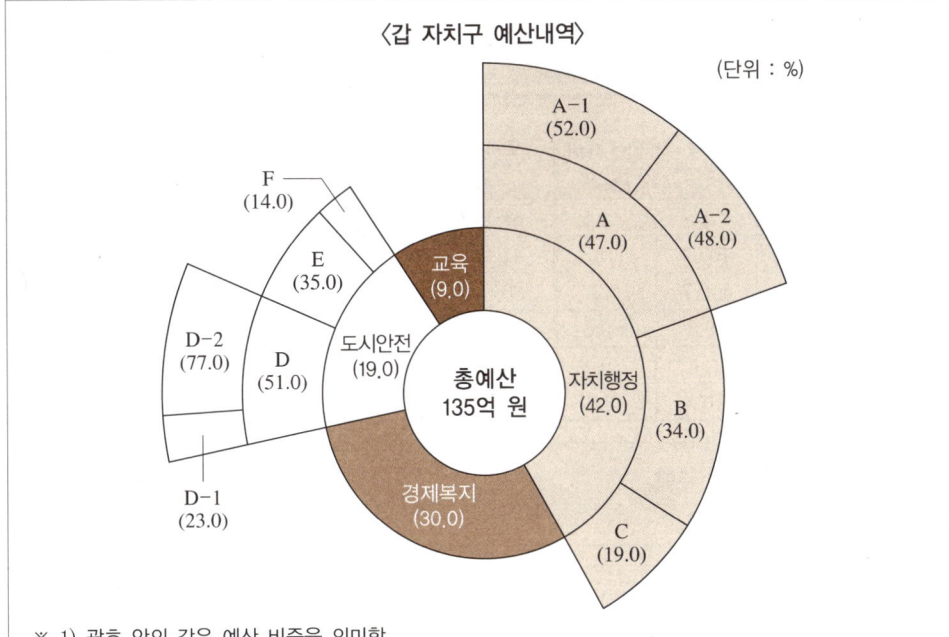

〈갑 자치구 예산내역〉

(단위 : %)

A-1 (52.0)
A (47.0)
A-2 (48.0)
F (14.0)
E (35.0)
교육 (9.0)
D-2 (77.0)
D (51.0)
도시안전 (19.0)
총예산 135억 원
자치행정 (42.0)
B (34.0)
D-1 (23.0)
경제복지 (30.0)
C (19.0)

※ 1) 괄호 안의 값은 예산 비중을 의미함
   2) 예를 들어, A(47.0)는 A사업의 예산이 '자치행정' 분야 예산의 47.0%임을 나타내고, D-1사업의 예산은 3.0억 원임

보기

ㄱ. '교육' 분야 예산은 13억 원 이상이다.
ㄴ. C사업 예산은 D사업 예산보다 적다.
ㄷ. '경제복지' 분야 예산은 B사업과 C사업 예산의 합보다 많다.
ㄹ. '도시안전' 분야 예산은 A-2사업 예산의 3배 이상이다.

① ㄱ, ㄴ
② ㄱ, ㄷ
③ ㄴ, ㄷ
④ ㄴ, ㄹ
⑤ ㄷ, ㄹ

04 다음은 2018 ~ 2023년 건설공사 공종별 수주액 현황을 나타낸 자료이다. 이를 이용하여 작성한 그래프로 옳지 않은 것은?

〈건설공사 공종별 수주액 현황〉

(단위 : 조 원, %)

구분 / 연도	전체	전년 대비 증감률	토목	전년 대비 증감률	건축	전년 대비 증감률	주거용	비주거용
2018년	118.7	−1.1	54.1	31.2	64.6	−18.1	39.1	25.5
2019년	103.2	−13.1	41.4	−23.5	61.8	−4.3	31.6	30.2
2020년	110.7	7.3	38.8	−6.3	71.9	16.3	38.7	33.2
2021년	99.8	−9.8	34.0	−12.4	65.8	−8.5	34.3	31.5
2022년	90.4	−9.4	29.9	−12.1	60.5	−8.1	29.3	31.2
2023년	107.4	18.8	32.7	9.4	74.7	23.5	41.1	33.6

① 건축 공종의 수주액

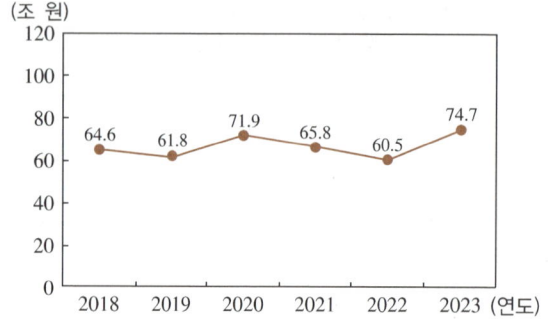

② 토목 공종의 수주액 및 전년 대비 증감률

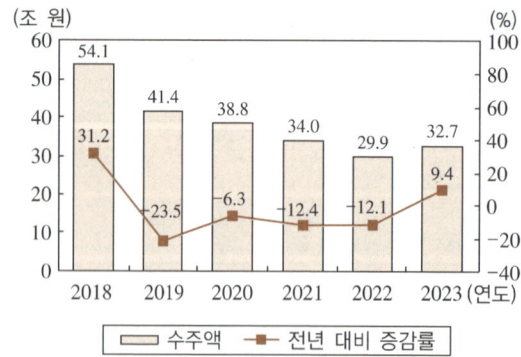

③ 건설공사 전체 수주액의 공종별 구성비

④ 건축 공종 중 주거용 및 비주거용 수주액

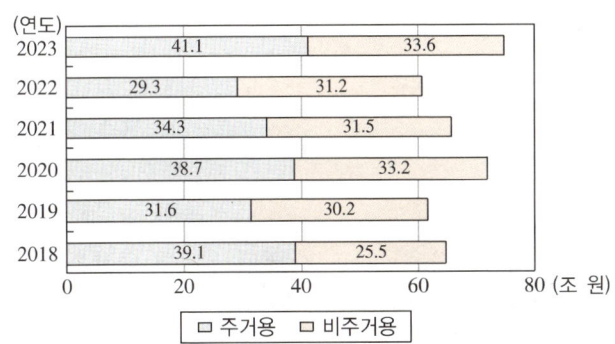

⑤ 건설공사 전체 및 건축 공종 수주액의 전년 대비 증감률

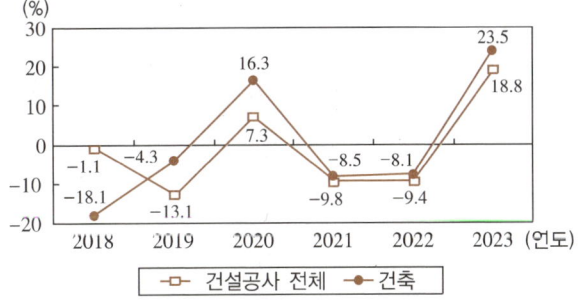

05 다음은 우리나라 3개 지역의 연도별 적설량에 대한 자료이다. 이를 이용하여 작성한 그래프로 옳은 것은?

〈연도별 적설량〉

(단위 : cm)

구분	2020년	2021년	2022년	2023년
서울	25.3	12.9	10.3	28.6
수원	12.2	21.4	12.5	26.8
강릉	280.2	25.9	94.7	55.3

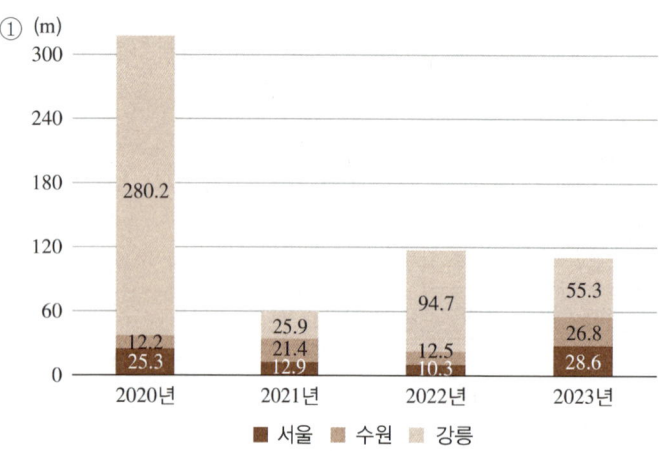

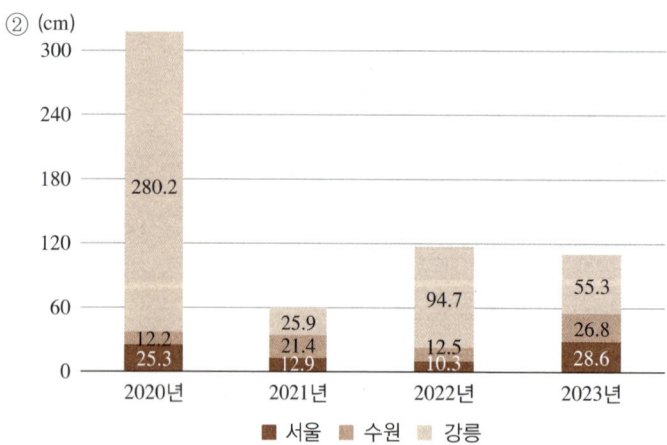

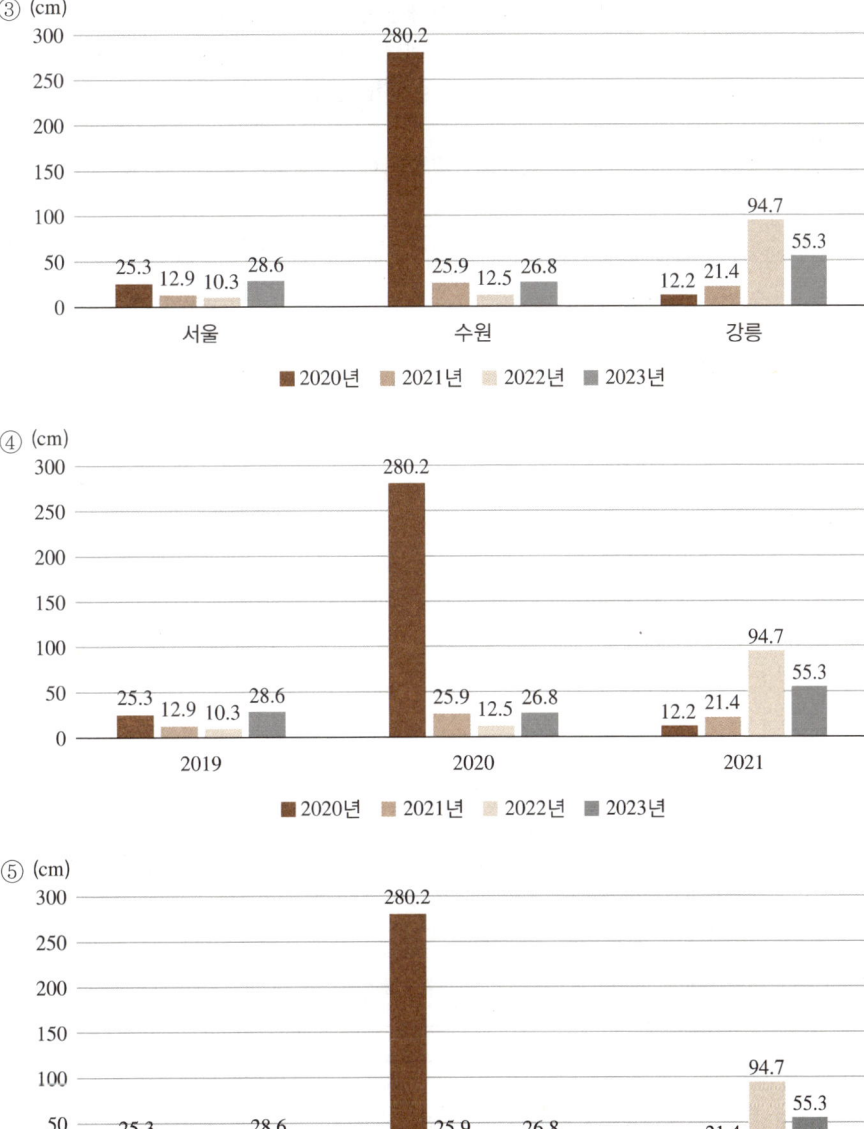

③ (cm)

	서울	수원	강릉
2020년	25.3	280.2	12.2
2021년	12.9	25.9	21.4
2022년	10.3	12.5	94.7
2023년	28.6	26.8	55.3

■2020년 ■2021년 ■2022년 ■2023년

④ (cm)

	2019	2020	2021
2020년	25.3	280.2	12.2
2021년	12.9	25.9	21.4
2022년	10.3	12.5	94.7
2023년	28.6	26.8	55.3

■2020년 ■2021년 ■2022년 ■2023년

⑤ (cm)

	수원	서울	강릉
2020년	25.3	280.2	12.2
2021년	12.9	25.9	21.4
2022년	10.3	12.5	94.7
2023년	28.6	26.8	55.3

■2020년 ■2021년 ■2022년 ■2023년

06 귀하는 미디어 매체별 이용자 분포 자료를 토대로 보고서에 추가할 그래프를 제작하였다. 완성된 보고서를 상사에게 제출하였는데, 그래프 중에서 잘못된 것이 있다고 피드백을 받았다. 귀하가 다음의 자료를 토대로 그래프를 검토할 때 수정이 필요한 것은?

〈미디어 매체별 이용자 분포〉

(단위 : %)

구분		TV	스마트폰	PC/노트북
사례 수		7,000명	6,000명	4,000명
성별	남	49.4	51.7	51.9
	여	50.6	48.3	48.1
연령	10대	9.4	11.2	13.0
	20대	14.1	18.7	20.6
	30대	17.1	21.1	23.0
	40대	19.1	22.2	22.6
	50대	18.6	18.6	15.0
	60세 이상	21.7	8.2	5.8
직업	사무직	20.1	25.6	28.2
	서비스직	14.8	16.6	14.9
	생산직	20.3	17.0	13.4
	학생	13.2	16.8	19.4
	주부	20.4	17.8	18.4
	기타	0.6	0.6	0.6
	무직	10.6	5.6	5.1
소득	상	31.4	35.5	38.2
	중	45.1	49.7	48.8
	하	23.5	14.8	13.0
도시 규모	대도시	45.3	47.5	49.5
	중소도시	37.5	39.6	39.3
	군지역	17.2	12.9	11.2

① 연령대별 스마트폰 이용자 수

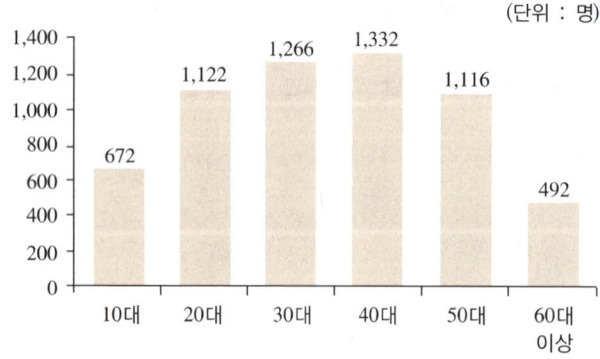

(단위 : 명)

② 성별 매체이용자 수

(단위 : 명)

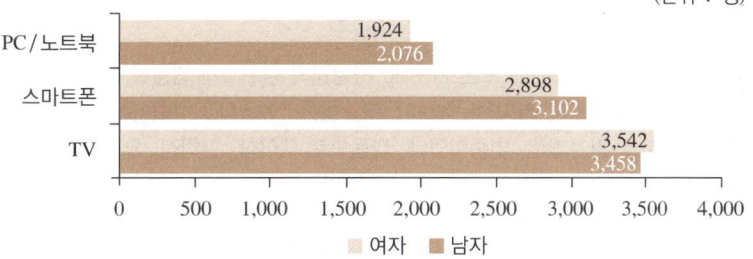

③ 매체별 소득수준 구성비

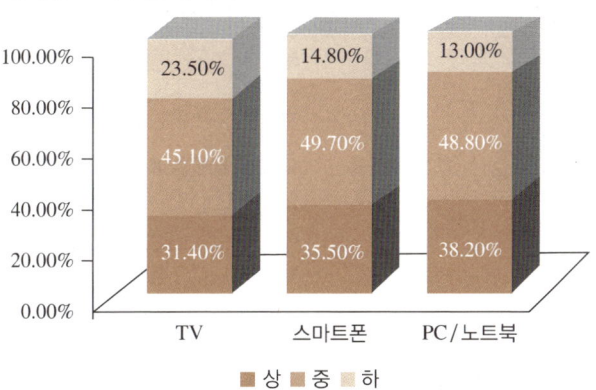

④ TV＋스마트폰 이용자의 도시규모별 구성비

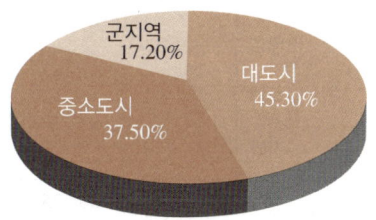

⑤ 사무직 이용자의 매체별 구성비

07 다음은 자영업 업종에 대한 내용이다. 자료를 참고하여 자영업 업종별 차지하는 비중을 나타낸 그래프로 옳은 것은?(단, 모든 그래프의 단위는 %이다)

> 국내 자영업자 비율이 세계 3위에 오른 가운데, 자영업의 상위 5개 업종을 살펴보면 다음과 같다. 먼저 치킨집이 가장 많았으며, 커피전문점보다 5%p 높은 1위였다. 커피전문점 또한 자영업의 30% 이상을 차지할 정도로 인기 있는 업종이었다. 다음으로 헤어샵, 편의점, 요식업 순으로 높았으며, 기타 업종은 전체 자영업 업종의 5% 미만을 차지하였다.

①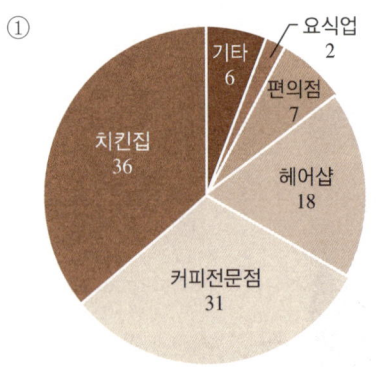

②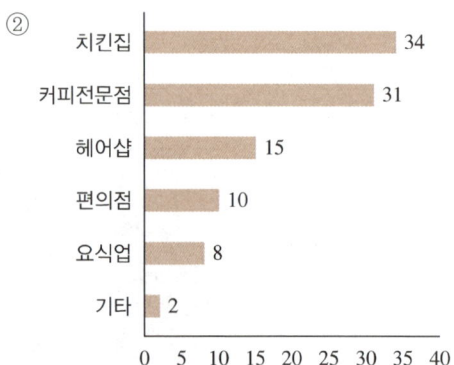

③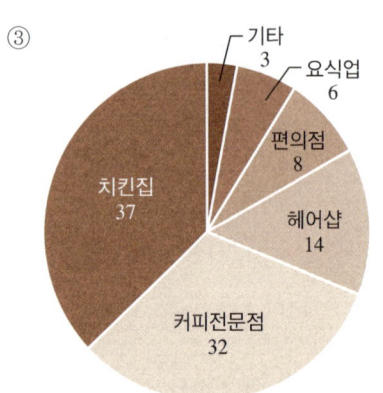

④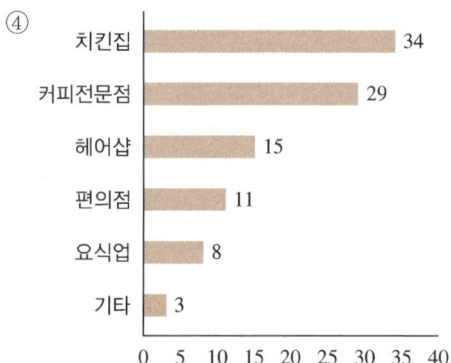

⑤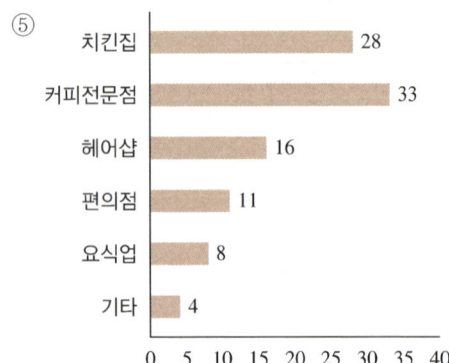

08 다음 그림은 W경제포럼이 발표한 25개 글로벌 리스크의 분류와 영향도 및 발생가능성 지수에 대한 자료이다. 이에 대한 설명으로 옳지 않은 것은?

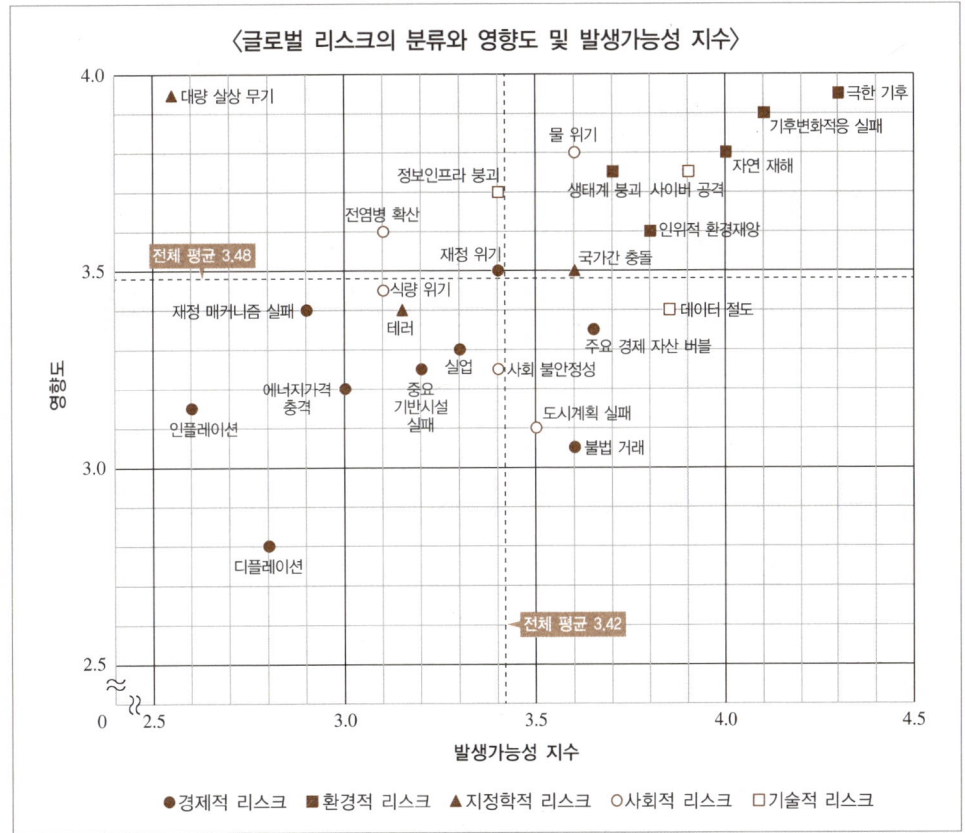

① 모든 환경적 리스크의 발생가능성 지수 대비 영향도의 비는 1 이상이다.
② 영향도와 발생가능성 지수의 차이가 가장 큰 글로벌 리스크는 '대량 살상 무기'이다.
③ '에너지가격 충격'의 영향도 대비 발생가능성 지수의 비는 1 이하이다.
④ 모든 환경적 리스크는 영향도와 발생가능성 지수가 각각의 '전체 평균' 이상이다.
⑤ 영향도와 발생가능성 지수가 각각의 '전체 평균' 이하인 경제적 리스크의 수는 영향도나 발생가능성 지수가 각각의 '전체 평균' 이상인 경제적 리스크의 수보다 많다.

09 다음은 4개 국가의 여성과 남성의 흡연율과 기대수명에 대한 자료이다. 이를 이용하여 작성한 그래프로 옳지 않은 것은?

〈여성과 남성의 흡연율〉

(단위 : %)

연도 / 성별 / 국가	1980년		1990년		2000년		2010년	
	여성	남성	여성	남성	여성	남성	여성	남성
덴마크	44.0	57.0	42.0	47.0	29.0	33.5	20.0	20.0
일본	14.4	54.3	9.7	53.1	11.5	47.4	8.4	32.2
영국	37.0	42.0	30.0	31.0	26.0	28.0	20.7	22.3
미국	29.3	37.4	22.8	28.4	17.3	21.2	13.6	16.7

〈여성과 남성의 기대수명〉

(단위 : 세)

연도 / 성별 / 국가	1980년		1990년		2000년		2010년	
	여성	남성	여성	남성	여성	남성	여성	남성
덴마크	77.3	71.2	77.8	72.0	79.2	74.5	81.4	77.2
일본	78.8	73.3	81.9	75.9	84.6	77.7	86.4	79.6
영국	76.2	70.2	78.5	72.9	80.3	75.5	82.6	78.6
미국	77.4	70.0	78.8	71.8	79.3	74.1	81.1	76.2

① 국가별 여성의 흡연율

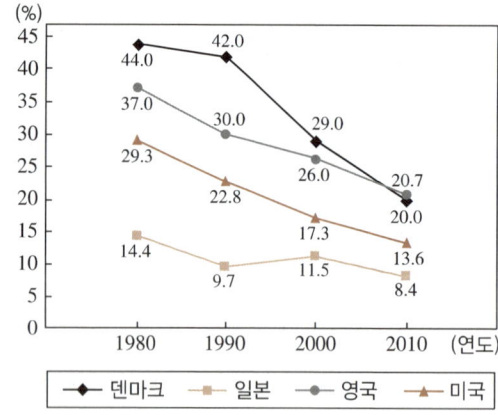

② 국가별 여성과 남성의 흡연율 차이

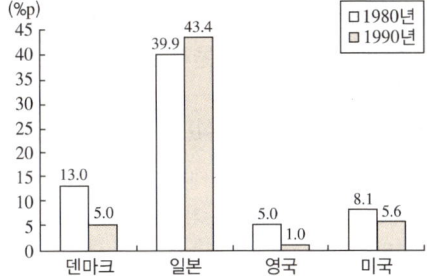

③ 국가별 흡연율

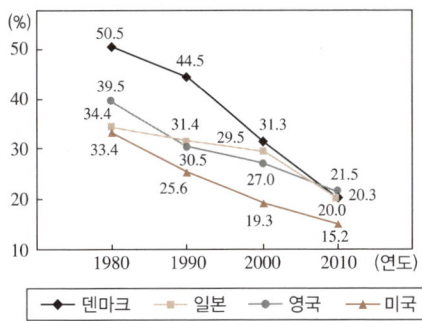

④ 국가별 여성과 남성의 기대수명 차이

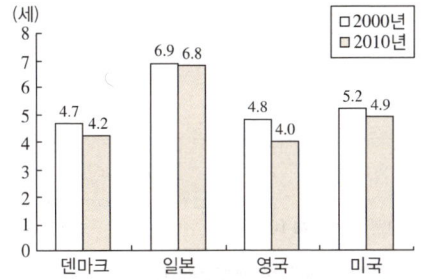

⑤ 일본 남성과 미국 남성의 흡연율과 기대수명

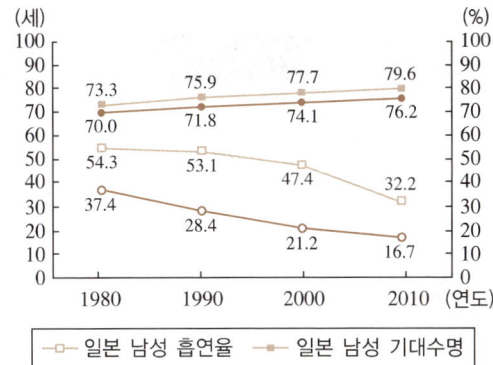

10 A기업은 1인 가구를 대상으로 한 서비스를 기획하고자 한다. 해당 업무를 맡게 된 귀하는 1인 가구의 생활 및 소비행태에 대해 분석하여 다음과 같은 보고서를 작성하였다. 보고서의 내용을 뒷받침할 근거자료를 추가하여 보완하려고 할 때, 근거자료로 옳지 않은 그래프는?

〈1인 가구의 생활 및 소비행태의 분석〉

1인 가구로 생활한 기간은 10년 이상(25.3%), 5 ~ 10년 미만(25.3%), 2 ~ 5년 미만(25.1%), 2년 미만(24.3%) 순으로 단기, 중장기 기간에 걸쳐 고루 분포되어 1인 가구의 증가 추세가 최근 몇 년 사이에 일어난 단기현상이 아님을 보여주고 있다.

성별과 연령별로 생활 기간의 차이를 보면 남성이 여성보다 단기(2년 미만), 장기(10년 이상) 생활 기간이 많은 것으로 나타났다. 연령별로는 생활 기간에 따라 완만한 상승 또는 하강의 곡선을 보일 것이라는 예상과 달리 30대의 경우 5 ~ 10년 미만 생활 기간이 31.4%로 가장 많이 나타났으며, 나머지 생활 기간들도 비슷한 비율을 보여 다양한 1인 가구 생활 기간을 가진 연령대를 대표한다고 볼 수 있다. 50대 이상 연령대의 경우 40대에 비해 2년 미만 생활 기간이 상대적으로 높게 나타나 결혼 상태나 생애주기의 변화에 따른 1인 가구화가 점차 시작되는 연령대임을 알 수 있다.

1인 가구로 생활하게 된 주된 이유에 대해서는 '본인의 직장·학업 때문에'라는 응답이 50.0%로 과반수를 차지하였으며, 그다음으로 '자유롭게 생활하고 싶어서' 26.9%, '같이 살 가족이 없어서' 11.6% 순으로 나타났다.

최근 1년간 소비생활에 있어 가계지출 항목별 지출 비중을 조사한 결과, 가장 많은 지출 비중을 차지하고 있는 항목은 식생활비로 전체의 25.7%를 차지하고 있으며, 그다음으로 주생활비 16.6%, 금융비 13.7%, 의생활비 10.6% 순으로 나타났다. 즉, 의식주 관련 총 생활비가 52.9%로 지출의 과반수 이상을 차지하고 있으며, 금융비까지 포함하면 66.6%로 가계지출의 2/3 정도를 차지하는 것으로 나타났다. 가장 낮은 지출 비중은 외국어 등 자기개발과 자녀학원비 등을 포함한 교육비로 1.7%로 나타났다.

… (생략) …

---

① 성별 1인 가구 생활 기간

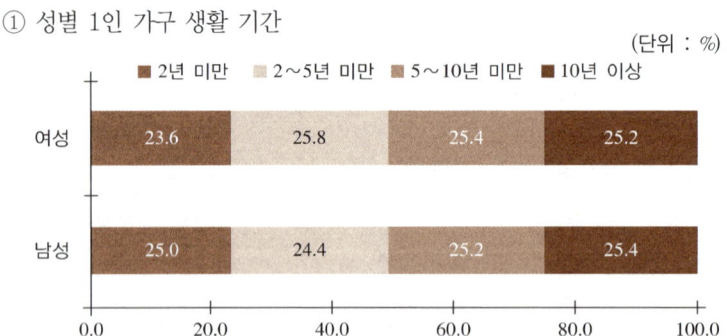

② 1인 가구 생활 기간

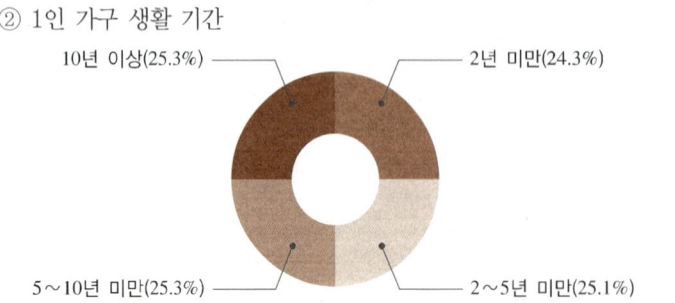

③ 연령별 1인 가구 생활 기간

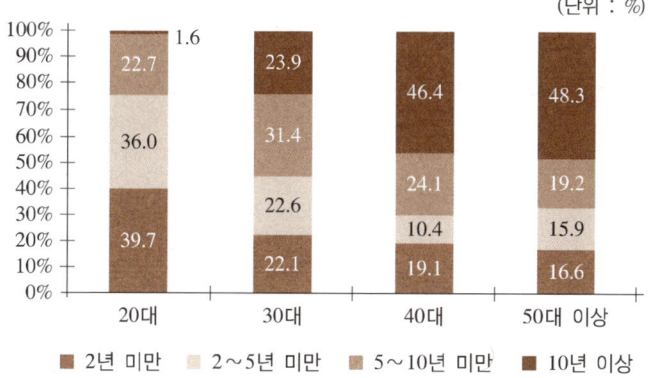

(단위 : %)

■ 2년 미만 □ 2~5년 미만 ■ 5~10년 미만 ■ 10년 이상

④ 전체 및 연령대별 가계지출 비중

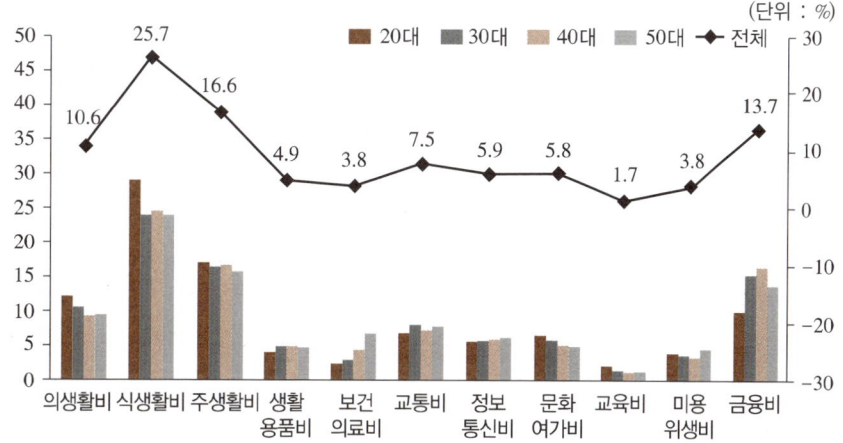

(단위 : %)

⑤ 1인 가구로 생활하게 된 주된 이유

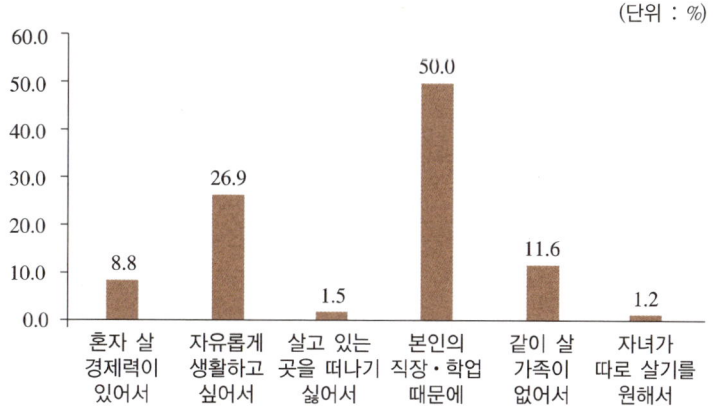

(단위 : %)

11 다음은 A국의 2018 ~ 2023년 태양광 산업 분야 투자액 및 투자 건수에 대한 자료이다. 이에 대한 설명으로 옳지 않은 것은?

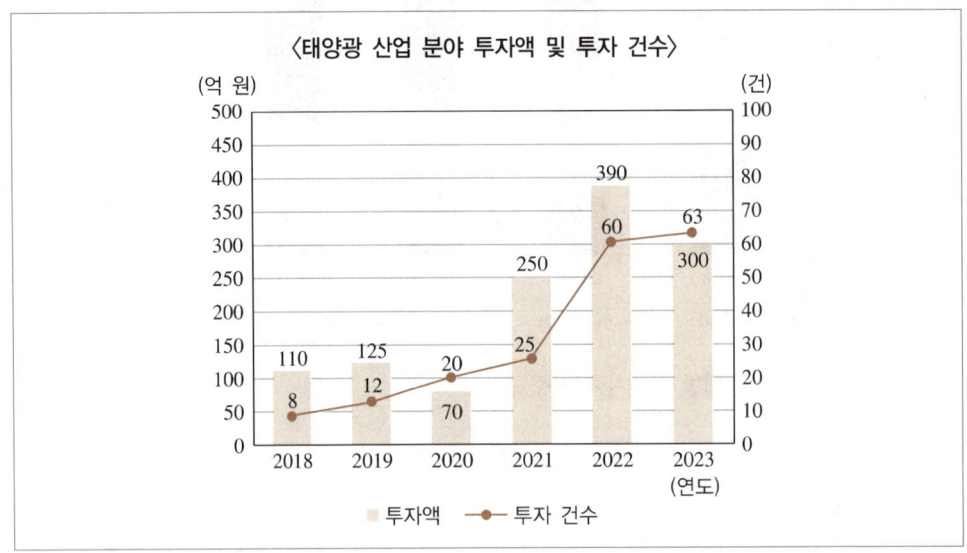

〈태양광 산업 분야 투자액 및 투자 건수〉

① 2019 ~ 2023년 동안 투자액의 전년 대비 증가율은 2022년이 가장 높다.

② 2019 ~ 2023년 동안 투자 건수의 전년 대비 증가율은 2023년이 가장 낮다.

③ 2018년과 2021년 투자 건수의 합은 2023년 투자 건수보다 작다.

④ 투자액이 가장 큰 연도는 2022년이다.

⑤ 투자 건수는 매년 증가하였다.

12 다음은 지역별 의료인력 분포 현황을 나타낸 자료이다. 이에 대한 설명으로 옳지 않은 것은?(단, 광역시는 지역분류에서 도에 포함한다)

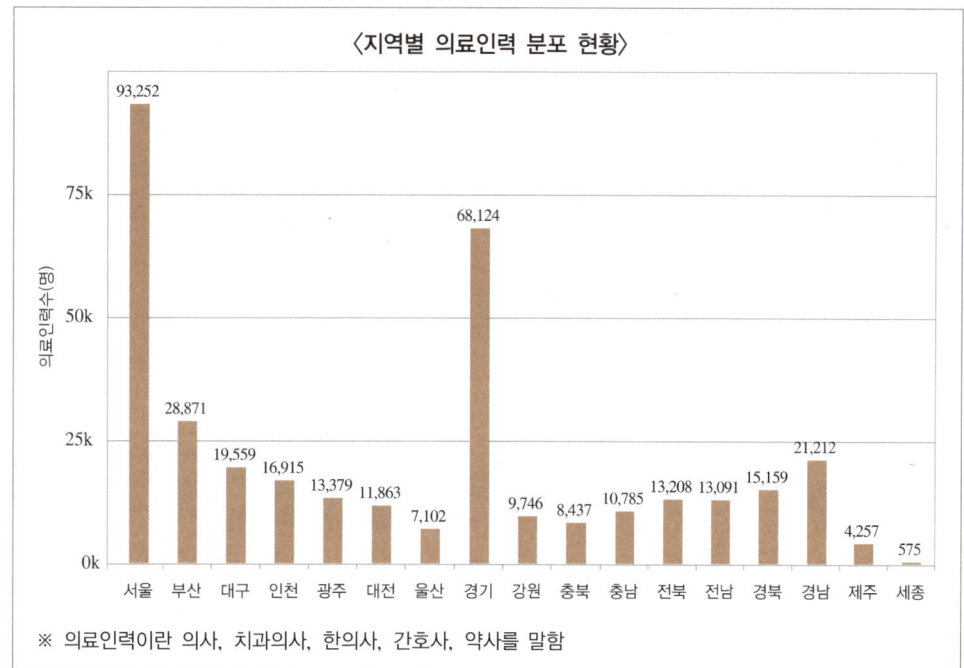

① 의료인력은 수도권에 편중된 불균형상태를 보이고 있다.
② 전라도 지역에서 광주가 차지하는 비중이 충청도 지역에서 대전이 차지하는 비중보다 크다.
③ 의료인력수가 두 번째로 적은 지역은 도서지역이다.
④ 의료인력수가 많을수록 의료인력 비중이 고르다고 말할 수 없다.
⑤ 서울과 경기를 제외한 나머지 지역 중 의료인력수가 가장 많은 지역과 가장 적은 지역의 차는 경남의 의료인력수보다 크다.

13 전(全)산업생산지수(IAIP; Index of All Industry Production)는 우리나라 경제전체의 모든 산업을 대상으로 재화와 용역에 대한 생산활동의 흐름과 변화를 지수로 나타낸 것이다. 다음 중 연도별 자료와 월별 자료를 기초로 분석한 내용으로 옳지 않은 것은?

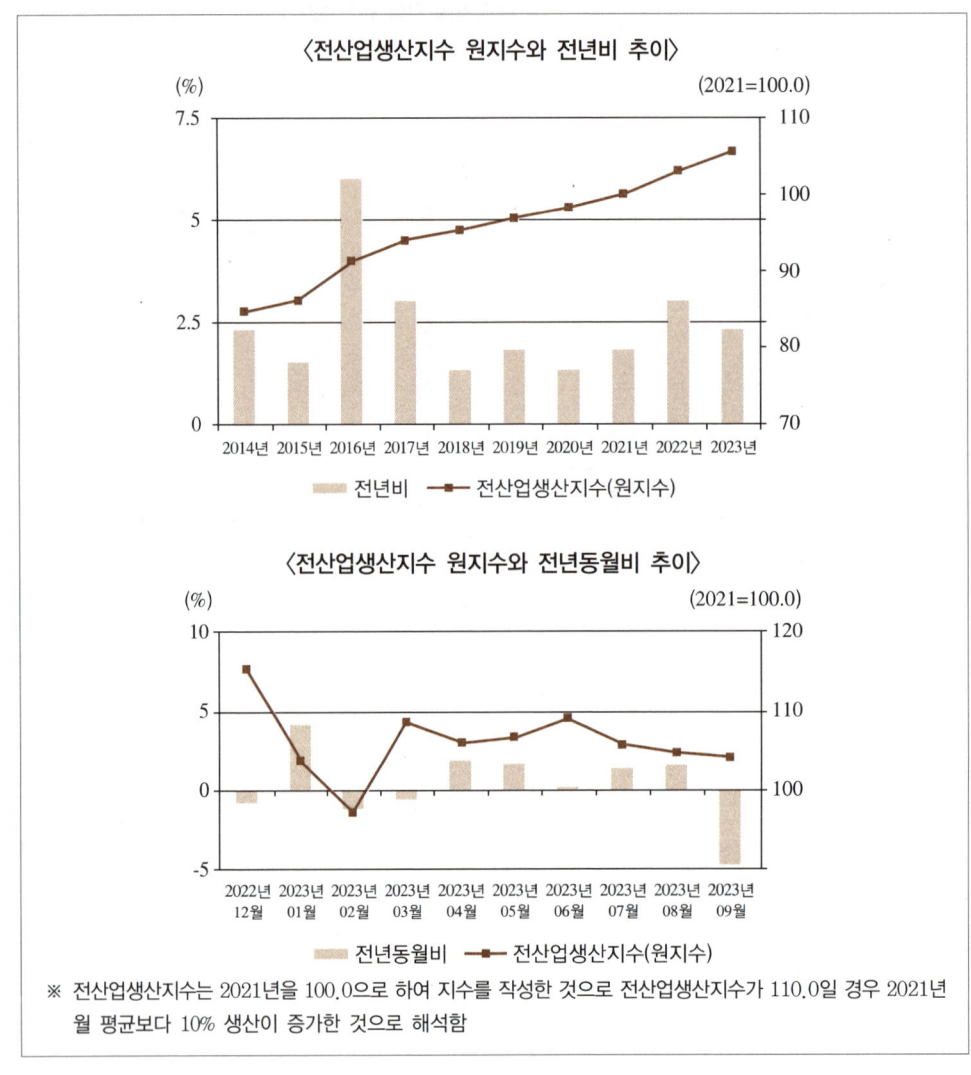

① 2023년 3월에는 2021년보다 산업생산능력기준과 전년동월비가 모두 감소하였다.

② 2016년 우리나라의 산업생산능력은 전년 대비 가장 큰 증가를 기록하였다.

③ 2023년 9월에는 2022년 9월보다 3% 이상 산업생산능력이 감소하였다.

④ 2023년 2월에는 2021년보다 산업생산능력기준이 감소하였다.

⑤ 우리나라 경제의 연간 산업생산능력은 여전히 증가하고 있다.

14 다음은 I은행 영업부의 2023년 분기별 영업 실적을 나타낸 그래프이다. 2023년 전체 실적에서 1 ~ 2분기와 3 ~ 4분기가 각각 차지하는 비율을 바르게 연결한 것은?(단, 소수점 둘째 자리에서 반올림한다)

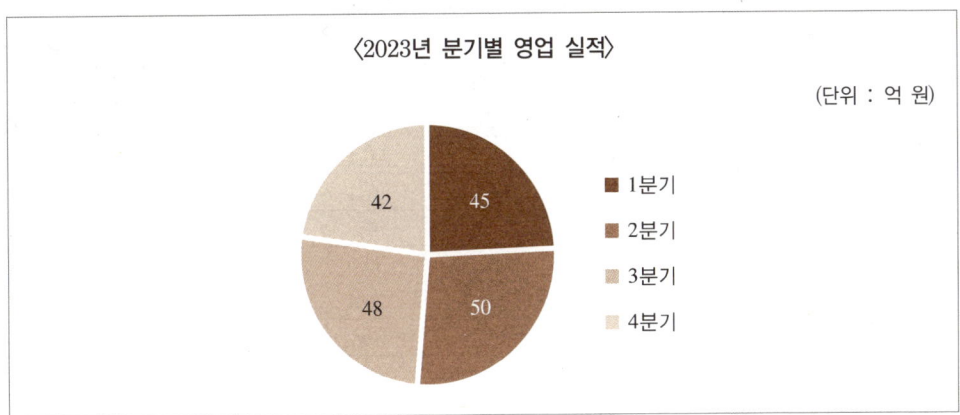

〈2023년 분기별 영업 실적〉
(단위 : 억 원)

	1 ~ 2분기	3 ~ 4분기
①	48.6%	51.4%
②	50.1%	49.9%
③	51.4%	48.6%
④	49.9%	50.1%
⑤	50.0%	50.0%

※ 다음은 2022년부터 2023년까지 문화예술행사 관람률에 대한 자료이다. 이어지는 질문에 답하시오.
[15~16]

〈문화예술행사 관람률〉

(단위 : 명, %)

구분		2022년			2023년		
		표본 수	관람	미관람	표본 수	관람	미관람
연령별	15 ~ 19세	754	3.9	96.1	677	96.0	4.0
	20대	1,505	2.9	97.1	1,573	97.4	2.6
	30대	1,570	8.4	91.6	1,640	91.5	8.5
	40대	1,964	11.0	89.0	1,894	89.1	10.9
	50대	2,077	20.6	79.4	1,925	80.8	19.2
	60대	1,409	35.3	64.7	1,335	64.9	35.1
	70대 이상	1,279	53.1	46.9	1,058	49.9	50.1
가구소득별	100만 원 미만	869	57.5	42.5	1,019	51.7	48.3
	100 ~ 200만 원	1,204	41.6	58.4	1,001	60.4	39.6
	200 ~ 300만 원	1,803	24.1	75.9	1,722	76.5	23.5
	300 ~ 400만 원	2,152	18.6	81.4	2,098	82.5	17.5
	400 ~ 500만 원	2,228	11.9	88.1	1,725	89.3	10.7
	500 ~ 600만 원	1,278	8.4	91.6	1,344	92.1	7.9
	600만 원 이상	1,024	8.1	91.9	1,193	92.5	7.5

15 위 자료에 대한 〈보기〉의 설명 중 옳은 것을 모두 고르면?(단, 소수점 첫째 자리에서 반올림한다)

보기

ㄱ. 2022년에 문화예술행사를 관람한 사람의 수는 가구소득이 100만 원 미만인 사람이 가구소득이 100 ~ 200만 원인 사람보다 많다.
ㄴ. 문화예술행사를 관람한 70대 이상의 사람의 수는 2022년도가 2023년도보다 많다.
ㄷ. 2022년에 가구소득이 100 ~ 300만 원인 사람들 중 문화예술행사를 관람한 사람의 비율은 2023년도 가구소득이 100 ~ 200만 원인 사람들 중 문화예술행사를 관람하지 않은 사람의 비율보다 작다.
ㄹ. 2023년에 문화예술행사를 관람한 사람의 수는 40대가 50대보다 많다.

① ㄱ, ㄴ
② ㄴ, ㄷ
③ ㄱ, ㄴ, ㄷ
④ ㄱ, ㄷ, ㄹ
⑤ ㄴ, ㄷ, ㄹ

16 다음 중 자료를 이용하여 작성한 그래프로 옳지 않은 것은?

① 2022년 연령별 문화예술행사관람 비율

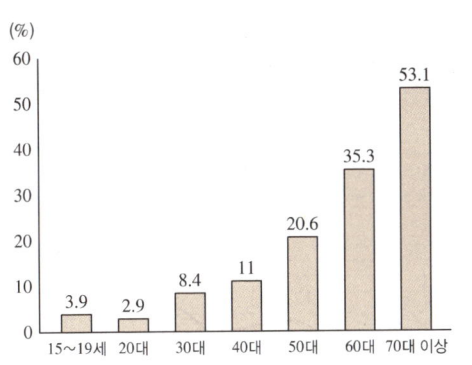

② 2022년 가구소득별 문화예술행사 관람 비율

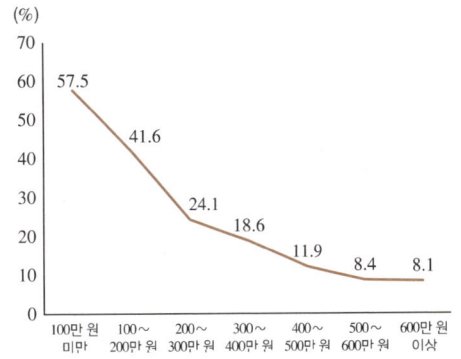

③ 2023년 연령별 문화예술행사 관람자 수

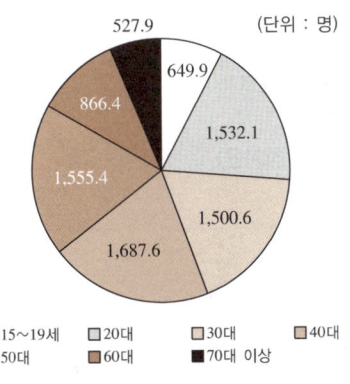

④ 2023년 가구소득별 문화예술행사 미관람자 수

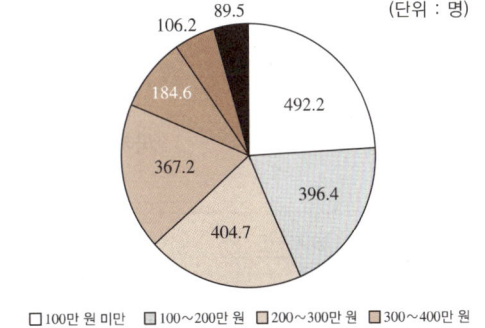

⑤ 2023년 가구소득별 문화예술행사 관람 비율

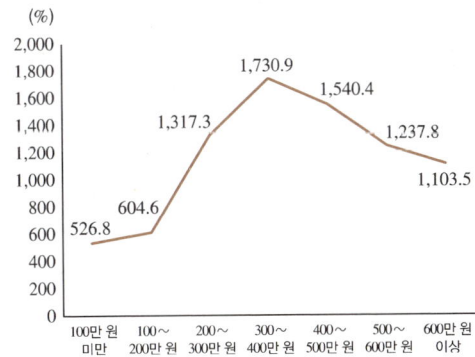

※ 다음은 우리나라 업종별 근로자 수 및 고령근로자 비율과 국가별 65세 이상 경제활동 참가율 현황에 대한 자료이다. 이어지는 질문에 답하시오. [17~18]

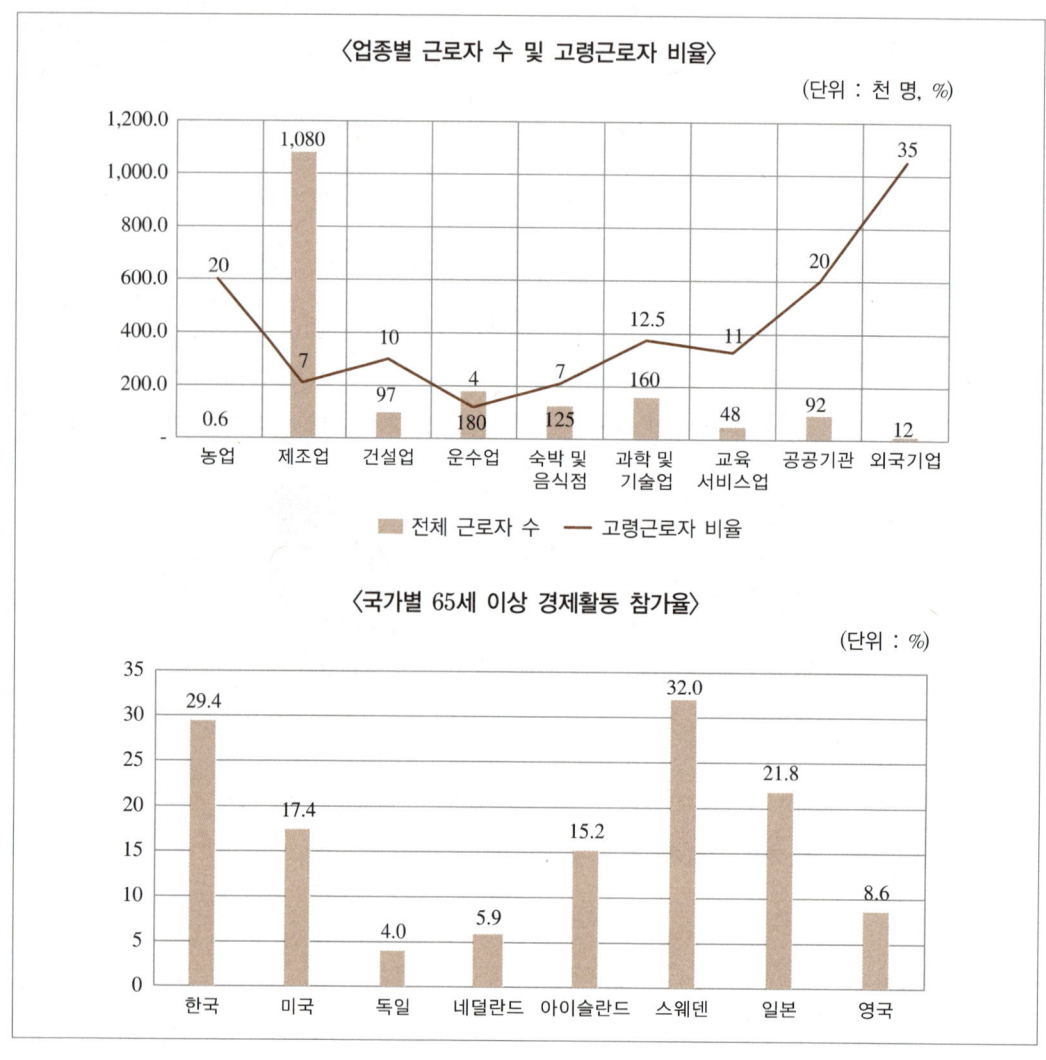

〈업종별 근로자 수 및 고령근로자 비율〉
(단위 : 천 명, %)

전체 근로자 수 ▬▬ 고령근로자 비율

〈국가별 65세 이상 경제활동 참가율〉
(단위 : %)

17 우리나라 고령근로자 현황과 국가별 경제활동 참가율에 대한 해석으로 옳지 않은 것은?(단, 비율은 소수점 둘째 자리에서 반올림한다)

① 고령근로자 비율이 가장 높은 업종은 외국기업이다.

② 농업과 제조업을 제외한 모든 업종의 전체 근로자 수에서 공공기관과 외국기업에 종사하는 전체 근로자 비율은 15% 미만이다.

③ 모든 국가의 65세 이상 경제활동 참가율 합과 우리나라 업종별 고령근로자 비율 총합의 차이는 8.7%p이다.

④ 운수업 및 교육 서비스업에 종사하는 고령근로자는 제조업에 종사하는 고령근로자 수의 15% 이상이다.

⑤ 네덜란드의 조사 인구가 아이슬란드보다 2배 많아도 네덜란드의 고령근로자 수는 아이슬란드보다 적다.

18 국가별 65세 이상 경제활동 참가조사 인구가 다음과 같을 때, (A), (B)에 들어갈 수가 바르게 연결된 것은?

〈국가별 65세 이상 경제활동 참가조사 인구〉

(단위 : 만 명)

구분	한국	미국	독일	네덜란드	아이슬란드	스웨덴	일본	영국
조사 인구	840	2,790	(A)	5,400	8,250	8,600	880	3,540
고령근로자	246.96	485.46	132	318.6	1,254	2,752	191.84	(B)

	(A)	(B)
①	3,400	304.44
②	3,500	296.7
③	3,300	296.7
④	3,300	304.44
⑤	3,500	304.44

※ 다음은 A국의 국내기업 7개의 정부지원금 현황을 나타낸 자료이다. 이어지는 질문에 답하시오. **[19~20]**

〈2023년 국내기업 7개 정부지원금 현황〉

(단위 : 원)

구분	정부지원금
B기업	482,000,000
C기업	520,400,000
D기업	871,900,000
E기업	792,500,000
F기업	427,030,000
G기업	887,400,000
H기업	568,200,000

〈2022년 국내기업 7개 정부지원금 현황〉

(단위 : 만 원)

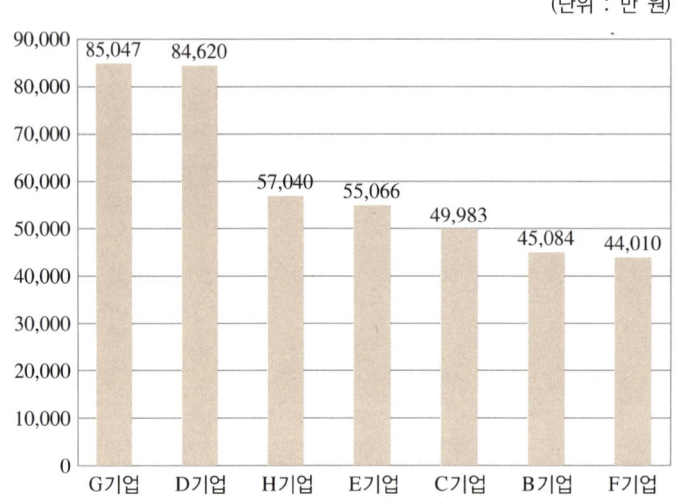

〈2021년 국내기업 5개 정부지원금 현황〉

(단위 : 원)

구분	정부지원금
1위	830,450,000
2위	820,840,000
3위	580,310,000
4위	520,530,000
5위	520,190,000

19 다음 〈보기〉 중 위 자료에 대한 내용으로 옳은 것을 모두 고르면?

> **보기**
>
> ㄱ. 2022년과 2023년 정부지원금이 동일한 기업은 5개이다.
> ㄴ. 정부지원금을 2021년에 G기업이 가장 많이 받았다면 G기업은 3개년 연속 1위이다.
> ㄷ. 2023년에 정부지원금이 전년 대비 줄어든 기업은 2개이다.
> ㄹ. 2023년 상위 7개 기업의 총 정부지원금은 전년 대비 30,000만 원 이상 증가하였다.

① ㄱ, ㄹ   ② ㄴ, ㄷ
③ ㄴ, ㄹ   ④ ㄱ, ㄴ, ㄷ
⑤ ㄴ, ㄷ, ㄹ

20 다음 정보를 참고하여 2021년 정부지원금을 기준으로 1 ~ 5위 기업을 순서대로 바르게 나열한 것은?

> **〈정보〉**
>
> • 2022년을 기준으로 1위와 2위가 바뀌었다.
> • E기업은 매년 한 순위씩 상승했다.
> • 2021년부터 3년간 5위 안에 드는 기업은 동일하다.
> • H기업은 2022년까지 매년 3위를 유지하다가 2023년 한 순위 떨어졌다.

① G – D – H – E – C   ② G – D – E – H – C
③ D – G – H – C – E   ④ D – G – H – E – C
⑤ D – G – E – H – C

MEMO

PART 4

최종점검 모의고사

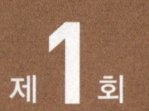
최종점검 모의고사

모바일 OMR
답안채점 / 성적분석
서비스

🕐 응시시간 : 30분   📝 문항 수 : 20문항

정답 및 해설 p.082

01 혜주, 승혜, 민지가 학교에서 도서관까지 가는 데 혜주와 승혜는 동시에 출발하고 민지는 3분 후에 출발하였다. 승혜와 민지가 도서관에 동시에 도착했을 때, 혜주는 도서관으로부터 300m 떨어진 곳에 있었고, 혜주, 승혜, 민지의 속도의 비는 2 : 3 : 4였다. 3명 모두 일정한 속도로 움직일 때, 승혜의 속도는 몇 m/min인가?

① 25m/min   ② 50m/min

③ 75m/min   ④ 100m/min

⑤ 125m/min

02 어느 볼펜 조립 작업장에서 근무하는 갑, 을, 병의 6시간 동안 총작업량은 435개였다. 을의 작업 속도가 갑의 1.2배이고, 병의 작업 속도가 갑의 0.7배라면, 갑이 1시간 동안 조립하는 볼펜의 개수는 몇 개인가?(단, 각 작업자의 작업 속도는 동일하다)

① 23개   ② 24개

③ 25개   ④ 26개

⑤ 27개

03 수영장에 물을 공급하는 장치 A와 물을 배출하는 장치 B가 있다. A, B 각각 1시간당 일정한 양의 물을 공급하고 배출한다. A장치를 작동시켰을 때 수영장 물을 가득 채우는 데 4시간이 걸리고, A와 B를 동시에 작동시켰을 때 수영장 물을 가득 채우는 시간은 6시간이 걸린다. 수영장에 물이 가득 채워져 있을 때, B장치를 작동시키면 전체 물이 배출되는 데 걸리는 시간은 얼마인가?

① 11시간   ② 12시간
③ 13시간   ④ 14시간
⑤ 15시간

04 진희가 집에서 자전거 뒷좌석에 동생을 태우고 10km/h의 속력으로 회사에 가고 있었다. 회사 가는 길에 있는 어린이집에 동생을 내려주고, 아까의 1.4배의 속력으로 회사에 갔다. 진희의 집에서 회사까지의 거리는 12km이고, 진희가 8시에 집에서 나와 9시에 도착했다면, 진희가 어린이집에서 출발한 시각은 언제인가?

① 8시 25분   ② 8시 30분
③ 8시 35분   ④ 8시 40분
⑤ 8시 45분

05 주머니에 1, 2, 3, 4, 5가 적힌 5개의 크기와 모양이 같은 공이 들어 있다. 이 주머니에서 임의로 한 개의 공을 꺼낼 때, 홀수이면 한 개의 주사위를 2번 던지고, 짝수이면 3번 던진다. 하나의 공을 꺼낸 다음, 주사위를 던져 나온 숫자의 합이 5일 확률이 $\dfrac{q}{p}$ 일 때, $p+q$ 의 값은?(단, p 와 q 는 서로소인 자연수이다)

① 97   ② 98
③ 99   ④ 100
⑤ 101

06 다음과 같은 바둑판 도로망이 있다. 갑은 A지점에서 출발하여 B지점까지 최단 거리로 이동하고, 을은 B지점에서 출발하여 A지점까지 최단 거리로 이동한다. 갑과 을이 동시에 출발하여 같은 속력으로 이동할 때, 갑과 을이 만나는 경우의 수는 몇 가지인가?

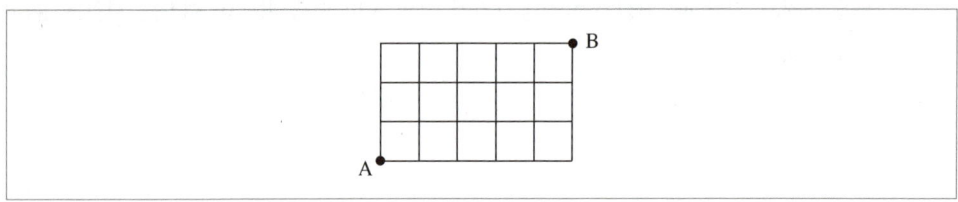

① 244가지　　　　　　　　　　② 574가지
③ 867가지　　　　　　　　　　④ 1,184가지
⑤ 1,342가지

07 농도 13%의 소금물 400g과 농도 7%의 소금물 200g을 섞은 후, 농도를 알 수 없는 소금물 A 100g을 섞었더니 농도 10%의 소금물이 되었다고 할 때, 소금물 A의 농도는 몇 %인가?

① 2%　　　　　　　　　　② 4%
③ 6%　　　　　　　　　　④ 8%
⑤ 10%

08 다음과 같이 일정한 규칙에 따라 나열한 수열이다. 이때, (A)＋(B)의 값은?

5,040	11	5,040	(A)	2,520	33	840	44	(B)

① 228　　　　　　　　　　② 230
③ 232　　　　　　　　　　④ 234
⑤ 236

09 다음은 주요 대상국별 김치 수출액에 대한 자료이다. 기타를 제외하고 2024년 수출액이 3번째로 많은 국가의 2023년 대비 2024년 김치 수출액의 증감률은?(단, 소수점 셋째 자리에서 반올림한다)

〈주요 대상국별 김치 수출액〉

(단위 : 천 달러, %)

구분	2023년		2024년	
	수출액	점유율	수출액	점유율
일본	44,548	60.6	47,076	59.7
미국	5,340	7.3	6,248	7.9
호주	2,273	3.1	2,059	2.6
대만	3,540	4.8	3,832	4.9
캐나다	1,346	1.8	1,152	1.5
영국	1,919	2.6	2,117	2.7
뉴질랜드	773	1.0	1,208	1.5
싱가포르	1,371	1.9	1,510	1.9
네덜란드	1,801	2.4	2,173	2.7
홍콩	4,543	6.2	4,285	5.4
기타	6,093	8.3	7,240	9.2
합계	73,547	100	78,900	100

① -5.06%

② -5.68%

③ -6.24%

④ -6.82%

⑤ -7.02%

10 다음은 A회사의 2014년과 2024년의 출신 지역 및 직급별 임직원 수에 대한 자료이다. 이에 대한 설명으로 옳지 않은 것은?

〈2014년의 출신 지역 및 직급별 임직원 수〉

(단위 : 명)

지역 직급	서울·경기도	강원도	충청북도	충청남도	경상북도	경상남도	전라북도	전라남도	합계
이사	0	0	1	1	0	0	1	1	4
부장	0	0	1	0	0	1	1	1	4
차장	4	4	3	3	2	1	0	3	20
과장	7	0	7	4	4	5	11	6	44
대리	7	12	14	12	7	7	5	18	82
사원	19	38	41	37	11	12	4	13	175
합계	37	54	67	57	24	26	22	42	329

〈2024년의 출신 지역 및 직급별 임직원 수〉

(단위 : 명)

지역 직급	서울·경기도	강원도	충청북도	충청남도	경상북도	경상남도	전라북도	전라남도	합계
이사	3	0	1	1	0	0	0	2	8
부장	0	0	2	0	0	1	1	0	4
차장	3	4	3	4	2	1	1	2	20
과장	8	1	14	7	6	7	18	14	75
대리	10	14	13	13	7	6	2	12	77
사원	12	35	38	31	8	11	2	11	148
합계	36	54	71	56	23	26	25	41	332

① 2024년에 과장의 수는 2014년에 비해 증가하였다.

② 2014년과 2024년 모두 충청북도 출신의 임직원이 가장 많다.

③ 출신 지역을 고려하지 않을 때, 2024년에 직급별 인원의 2014년 대비 증가율은 이사 직급에서 가장 크다.

④ 출신 지역별로 비교할 때, 2024년의 경우 해당 지역 출신 임직원 중 과장의 비율은 전라북도가 가장 높다.

⑤ 2024년에 대리의 수가 2014년에 비해 늘어난 출신 지역은 대리의 수가 줄어든 출신 지역에 비해 많다.

11 다음은 학년별 온라인수업 수강방법에 대한 자료이다. 이에 대한 〈보기〉의 설명 중 옳은 것을 모두 고르면?

〈학년별 온라인수업 수강방법〉

(단위 : %)

구분		스마트폰	태블릿PC	노트북	PC
학년	초등학생	7.2	15.9	34.4	42.5
	중학생	5.5	19.9	36.8	37.8
	고등학생	3.1	28.5	38.2	30.2
성별	남학생	10.8	28.1	30.9	30.2
	여학생	3.8	11.7	39.1	45.4

보기

㉠ 초등학생에서 중학생, 고등학생으로 올라갈수록 스마트폰과 PC의 이용률은 감소하고, 태블릿PC와 노트북의 이용률은 증가한다.
㉡ 초·중·고등학생의 노트북과 PC의 이용률의 차이는 고등학생이 가장 작다.
㉢ 태블릿PC의 남학생·여학생 이용률의 차이는 노트북의 남학생·여학생 이용률의 2배이다.

① ㉠
② ㉠, ㉡
③ ㉠, ㉢
④ ㉡, ㉢
⑤ ㉠, ㉡, ㉢

12 A은행의 경제연구소는 고령가구의 재무건전성 판단을 위해 다음과 같은 자료를 조사하여 분석보고서를 작성하였다. 이를 이해한 내용으로 옳지 않은 것은?

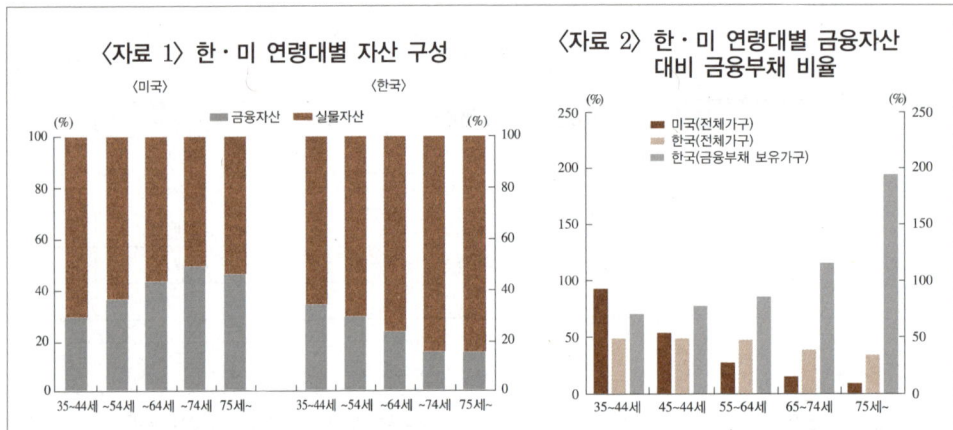

〈자료 1〉 한·미 연령대별 자산 구성

〈미국〉 　　　〈한국〉

금융자산　실물자산

〈자료 2〉 한·미 연령대별 금융자산 대비 금융부채 비율

미국(전체가구)
한국(전체가구)
한국(금융부채 보유가구)

〈자료 3〉 주요국의 자산축적연령인구 비중 감소 및 고령화 속도

(단위 : %p, 연)

구분	고점 대비 10년간 하락 폭	고령화사회 → 고령사회 (소요기간)	고령사회 → 초고령사회 (소요기간)
네덜란드	2.9	64	15
호주	2.0	74	22
영국	2.3	45	52
프랑스	2.2	115	38
스웨덴	2.1	85	41
스페인	3.3	45	28
캐나다	2.3	64	16
덴마크	1.3	54	42
노르웨이	1.1	47	53
독일	1.8	40	36
오스트리아	0.7	36	51
미국	2.7	70	16
일본	1.4	26	10
한국	3.8	18	8

① 우리나라 자산의 경우 미국에 비해 실물자산 비중이 훨씬 높은 가운데 고령층으로 갈수록 금융자산의 비중이 대체로 높아지는 미국과 달리 실물자산 편중도가 더욱 심화되는 모습이다.

② 우리나라 55 ~ 74세 가구의 실물자산 비중이 약 80%로 미국을 크게 상회할 뿐만 아니라 금융자산 대비 금융부채 비율(전체가구 기준)도 약 2 ~ 3배 높은 수준이다.

③ 특히 우리나라의 55 ~ 74세 금융부채 보유가구의 경우 금융자산 대비 금융부채 비율이 85 ~ 115%이어서 금융부채 상환을 위해서는 실물자산을 처분할 수밖에 없는 가구가 발생할 수 있다.

④ 우리나라의 자산축적연령인구 비중은 고점 대비 10년간 하락 폭이 3.8%p로 주요국 평균에 비해 약 3배 크다.

⑤ 우리나라가 고령사회에서 초고령사회로 진입하는 데 걸리는 기간이 8년으로서 주요국 평균보다 약 3.8배 빠를 것으로 예상된다.

13 다음은 유형별 국가지정 등록문화재 현황에 대한 자료이다. 이에 대한 설명으로 옳은 것은?

〈유형별 국가지정 등록문화재 현황〉

(단위 : 건)

행정구역별	지정문화재								등록문화재 수
	소계	국보	보물	사적	명승	천연기념물	국가무형문화재	국가민속문화재	
합계	3,939	331	2,106	500	110	457	138	297	724
서울	997	164	682	67	3	12	28	41	198
부산	71	5	45	5	2	7	5	2	18
대구	88	3	69	8	–	2	–	6	11
인천	66	1	27	18	1	14	5	–	8
광주	23	2	12	2	1	2	1	3	15
대전	17	1	12	1	–	1	–	2	21
울산	19	2	7	5	–	3	–	2	6
세종	4	–	2	–	–	1	–	1	–
경기	302	11	165	69	4	19	12	22	78
강원	188	11	79	18	25	41	3	11	40
충북	183	12	95	19	10	23	3	21	28
충남	249	27	125	50	3	16	4	24	54
전북	196	8	93	36	6	32	8	13	60
전남	383	21	184	45	19	61	15	38	83
경북	670	52	337	99	15	67	9	91	38
경남	308	11	164	51	12	44	14	12	43
제주	85	–	8	7	9	49	4	8	23
기타	90	–	–	–	–	63	27	–	–

① 전남의 국가무형문화재가 전체 국가무형문화재에서 차지하는 비율은 약 15%이다.

② 문화재가 없는 경우를 제외하고 등록문화재가 가장 적은 행정구역은 인천이다.

③ 지정문화재 중에서 사적이 가장 많은 행정구역은 경북이며, 명승이 가장 많은 행정구역은 전남이다.

④ 서울의 국보가 전체 국보에서 차지하는 비율은 서울의 보물이 전체 보물에서 차지하는 비율보다 작다.

⑤ 기타 행정구역을 제외하고 지정문화재 중 명승이 없는 행정구역 수와 국가무형문화재가 없는 행정구역 수는 동일하다.

14 다음은 지역개발사업에 대한 신문과 방송의 보도 비율을 사업 착공 전후로 나누어 분석하고, 이 중 주요 분야 6개를 선택하여 작성한 자료이다. 이에 대한 〈보기〉의 설명 중 옳은 것을 모두 고르면?

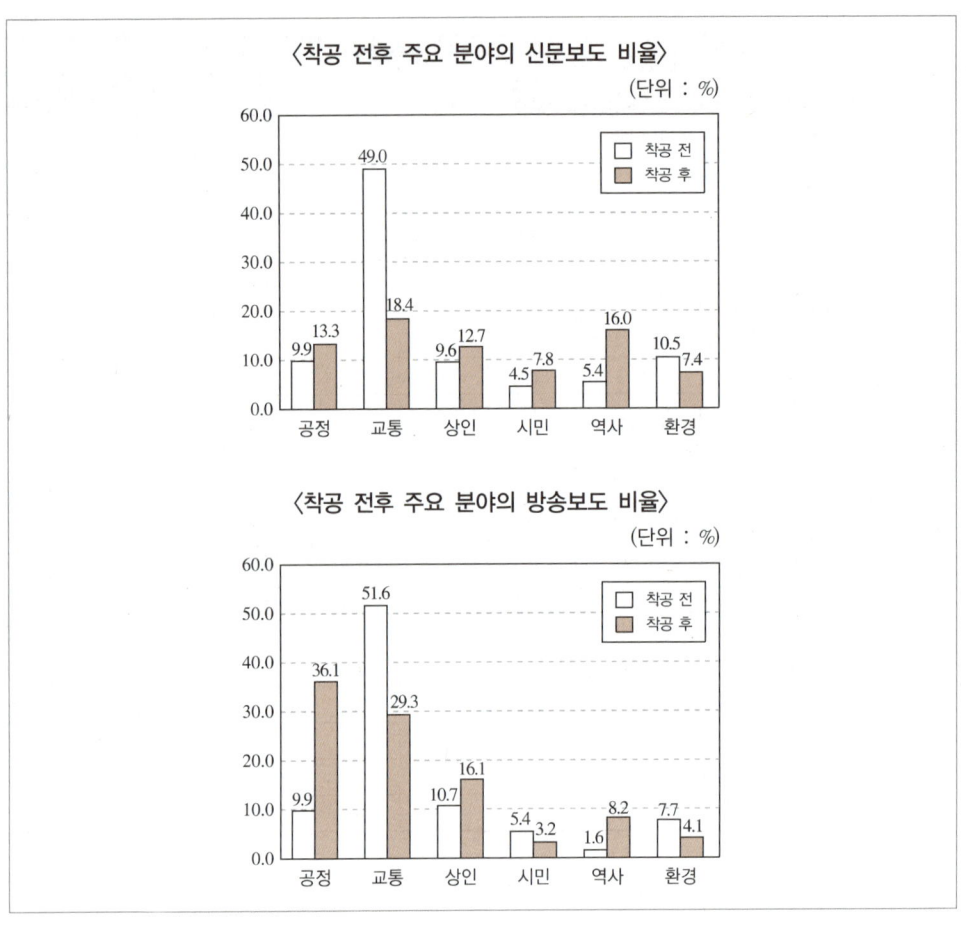

〈착공 전후 주요 분야의 신문보도 비율〉

〈착공 전후 주요 분야의 방송보도 비율〉

보기

ㄱ. 신문보도와 방송보도에서 각각 착공 전에 가장 높은 보도 비율을 보인 두 분야 모두 착공 후 보도 비율이 감소했다.

ㄴ. 교통은 착공 후에도 신문과 방송 모두에서 가장 많이 보도된 분야이다.

ㄷ. 착공 전에 비해 착공 후 교통에 대한 보도 비율의 감소 폭은 방송보다 신문에서 더 큰 것으로 나타났다.

ㄹ. 착공 전 대비 착공 후 보도 비율의 증가율이 신문과 방송 모두에서 가장 큰 분야는 역사이다.

ㅁ. 착공 전 교통에 대한 보도 비율은 신문보다는 방송에서 더 높은 것으로 나타났다.

① ㄱ, ㄴ, ㅁ   ② ㄱ, ㄷ, ㄹ

③ ㄴ, ㄷ, ㄹ   ④ ㄱ, ㄷ, ㄹ, ㅁ

⑤ ㄴ, ㄷ, ㄹ, ㅁ

15 다음은 A지역의 연도별 아파트 분쟁 신고현황에 대한 자료이다. 이를 나타낸 〈보기〉의 그래프 중 옳은 것을 모두 고르면?

〈연도별 아파트 분쟁 신고현황〉

(단위 : 건)

구분	2020년	2021년	2022년	2023년
관리비 회계 분쟁	220	280	340	350
입주자대표회의 운영 분쟁	40	60	100	120
정보공개 관련 분쟁	10	20	10	30
하자처리 분쟁	20	10	10	20
여름철 누수 분쟁	80	110	180	200
층간소음 분쟁	430	520	860	1,280

보기

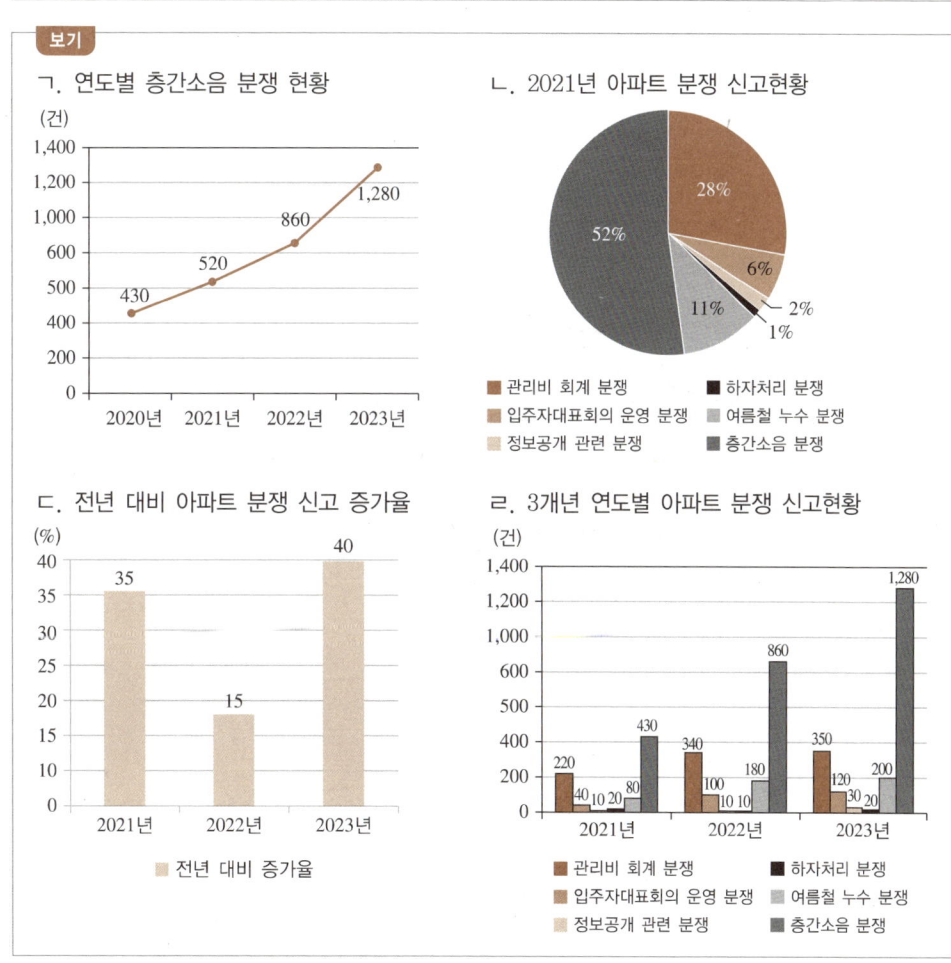

ㄱ. 연도별 층간소음 분쟁 현황

ㄴ. 2021년 아파트 분쟁 신고현황

ㄷ. 전년 대비 아파트 분쟁 신고 증가율

ㄹ. 3개년 연도별 아파트 분쟁 신고현황

① ㄱ, ㄴ
② ㄱ, ㄷ
③ ㄴ, ㄷ
④ ㄴ, ㄹ
⑤ ㄷ, ㄹ

16 다음은 우리나라 제조업 상위 3개 업종 종사자수를 나타낸 자료이다. 이를 변환한 그래프로 옳은 것은?

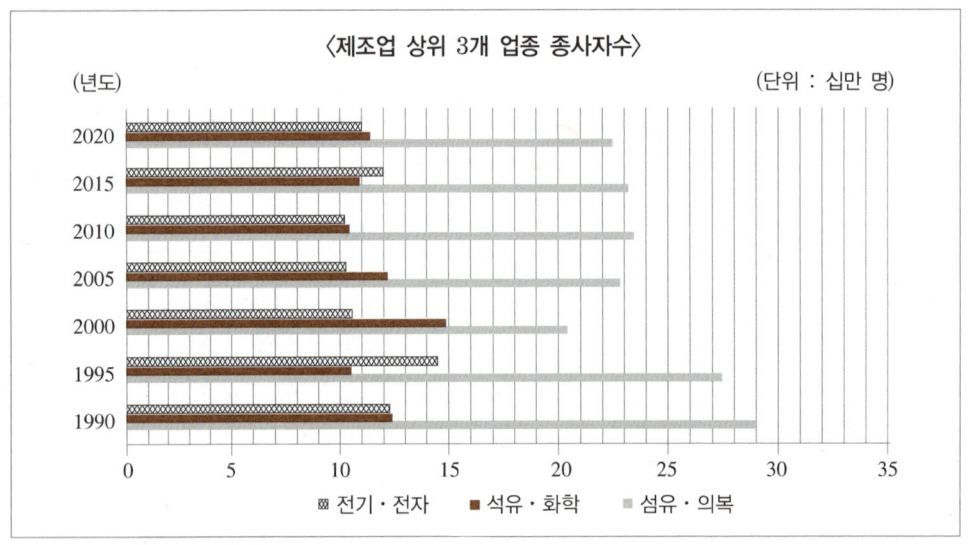

① (십만 명)

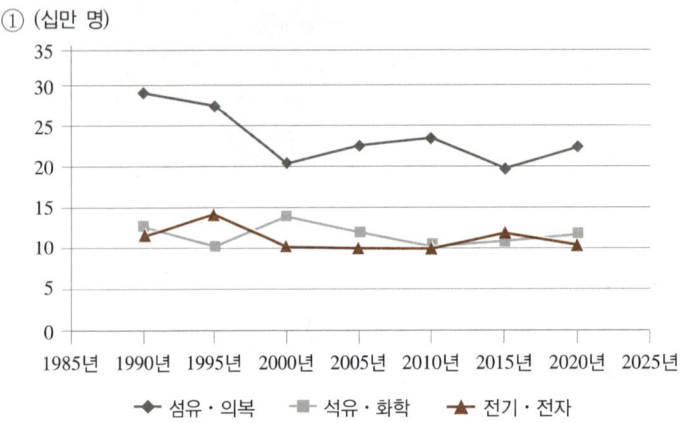

② (십만 명)

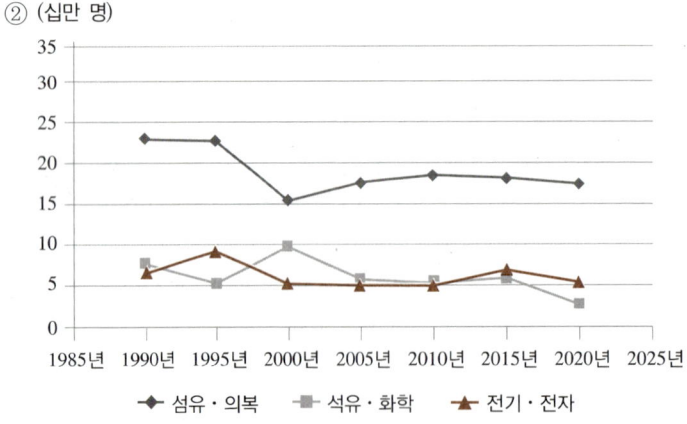

③ (십만 명)

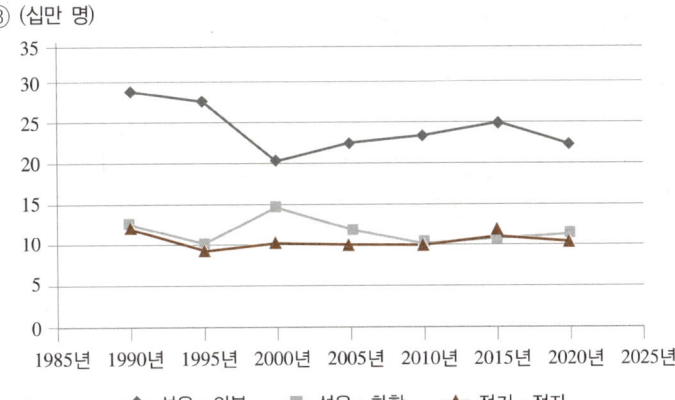

④ (십만 명)

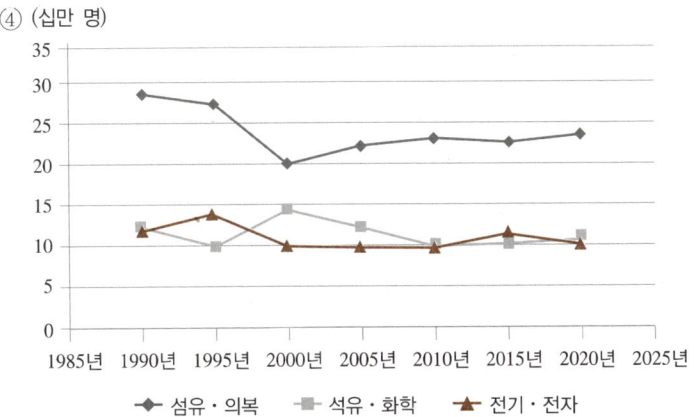

⑤ (십만 명)

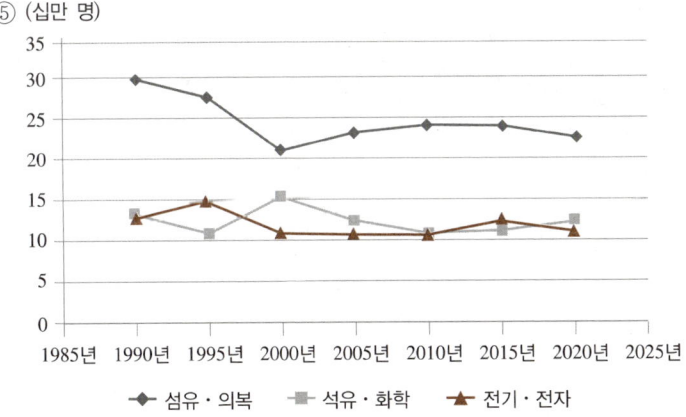

17 다음은 연도별 치킨전문점 개·폐업점 수에 대한 자료이다. 이를 바르게 나타낸 그래프는?

〈연도별 개·폐업점 수〉

(단위 : 개)

구분	개업점 수	폐업점 수	구분	개업점 수	폐업점 수
2012년	3,449	1,965	2018년	3,252	2,873
2013년	3,155	2,121	2019년	3,457	2,745
2014년	4,173	1,988	2020년	3,620	2,159
2015년	4,219	2,465	2021년	3,244	3,021
2016년	3,689	2,658	2022년	3,515	2,863
2017년	3,887	2,785	2023년	3,502	2,758

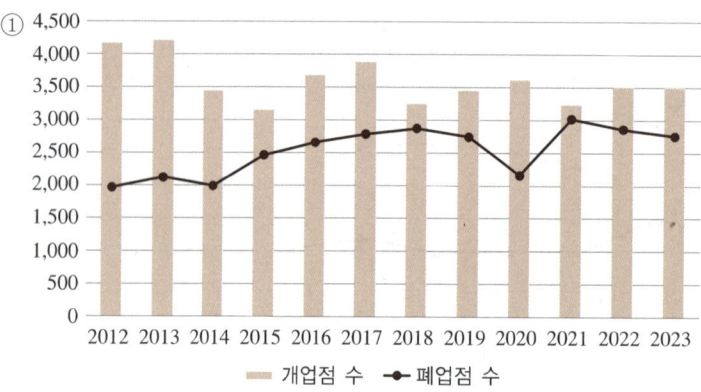

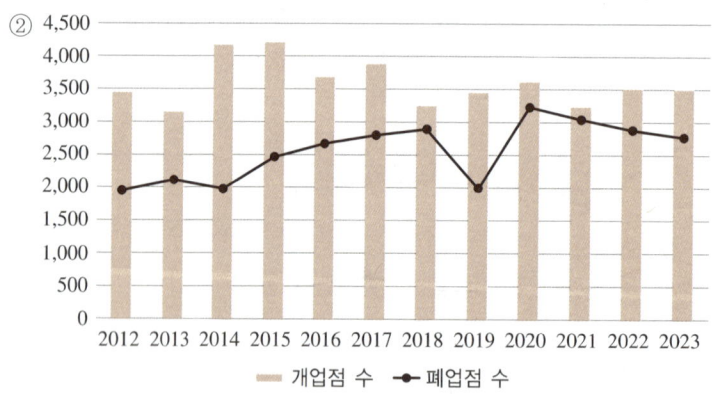

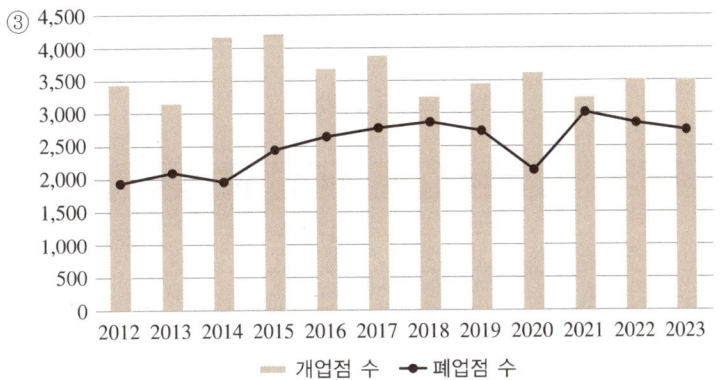

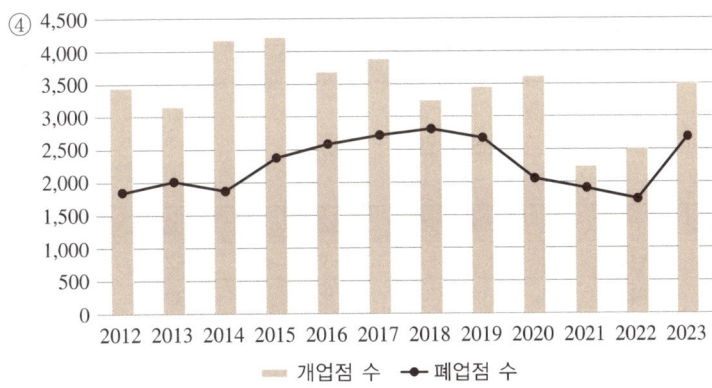

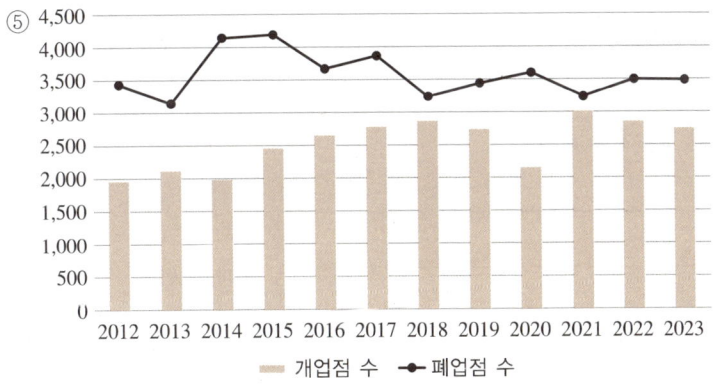

18 다음은 난민 통계 현황에 대한 자료이다. 이를 나타낸 그래프로 옳지 않은 것은?

〈난민 신청자 현황〉

(단위 : 명)

구분		2020년	2021년	2022년	2023년
성별	남자	1,039	1,366	2,403	4,814
	여자	104	208	493	897
국적	파키스탄	242	275	396	1,143
	나이지리아	102	207	201	264
	이집트	43	97	568	812
	시리아	146	295	204	404
	중국	3	45	360	401
	기타	178	471	784	2,687

〈난민 인정자 현황〉

(단위 : 명)

구분		2020년	2021년	2022년	2023년
성별	남자	39	35	62	54
	여자	21	22	32	51
국적	미얀마	18	19	4	32
	방글라데시	16	10	2	12
	DR콩고	4	1	3	1
	에티오피아	4	3	43	11
	기타	18	24	42	49

① 난민 신청자 연도 · 국적별 현황

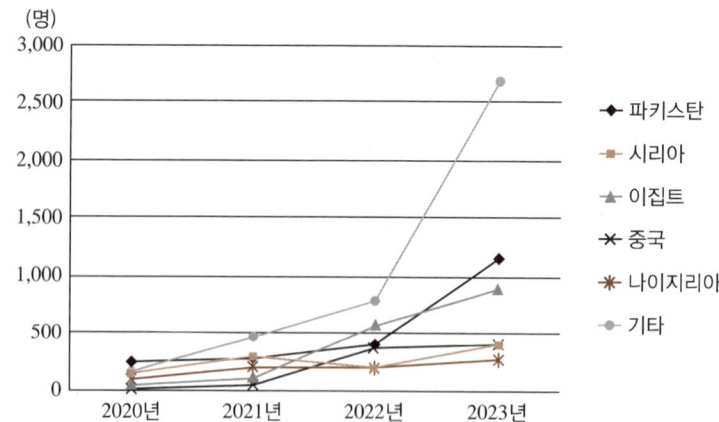

② 전년 대비 성별 난민 인정자 증감률(2021 ~ 2023년)

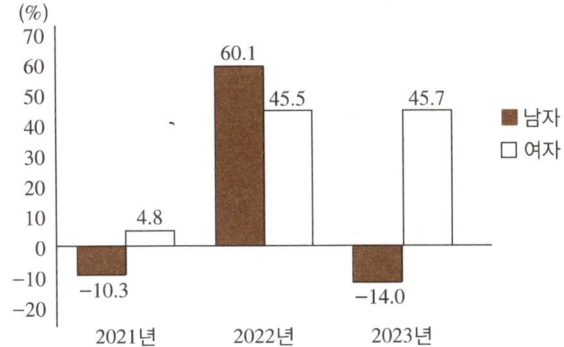

③ 난민 신청자 현황

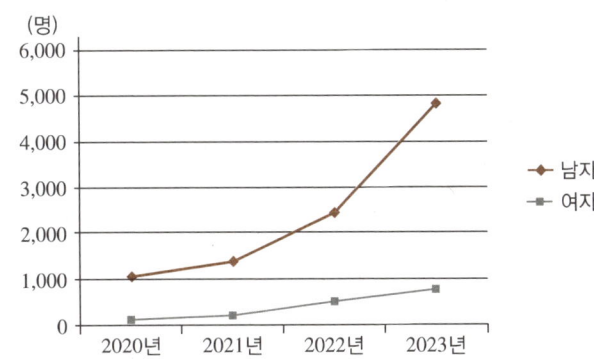

④ 난민 인정자 비율

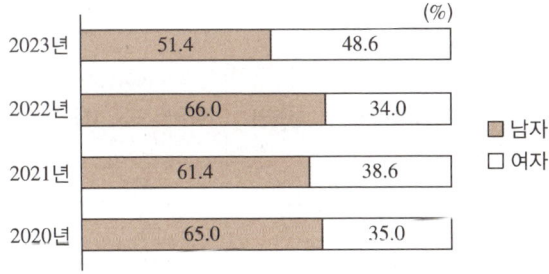

⑤ 2023년 국가별 난민 신청자 비율

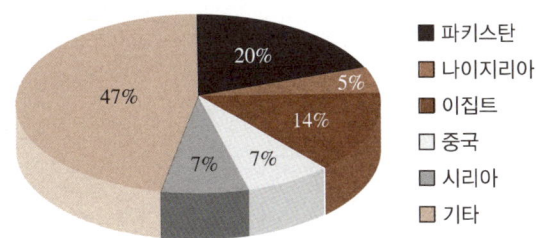

※ 다음은 A공사의 2022 ~ 2024년까지의 지식재산권 현황을 나타낸 자료이다. 이어지는 질문에 답하시오. **[19~20]**

〈2024년 지식재산권 현황(누적)〉

(단위 : 건)

| 구분 | 계 | 산업재산권 | | | | | SW권 (컴퓨터 프로그램) | 저작권 |
		소계	특허권 (PCT 포함)	실용신안 권	디자인권	상표권		
총계	385	100	66	0	24	10	71	214
출원	21	21	16	0	0	5	0	0
등록	364	79	50	0	24	5	71	214

〈2023년 지식재산권 현황(누적)〉

(단위 : 건)

| 구분 | 계 | 산업재산권 | | | | | SW권 (컴퓨터 프로그램) | 저작권 |
		소계	특허권 (PCT 포함)	실용신안 권	디자인권	상표권		
총계	386	104	70	0	24	10	68	214
출원	32	32	27	0	0	5	0	0
등록	354	72	43	0	24	5	68	214

〈2022년 지식재산권 현황(누적)〉

(단위 : 건)

| 구분 | 계 | 산업재산권 | | | | | SW권 (컴퓨터 프로그램) | 저작권 |
		소계	특허권 (PCT 포함)	실용신안 권	디자인권	상표권		
총계	361	90	52	0	28	10	57	214
출원	24	24	19	0	0	5	0	0
등록	337	66	33	0	28	5	57	214

19 다음 〈보기〉의 2024년 지식재산권 현황에 대한 설명 중 옳은 것을 모두 고르면?

> **보기**
> ㉠ 2024년까지 등록 및 출원된 산업재산권 수는 등록 및 출원된 SW권보다 40% 이상 많다.
> ㉡ 2024년까지 출원된 특허권 수는 산업재산권 전체 출원 수의 80% 이상을 차지한다.
> ㉢ 2024년까지 등록된 저작권 수는 등록된 SW권의 3배를 초과한다.
> ㉣ 2024년까지 출원된 특허권 수는 등록 및 출원된 특허권의 50% 이상이다.

① ㉠, ㉡
② ㉠, ㉢
③ ㉡, ㉣
④ ㉢, ㉣
⑤ ㉠, ㉢, ㉣

PART 1
PART 2
PART 3
PART 4

20 다음 중 2022 ~ 2024년 동안 지식재산권 현황에 대한 설명으로 옳지 않은 것은?

① 등록된 지식재산권 중 2022 ~ 2024년 동안 건수에 변동이 없는 것은 2가지이다.
② 총 디자인권 수는 2022년 대비 2024년에 5% 이상 감소하였다.
③ 매년 모든 산업재산권에서 등록된 건수가 출원된 건수 이상이다.
④ 등록된 SW권 수는 2022년 대비 2024년에 20% 이상 증가하였다.
⑤ 등록된 누적 특허권 수는 2023년과 2024년 모두 전년 대비 증가하였다.

최종점검 모의고사

모바일 OMR
답안채점 / 성적분석
서비스

🕐 응시시간 : 30분　📋 문항 수 : 20문항

정답 및 해설 p.086

01 A기업은 신입사원들을 대상으로 3개월 동안 의무적으로 강연을 듣게 하였다. 강연은 월요일과 수요일에 1회씩 열리고 금요일에는 격주로 1회씩 열린다고 한다. 8월 1일 월요일에 처음 강연을 들은 신입사원이 13번째 강연을 듣는 날은 언제인가?(단, 첫 주 금요일 강연은 열리지 않았다)

① 8월 31일
② 9월 2일
③ 9월 5일
④ 9월 7일
⑤ 9월 9일

02 며칠 전 Q씨는 온라인 쇼핑몰 S마켓에서 1개당 7,500원인 A상품을 6개, 1개당 8,000원인 B상품을 5개를 구매하였고 배송비는 무료였다. 오늘 두 물건을 받아본 Q씨는 마음에 들지 않아 두 물건을 반품하고 회수되는 금액으로 1개당 5,500원인 C상품을 사려고 한다. A상품과 B상품을 반품할 때 반품 배송비는 총 5,000원이며, C상품을 구매할 때에는 3,000원의 배송비가 발생한다. 이때 C상품은 몇 개 구매할 수 있는가?

① 14개
② 15개
③ 16개
④ 17개
⑤ 18개

03 0, 1, 2, 3, 4가 적힌 5장의 카드가 있다. A와 B는 이 중 3장의 카드를 뽑아 큰 숫자부터 나열하여 가장 큰 세 자리 숫자를 만든 사람이 이기는 게임을 하기로 했다. A가 0, 2, 3을 뽑았을 때, B가 이길 확률은 얼마인가?

① 60%
② 65%
③ 70%
④ 75%
⑤ 80%

04 9개의 숫자 1, 2, 3, 4, 5, 6, 7, 8, 9 중에서 서로 다른 3개의 숫자를 택할 때, 각 자리의 수 중 어떤 두 수의 합도 9가 아닌 수를 만들려고 한다. 예를 들어 217은 조건을 만족하지 않고 352는 조건을 만족한다. 조건을 만족하는 세 자리 자연수의 개수는 몇 개인가?

① 144개   ② 168개

③ 250개   ④ 366개

⑤ 402개

05 희경이의 회사는 본사에서 A지점까지의 거리가 총 50km이다. 본사에서 근무하는 희경이가 A지점에서의 미팅을 위해 버스를 타고 60km/h의 속력으로 20km를 갔더니 미팅시간이 얼마 남지 않아 택시로 바꿔 타고 90km/h의 속력으로 갔더니 오후 3시에 도착할 수 있었다. 희경이가 본사에서 나온 시각은 언제인가?(단, 본사에서 나와 버스를 기다린 시간과 버스에서 택시로 바꿔 탄 시간은 고려하지 않는다)

① 오후 1시 40분   ② 오후 2시

③ 오후 2시 20분   ④ 오후 2시 40분

⑤ 오후 3시

06 농도 5%의 설탕물 300g과 농도 9%의 설탕물을 섞어 농도 7% 이상 8% 이하의 설탕물을 만들려고 한다. 넣을 수 있는 농도 9%의 설탕물의 최소량과 최대량의 합은 얼마인가?

① 900g   ② 1,200g

③ 1,500g   ④ 1,800g

⑤ 2,100g

07 반도체 부품을 만드는 A공장에는 구형기계와 신형기계가 있다. 구형기계 3대와 신형기계 5대를 가동했을 때는 1시간에 4,200개의 부품을, 구형기계 5대와 신형기계 3대를 가동했을 때는 1시간에 3,000개의 부품을 만들 수 있다. 구형기계와 신형기계를 각각 1대씩 가동했을 때, 1시간에 만들 수 있는 부품의 개수는 몇 개인가?

① 900개   ② 1,000개

③ 1,100개   ④ 1,200개

⑤ 1,300개

08 일정한 규칙으로 수를 나열할 때, 빈칸에 들어갈 수로 옳은 것은?

$$1 \quad 2 \quad 3 \quad \frac{5}{2} \quad 9 \quad 3 \quad (\quad)$$

① $\dfrac{7}{2}$　　　　　　　　　　② 7

③ $\dfrac{27}{2}$　　　　　　　　　　④ 27

⑤ $\dfrac{37}{2}$

09 다음은 전자인증서 인증수단 방법 중 선호도를 조사한 자료이다. 이에 대한 설명으로 옳지 않은 것은?(단, 평균점수는 소수점 첫째 자리에서 반올림한다)

〈전자인증서 인증 수단별 선호도 현황〉

(단위 : 점)

구분	실용성	보안성	간편성	유효기간
공인인증서 방식	16	( )	14	1년
ID/PW 방식	18	10	16	없음
OTP 방식	15	18	14	1년 6개월
이메일 및 SNS 방식	18	8	10	없음
생체인증 방식	20	19	18	없음
I-pin 방식	16	17	15	2년

※ 선호도는 실용성, 보안성, 간편성 점수를 합한 값임
※ 유효기간이 1년 이하인 방식은 보안성 점수에 3점을 가산함

① 생체인증 방식의 선호도는 OTP 방식과 I-pin 방식 합보다 38점 낮다.
② 실용성 전체 평균점수보다 높은 방식은 총 4가지이다.
③ 유효기간이 '없음'인 인증수단 방식의 간편성 평균점수는 15점이다.
④ 공인인증서 방식의 선호도가 51점일 때, 빈칸에 들어갈 값은 18점이다.
⑤ 유효기간이 '없음'인 인증수단 방식의 실용성 점수는 모두 18점 이상이다.

10 다음은 우리나라 지역별 가구 수와 1인 가구 수를 나타낸 자료이다. 이에 대한 설명으로 옳은 것은?

〈지역별 가구 수 및 1인 가구 수〉

(단위 : 천 가구)

구분	전체 가구	1인 가구
서울특별시	3,675	1,012
부산광역시	1,316	367
대구광역시	924	241
인천광역시	1,036	254
광주광역시	567	161
대전광역시	596	178
울산광역시	407	97
경기도	4,396	1,045
강원도	616	202
충청북도	632	201
충청남도	866	272
전라북도	709	222
전라남도	722	242
경상북도	1,090	365
경상남도	1,262	363
제주특별자치도	203	57
합계	19,017	5,279

① 전체 가구 대비 1인 가구의 비율이 가장 높은 지역은 충청북도이다.
② 서울특별시 · 인천광역시 · 경기도의 1인 가구는 전체 1인 가구의 40% 이상을 차지한다.
③ 도 지역의 가구 수 총합보다 서울시 및 광역시의 가구 수 총합이 더 크다.
④ 경기도를 제외한 도 지역 중 1인 가구 수가 가장 많은 지역이 전체 가구 수도 제일 많다.
⑤ 전라북도와 전라남도의 1인 가구 수 합의 2배는 경기도의 1인 가구 수보다 많다.

11 다음 〈조건〉과 상황을 근거로 판단할 때, 갑이 1년 간 자동차를 유지하는 데 필요한 총비용은?

조건

1. 자동차 유지비는 연 감가상각비, 연 자동차 보험료, 연 주유비용으로 구성되며 그 외의 비용은 고려하지 않는다.
2. 연 감가상각비 계산 공식
   [(자동차 구매비용) − (운행가능기간 종료 시 잔존가치)] ÷ [운행가능기간(년)]
3. 연 자동차 보험료

(단위 : 만 원)

구분		차종		
		소형차	중형차	대형차
보험 가입 시 운전경력	1년 미만	120	150	200
	1년 이상 2년 미만	110	135	180
	2년 이상 3년 미만	100	120	160
	3년 이상	90	105	140

※ 차량 구매 시 보험 가입은 필수이며 1년 단위로 가입
※ 보험 가입 시 해당 차량에 블랙박스가 설치되어 있으면 보험료 10% 할인

4. 주유비용
   1리터당 10km를 운행할 수 있으며, 리터당 비용은 연중 내내 1,500원이다.

〈상황〉

• 갑은 1,000만 원에 중형차 1대를 구입하여 바로 운행을 시작하였다.
• 차는 10년 동안 운행가능하며, 운행가능기간 종료 시 잔존가치는 100만 원이다.
• 자동차 보험 가입 시, 갑의 운전 경력은 2년 6개월이며 차에는 블랙박스가 설치되어 있다.
• 갑은 매달 500km씩 차를 운행한다.

① 192만 원
② 288만 원
③ 298만 원
④ 300만 원
⑤ 330만 원

12 다음은 어느 해 개최된 올림픽에 참가한 6개국의 성적이다. 이에 대한 설명으로 옳지 않은 것은?

〈국가별 올림픽 성적〉

(단위 : 명, 개)

구분	참가선수	금메달	은메달	동메달	메달 합계
A 국가	240	4	28	57	89
B 국가	261	2	35	68	105
C 국가	323	0	41	108	149
D 국가	274	1	37	74	112
E 국가	248	3	32	64	99
F 국가	229	5	19	60	84

① 획득한 금메달 수가 많은 국가일수록 은메달 수는 적었다.
② 금메달을 획득하지 못한 국가가 가장 많은 메달을 획득했다.
③ 참가선수의 수가 많은 국가일수록 획득한 동메달 수도 많았다.
④ 획득한 메달의 합계가 큰 국가일수록 참가선수의 수도 많았다.
⑤ 참가선수가 가장 적은 국가의 메달 합계는 전체 6위이다.

13 다음은 A시와 K시의 연도별 회계 예산액에 대한 자료이다. 이에 대한 설명으로 옳지 않은 것은?

〈A시와 K시의 연도별 회계 예산액 현황〉

(단위 : 백만 원)

구분	A시			K시		
	합계	일반회계	특별회계	합계	일반회계	특별회계
2020년	1,951,003	1,523,038	427,965	1,249,666	984,446	265,220
2021년	2,174,723	1,688,922	485,801	1,375,349	1,094,510	280,839
2022년	2,259,412	1,772,835	486,577	1,398,565	1,134,229	264,336
2023년	2,355,574	1,874,484	481,090	1,410,393	1,085,386	325,007
2024년	2,486,125	2,187,790	298,335	1,510,951	1,222,957	287,994

① A시의 전체 회계 예산액이 증가한 시기에는 K시의 전체 회계 예산액도 증가했다.
② A시의 일반회계 예산액은 항상 K시의 일반회계 예산액보다 1.5배 이상 더 많다.
③ 2022년 K시 특별회계 예산액의 A시 특별회계 예산액 대비 비중은 50% 이상이다.
④ 2023년 K시 전체 회계 예산액에서 특별회계 예산액의 비중은 25% 이상이다.
⑤ A시와 K시의 일반회계의 연도별 증감 추이는 동일하지 않다.

14 다음은 남미, 인도, 중국, 중동 지역의 2030년 부문별 석유수요의 2010년 대비 증감규모를 예측한 자료이다. 〈조건〉을 참고하여 A ~ D에 해당하는 지역을 바르게 연결한 것은?

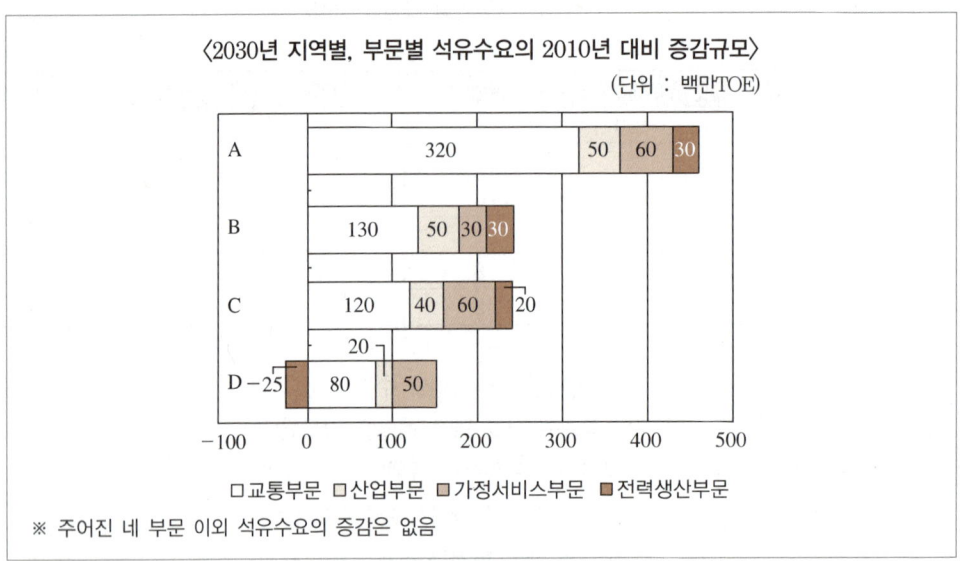

〈2030년 지역별, 부문별 석유수요의 2010년 대비 증감규모〉
(단위 : 백만TOE)

□교통부문 □산업부문 ▨가정서비스부문 ▩전력생산부문

※ 주어진 네 부문 이외 석유수요의 증감은 없음

조건

• 인도와 중동의 2030년 전체 석유수요의 2010년 대비 증가규모는 동일하다.
• 2030년 전체 석유수요의 2010년 대비 증가규모가 가장 큰 지역은 중국이다.
• 2030년 전력생산부문 석유수요의 2010년 대비 규모가 감소하는 지역은 남미이다.
• 2030년 교통부문 석유수요의 2010년 대비 증가규모가 해당 지역 전체 석유수요 증가규모의 50%인 지역은 중동이다.

	A	B	C	D
①	중국	인도	중동	남미
②	중국	중동	인도	남미
③	중국	인도	남미	중동
④	인도	중국	중동	남미
⑤	인도	중국	남미	중동

15 다음은 K국 6개 수종의 기건비중 및 강도에 대한 자료이다. 〈조건〉에 따라 A와 C에 해당하는 수종을 바르게 나열한 것은?

〈6개 수종의 기건비중 및 강도〉

수종	기건비중 (ton/m³)	강도(N/mm²)			
		압축강도	인장강도	휨강도	전단강도
A	0.53	48	52	88	10
B	0.89	64	125	118	12
C	0.61	63	69	82	9
삼나무	0.37	41	45	72	7
D	0.31	24	21	39	6
E	0.43	51	59	80	7

> 조건
> • 전단강도 대비 압축강도 비가 큰 상위 2개 수종은 낙엽송과 전나무이다.
> • 휨강도와 압축강도의 차가 큰 상위 2개 수종은 소나무와 참나무이다.
> • 참나무의 기건비중은 오동나무 기건비중의 2.5배 이상이다.
> • 인장강도와 압축강도의 차가 두 번째로 큰 수종은 전나무이다.

	A	C
①	소나무	낙엽송
②	소나무	전나무
③	오동나무	낙엽송
④	참나무	소나무
⑤	참나무	전나무

16 다음은 한국인의 주요 사망원인에 대한 자료이다. 이를 참고하여 인구 10만 명 중 사망원인에 따른 인원수를 나타낸 그래프로 옳은 것은?(단, 모든 그래프의 단위는 '명'이다)

한국인 10만 명 중 무려 185명이나 암으로 사망한다는 통계를 바탕으로 암이 한국인 사망원인 1위로 알려진 가운데, 그 밖의 순위에 대한 관심도 뜨겁다. 2위와 3위는 각각 심장과 뇌관련 질환으로 알려졌고, 또한 1위와의 차이는 20명 미만일 정도로 크게 차이를 보이지 않아 한국인 주요 3대 사망원인으로 손꼽아진다. 특히 4위는 자살로 알려져 큰 충격을 더하고 있는데, 우리나라의 경우 20대·30대 사망원인 1위가 자살이며, 인구 10만 명당 50명이나 이로 인해 사망한다고 한다. 그 다음으로는 당뇨, 치매, 고혈압의 순서이다.

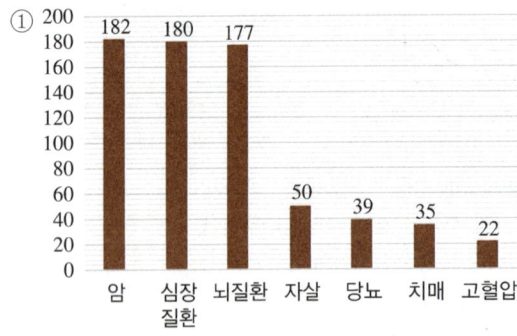

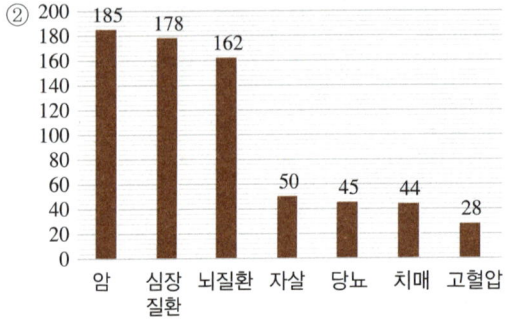

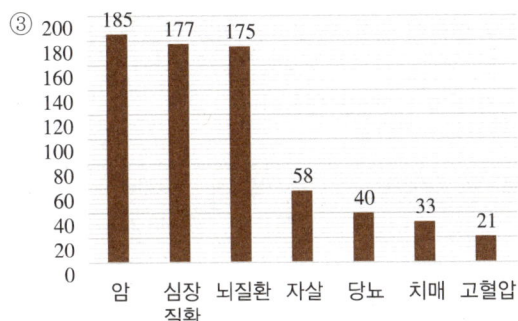

③

	암	심장질환	뇌질환	자살	당뇨	치매	고혈압
	185	177	175	58	40	33	21

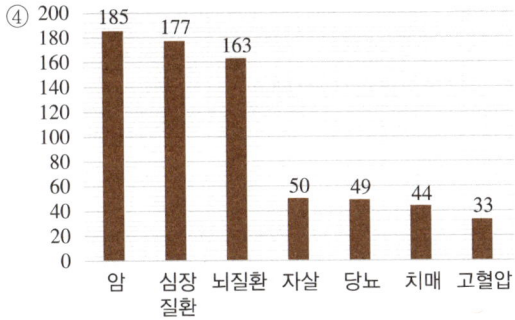

④

	암	심장질환	뇌질환	자살	당뇨	치매	고혈압
	185	177	163	50	49	44	33

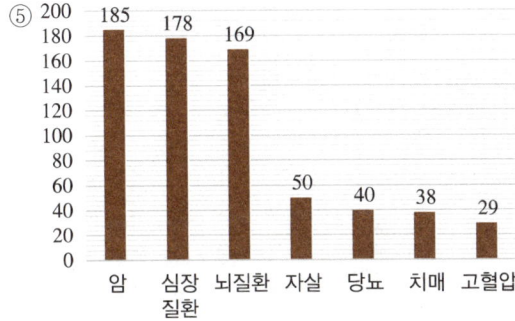

⑤

	암	심장질환	뇌질환	자살	당뇨	치매	고혈압
	185	178	169	50	40	38	29

17 다음은 A대학교의 전공별 졸업자 취업률 현황에 대한 자료이다. 이를 바르게 나타낸 그래프는?

〈전공별 졸업자 취업률 현황〉

(단위 : %)

구분	2019년	2020년	2021년	2022년	2023년	2024년
사진·만화	35.7	38.2	34.1	39.2	43.2	41.0
예체능교육	40.1	48.5	45.7	43.1	42.0	45.2
응용미술	28.7	35.1	36.8	39.6	42.0	40.2
공예	44.8	45.1	42.3	40.2	41.4	44.1
무용	38.5	40.6	41.0	35.2	37.8	29.7
조형	22.5	29.4	31.5	35.7	34.5	30.3
연극영화	30.4	33.7	31.6	35.9	34.8	35.6
순수미술	28.6	28.4	30.6	31.4	32.1	32.2
성악	35.5	36.7	35.8	32.2	31.6	26.8
작곡	37.0	35.2	36.4	32.9	31.1	25.1
국악	23.4	27.8	26.7	28.9	30.7	35.1
기악	21.4	23.5	28.4	25.9	26.3	19.0
음악학	26.5	24.1	27.3	28.0	28.9	21.8
기타음악	30.1	34.2	32.7	30.4	29.0	26.5

① 사진·만화, 예체능교육, 무용, 조형, 연극영화 전공 연도별 취업률

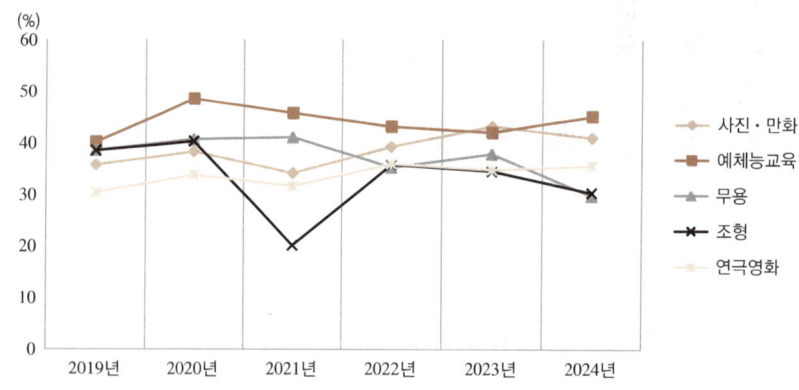

② 순수미술, 성악, 작곡, 국악, 기악, 음악학, 기타음악 전공 2019 ~ 2022년 취업률

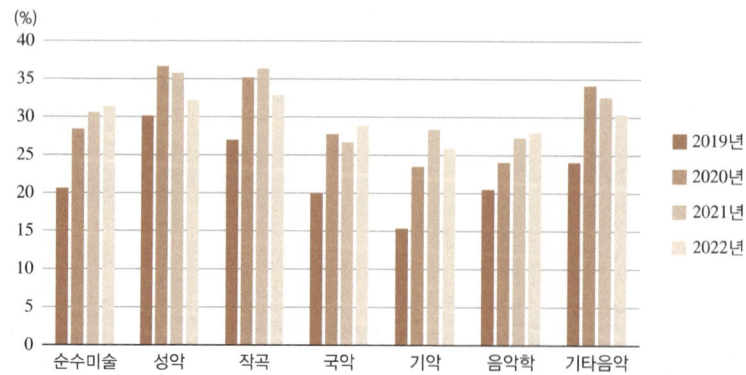

③ 2023 ~ 2024년 전공별 취업률

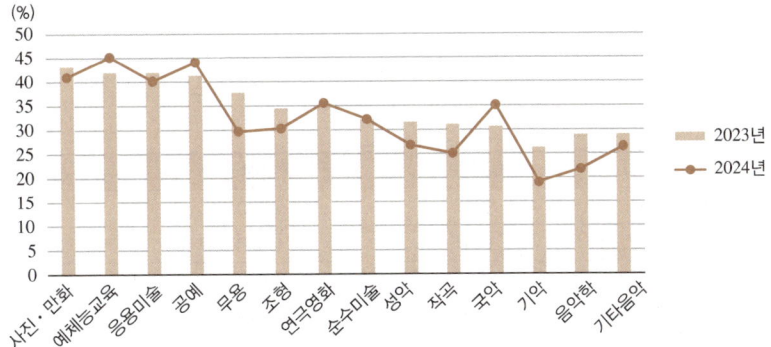

④ 응용미술, 연극영화, 순수미술, 성악, 작곡, 국악, 기악 전공 2019 ~ 2021년 취업률

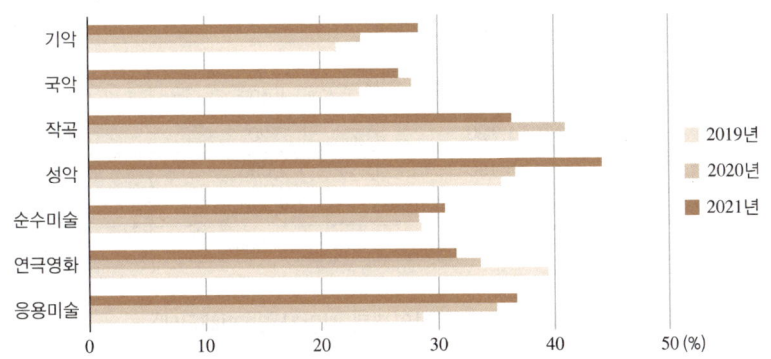

⑤ 공예, 무용, 조형, 성악, 작곡, 국악, 기악 전공 2021 ~ 2024년 취업률 총합

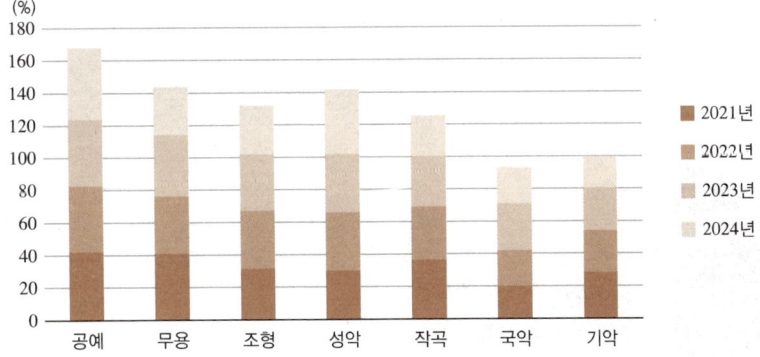

18 다음은 지역별 교통사고·화재·산업재해 현황에 대한 자료이다. 이를 나타낸 그래프로 옳지 않은 것은?(단, 비중은 소수점 둘째 자리에서 반올림한다)

〈지역별 교통사고·화재·산업재해 건수〉

(단위 : 건)

구분	교통사고	화재	산업재해
서울	3,830	5,890	3,550
인천	4,120	4,420	5,210
경기	4,010	3,220	4,100
강원	1,100	3,870	1,870
대전	880	1,980	1,120
충청	1,240	1,290	2,880
경상	1,480	1,490	2,540
전라	2,180	2,280	2,920
광주	920	980	1,110
대구	1,380	1,490	2,210
울산	1,120	920	980
부산	3,190	2,090	3,120
제주	3,390	2,880	3,530
합계	28,840	32,800	35,140

〈교통사고·화재·산업재해 사망자 및 피해금액〉

(단위 : 명, 억 원)

구분	교통사고	화재	산업재해
사망자 수	12,250	21,220	29,340
피해액	1,290	6,490	1,890

※ 수도권은 서울·인천·경기 지역임

① 교통사고의 수도권 및 수도권 외 지역 발생건수

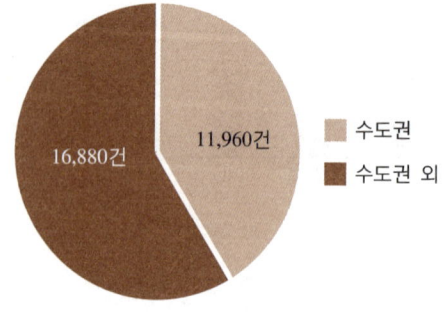

16,880건 11,960건 ■ 수도권 ■ 수도권 외

② 화재의 수도권 및 수도권 외 지역 발생건수

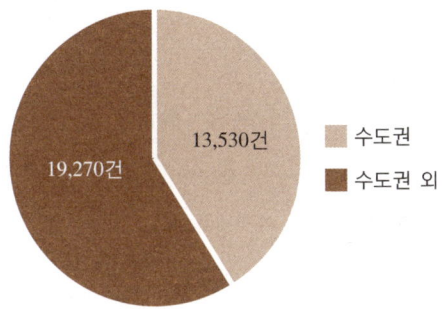

③ 산업재해의 수도권 및 수도권 외 지역 발생건수

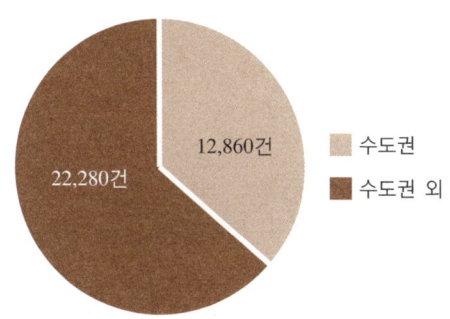

④ 전국 교통사고·화재·산업재해 건수 및 피해액

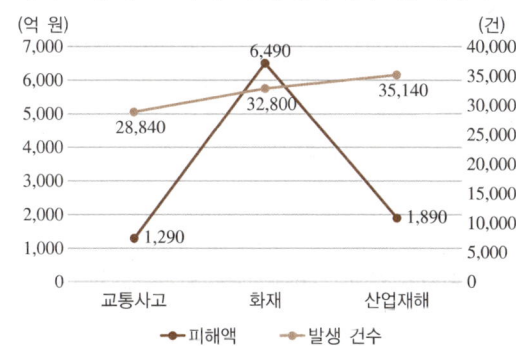

⑤ 피해금액별 교통사고·화재·산업재해 비중

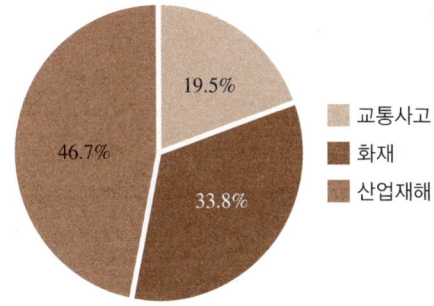

※ 다음은 A카페의 커피 종류별 하루 평균 판매량 비율과 1잔당 가격에 대한 자료이다. 이어지는 질문에 답하시오. [19~20]

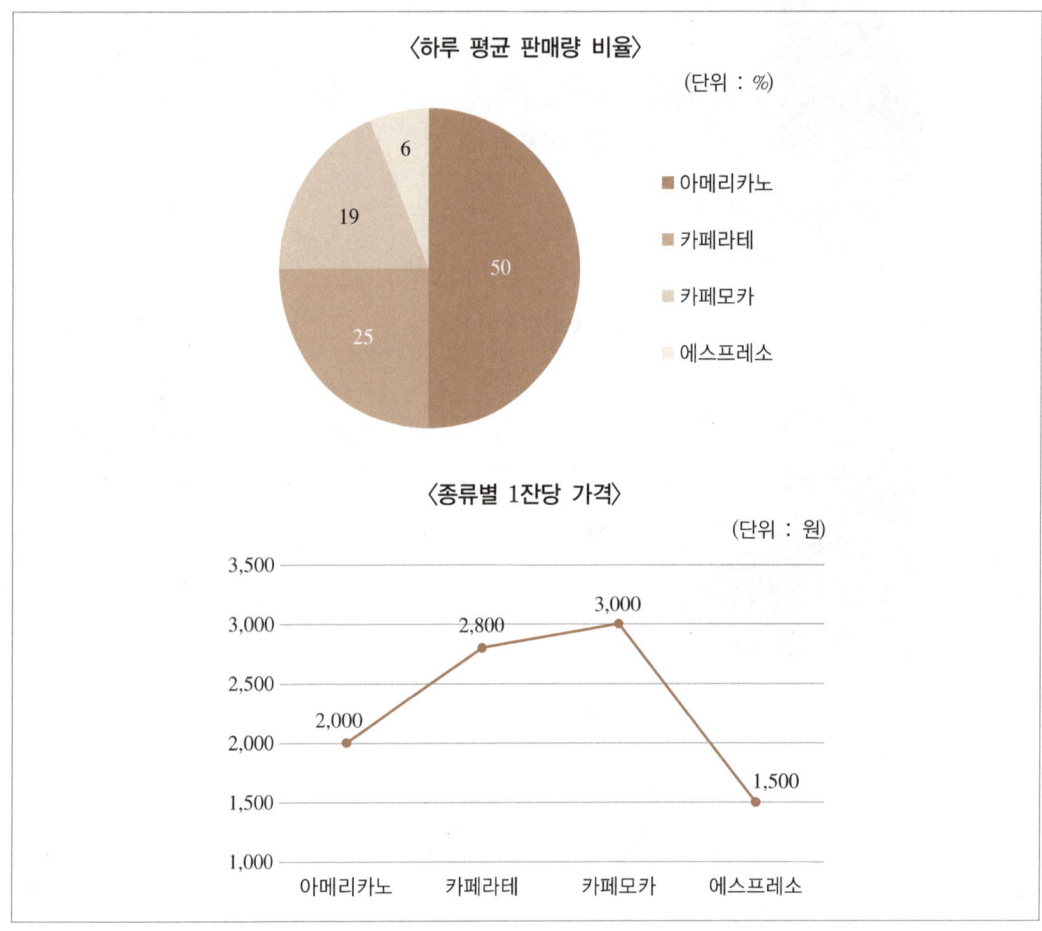

⟨하루 평균 판매량 비율⟩
(단위 : %)

■ 아메리카노
■ 카페라테
■ 카페모카
■ 에스프레소

⟨종류별 1잔당 가격⟩
(단위 : 원)

19 A카페가 하루 평균 200잔의 커피를 판매한다고 할 때, 카페라테는 에스프레소보다 하루에 몇 잔이 더 팔리는가?

① 38잔   ② 40잔
③ 41잔   ④ 42잔
⑤ 45잔

20 A카페에서 오늘 총 180잔을 팔았다고 할 때, 아메리카노의 오늘 매출은 얼마인가?(단, 매출량은 하루 평균 판매량 비율을 따른다)

① 150,000원   ② 165,000원
③ 180,000원   ④ 200,000원
⑤ 205,000원

MEMO

답안채점 ● 성적분석 서비스

모바일 OMR

| 도서 내 모의고사 우측 상단에 위치한 QR코드 찍기 | → | 로그인 하기 | → | '시작하기' 클릭 | → | '응시하기' 클릭 | → | 나의 답안을 모바일 OMR 카드에 입력 | → | '성적분석 & 채점결과' 클릭 | → | 현재 내 실력 확인하기 |

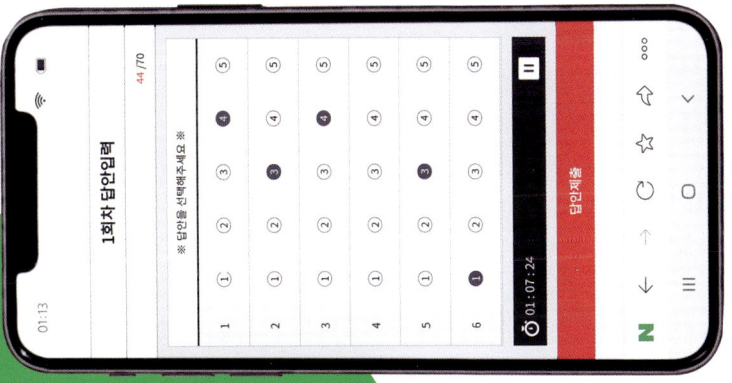

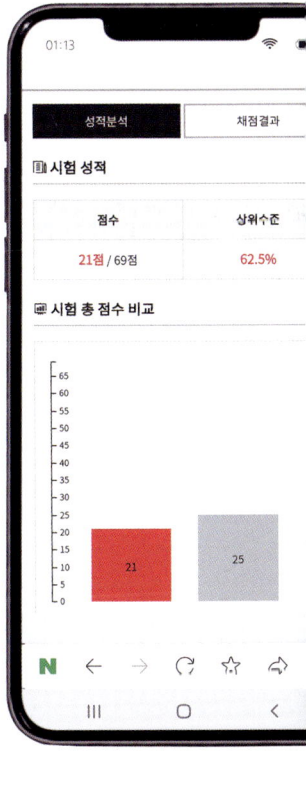

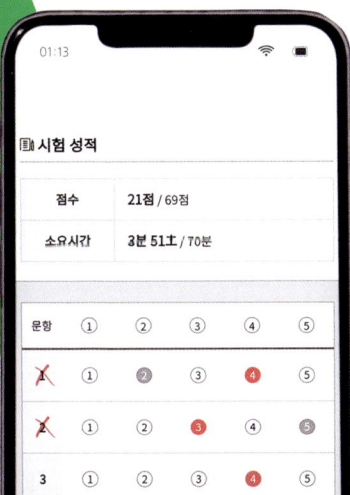

도서에 수록된 모의고사에 대한
객관적인 결과(정답률, 순위)를
종합적으로 분석하여 제공합니다.

※OMR 답안채점 / 성적분석 서비스는 등록 후 30일간 사용 가능합니다.

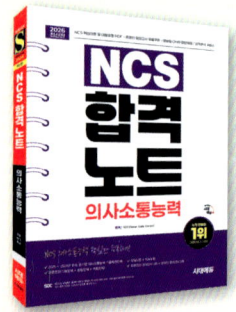

2026 최신판

NCS 합격노트

수리능력

편저 ㅣ SDC(Sidae Data Center)

누적 판매량
1위
기업별 NCS 시리즈

정답 및 해설

SDC는 시대에듀 데이터 센터의 약자로 약 30만 개의 NCS·적성 문제 데이터를 바탕으로
최신 출제경향을 반영하여 문제를 출제합니다.

시대에듀

2025 ~ 2024년
주요 공기업 수리능력
기출복원문제

정답 및 해설

01	02	03	04	05	06	07	08	09	10	11	12	13	14	15	16	17	18	19	20
③	③	③	④	①	⑤	⑤	③	⑤	④	①	⑤	⑤	④	①	④	③	④	②	③
21	22	23	24	25	26	27	28	29	30	31	32	33	34	35	36	37	38	39	40
①	③	④	⑤	②	③	③	①	④	③	①	②	①	③	⑤	④	②	③	②	④

01
정답 ③

먼저 분자와 분모를 따로 계산하면 다음과 같다.

- 분자 : $18 \times (15^2 + 12 + 3) = 18 \times (225 + 12 + 3)$
  $= 18 \times 240 = 4,320$
- 분모 : $90^2 - 2 \times 45 \times 4 = 8,100 - (2 \times 45 \times 4)$
  $= 8,100 - 360 = 7,740$

주어진 식을 정리하면 다음과 같다.

$\dfrac{4,320}{7,740} + 1 = \dfrac{4,320 + 7,740}{7,740} = \dfrac{12,060}{7,740}$

$\dfrac{12,060}{7,740}$ 을 기약분수로 만들기 위해 최대공약수 180으로 약분하면 $\dfrac{67}{43}$ 이므로 $p = 43$, $q = 67$이다.

따라서 $p + q = 110$이다.

02
정답 ③

K시 전철의 기본요금은 1회 1,500원이고, 아침에 20% 할인을 받으면 $1,500 \times 0.8 = 1,200$원이다. A씨의 전철 총 이용 횟수는 $22 \times 2 = 44$회이며, 할인은 출근 시간에만 적용된다. 그러므로 퇴근 시 이용하는 전철 요금은 $1,500 \times 22 = 33,000$원이다.

한 달 전철 요금을 62,000원 이하로 유지하고자 하므로 출근 시 사용 가능한 전철 요금은 $62,000 - 33,000 = 29,000$원이다.

할인을 받은 일수를 x일이라 하면, 할인을 받지 않은 일수는 $(22 - x)$일이므로 다음과 같은 식이 성립한다.

$1,200x + 1,500(22 - x) \leq 29,000$

$\rightarrow 1,200x + 33,000 - 1,500x \leq 29,000$

$\rightarrow -300x \leq -4,000$

$\therefore x \geq 13.33$

따라서 최소 14일은 할인을 받아야 한 달 전철 요금을 62,000원 이하로 유지할 수 있다.

03
정답 ③

KTX와 SRT를 모두 이용한 고객 수를 x명이라 하면 KTX만 이용한 고객은 $(36 - x)$명, SRT만 이용한 고객은 $(42 - x)$명이다. 즉, KTX와 SRT를 모두 이용한 고객 수는 다음과 같다.

$(36 - x) + (42 - x) + x = 60$

$\rightarrow 78 - x = 60$

$\therefore x = 18$

따라서 18명의 고객이 KTX와 SRT를 모두 이용하였으므로 SRT만 이용한 고객은 $42 - 18 = 24$명이다.